e스포츠개론

- e스포츠의 이해와 산업 -

한국e스포츠산업학회
송석록 · 박주희 · 여형일 · 허건식 · 김세윤 · 반형걸 · 정연철

KNOWLEDGE COMMUNITY 공동체

머리말

대한민국은 e스포츠의 발상지이다.

대한민국은 e스포츠라는 새로운 문화를 창작하였고 이러한 독창적인 콘텐츠를 만든 것은 인적자원의 우수함을 넘어 인류의 위대함을 보여준다. 이에 대한민국은 e스포츠라는 문화유산을 보존하여 그 가치를 지속적으로 창출하고 발전시켜야 할 책무가 있다. e스포츠를 구성하는 요소 하나하나가 소중하고 가치를 지니고 있다.

'e스포츠'는 electronic Sports의 한국식 준말이며 e스포츠를 포함하여 이스포츠, e-Sports, eSports로 표기된다. 영문 S를 대문자로 쓰는 이유는 대한민국을 넘어 인류의 역동성, 열정, 독창성을 의미하며 평화, 연대, 화합, 공동체 의식 등을 표현한다.

e스포츠를 들여다보면, 1998년 스타크래프트의 출시와 그 당시의 시대적 배경은 시사하는 바가 크다. IMF 외환위기라는 고난이 사회를 짓누르는 환경에서 김대중 정부의 정보통신 정책에 힘입어 '테란의 황제' 임요환은 2000년대 e스포츠를 상징하는 인물로 성장했다. 오늘날 '페이커' 이상혁이 리그 오브 레전드로 e스포츠 역사를 쓰는 것처럼 이렇게 e스포츠는 문화의 한 축으로 성장하고 있다. 또한 e스포츠의 확장성에 주목해야 한다. 국제올림픽위원회(IOC)는 e스포츠를 스포츠의 한 축으로 인지하고 실험적 도전을 시작했다. 싱가포르에서 개최된 올림픽e스포츠시리즈는 IOC의 승인을 받았고 사우디아라비아는 IOC의 승인으로 2025년부터 올림픽e스포츠게임을 개최한다. 아시아올림픽평의회(OCA)가 주최하는 2022 항저우 아시안게임에서는 e스포츠가 정식 체육종목으로 자리 잡았고 2026 아이치·나가노 아시안게임에서도 지속적으로 개최될 예정이다.

e스포츠가 하나의 학문으로 자리 잡기 위해서는 많은 시간이 필요하다. 그 시작을 알리는 e스포츠개론이 출간됨을 진심으로 환영한다. 본 도서는 기본적인 e스포츠를 이해하는 데 도움이 될 수 있는 내용으로 구성되었다. 국내외 e스포츠 환경 및 산업적인 측면을 다루었고 e스포츠 법 및 전반적인 미래를 논의하였다.

한국e스포츠산업학회는 e스포츠 전문가와의 협업으로 처음으로 본 서를 발간하게 되었다. 집필진은 학문적 발전에 기여해야 한다는 사명감으로 본 서를 집필하게 되었고 한국e스포츠산업학회는 지속적으로 e스포츠 관련 서적을 출간할 예정이다. 본 서가 e스포츠 학문을 발전시키는 데 조금이나마 이바지하기를 진심으로 바란다. 또한 부족한 부분은 지속적으로 보완하고 그 연구 결과를 담을 예정이다.

본 서는 e스포츠에 관심 있는 모든 분들이 편하게 읽을 수 있고 이해할 수 있게 구성되어 있으며 e스포츠에 관한 일반적인 지식을 담아 대학의 학부생과 대학원생들을 위해 교재로도 활용될 수 있고 e스포츠 실무에 종사하는 행정가들에게 기준이 될 수 있도록 집필하였다. 그러나 본 서는 독자들의 지적 욕구를 충족시킬 수 있도록 더욱 노력해야 한다. 급변하는 국내외 e스포츠 환경과 추세라는 측면에서 기존 내용에 대한 수정 및 새로운 지식의 첨가가 필연적으로 따라야 할 것으로 판단된다. e스포츠가 대한민국의 문화유산이라는 측면에서 지속적인 교육과 연구가 이루어지고 e스포츠가 하나의 독립적 콘텐츠로 자리 잡기 위한 독자들의 격려가 필요하다.

마지막으로 본 서가 출간되기까지 원고작성과 교정 업무에 많은 시간과 심혈을 기울여 준 허건식 한국e스포츠산업학회 윤리위원장, 서울과학기술

대학교 박주희 교수, 단국대학교 김세윤 교수, 반형걸 변호사, 우석대학교 여형일 교수, 호남대학교 정연철 교수의 노고에 진심으로 경의를 표한다.

한국e스포츠산업학회는 e스포츠의 학술적 발전을 위해 연속적으로 관련 도서를 편찬할 예정이다. 또한 한국e스포츠산업학회는 대한민국을 넘어 세계 최고의 학술 커뮤니티를 제공하고자 지속적으로 노력할 것이다.

2024년 12월

한국e스포츠산업학회 회장 송석록

CONTENTS

차 례

PART 03 e스포츠의 산업

PART 01

e스포츠의 이해

CHAPTER

01 e스포츠의 이해

역사는 미래를 보는 거울이다. 또한 새로운 무언가를 창작하는 것은 미래에 대한 기대감과 미래를 여는 노력의 결과이다. e스포츠는 짧은 역사에도 불구하고 다양한 형태의 유사 용어와 더불어 추상적으로 언급되던 시기를 지나 오늘날 하나의 독립적 용어로 자리 잡았다. e스포츠는 1990년대 말 2000년대 초만 해도 다양한 용어와 중첩되어 사용되었다. 그럼에도 4차 산업혁명 시대에 대한민국의 특수한 환경과 스타크래프트의 인기로 e스포츠가 대중화되어 우리 사회에 안착하고 국제화되었다.

1. e스포츠의 개념과 정의

1) e스포츠 용어와 개념

대한민국은 e스포츠의 발상지이다. e스포츠가 태동하고 발전을 할 수 있는 토대를 다진 곳으로 전 세계가 인정한 e스포츠의 고장이기도 하다. 그럼에도 'e스포츠'라는 용어는 1990년 말에 드물게 구전으로 전해졌고 유사한 용어들과 함께 게임을 하는 하나의 행위로 표현되었다. 대부분 영어권에서는 사이버 애슬릿(Cyberathlete), 디지털 애슬릿(Digital Athlete), 프로게이밍(Progaming), 비디오 게임(Video Game), 전자 게임(Electronic Game) 또는 포괄적인 의미에서 게임(Game)으로 불렸다. 공식적으로 e스포츠라는 용어는 2000년 2월 21세기프로게임협회(현 한국e스포츠협회) 창립 행사 축사에서 당시 박지원 문화부장관이 언급하면서 세상에 알려지게 되었다. 정부의 고위 인사가 e스포츠를 언급함으로써 공적 가치를 담았다는 데 의의가 있고 e스포츠 용어가 대중화되고 자리를 잡으며 정부의 지원과 관심을 유도하기도 하였다.

e-Sports는 electronic Sports의 준말이자 우리말로 전자(電子)스포츠라고도 한다. 게임의 태생적 한계를 지니면서 전자 환경에서 사람과 사람 간의 경쟁을 토대로 한다. 디지털 전환 시대에 나타난 용어로 고유명사인 e-Sports는 다양하게 표기되어 e스포츠, 이스포츠, eSports로도 쓰이고 있다. 영문 S가 대문자로 표기되는 것은 대한민국 그리고 인류의 독창성, 역동성, 열정을 나타내며 인류의 평화, 연대, 화합, 공동체 등을 표현한다. 이는 e스포츠가 갖는 함의와 정체성의 표현이다. 즉, e-Sports는 태동기에 구전으로 전해오던 것이 우리나라에서 영문 e(electronic)에 스포츠를 합성하여 쓰였으며, 영문의 eSports로도 표기되었다.[1)]

e스포츠라는 용어와 더불어 이스포츠는 2000년 초중반에 쓰인 정부나 관공사, 공공기관 등의 문서나 보고서 등에서 확인할 수 있다. 특히 순수 한글로 표기된 '이스포츠'가 공문서에 많이 쓰이는데, 이는 국어기본법 제14조에 따라 "공문서의 작성과 관련해 공공기관 등의 공문서는 어문규범에 맞추어 한글로 작성하여야 한다"라고 규정되어 있어서 'e스포츠' 용어의 표기 이후에 나타난 경우이다. 대표적으로 2006년 제정된 「게임산업진흥에 관한 법률」 제15조(이스포츠의 활성화)나 2012년에 제정된 「이스포츠(전자스포츠) 진흥에 관한 법률」에 잘 나타나 있다. 정부가 앞장서서 우리 말과 글 사용을 권장하고 있음을 보여준다. 법적 규정은 정부 산하 모든 기관에 준용되며 '이스포츠'라는 용어가 현시점에서 보편화되었다.

1) 2017년 이후로 AP통신 및 여러 언론사들이 e스포츠를 영문 소문자 'esports'로 표기하고 있다. 이는 대한민국이 e스포츠를 이스포츠, e-Sports, eSports라는 4개의 용어를 2000년 초기에 정립하고 표기하기 시작한 훨씬 이후의 이야기다. 소문자 'esports'는 학술적으로 올바르게 권장하는 표기는 아니다.

2) e스포츠의 정의

e스포츠는 시대, 환경, 주최자 등에 따라 다양하게 나타나며, 사회 환경에 따라 단순하거나 복잡한 형태를 보인다. 오늘날의 e스포츠의 모습과 과거의 e스포츠 형태를 띤 게임의 유래를 찾아보면 그 다름과 e스포츠를 이해하는 데 도움이 된다.

e스포츠가 대중화되고 정착되기 전에 게임의 형태로 미국과 유럽에서 대회가 열렸고 e스포츠라는 용어가 상용화되기 전에 국가나 지역문화에 맞는 다양한 모임이 활성화되었다. 예를 들어, 1972년에 스탠퍼드대학교에서 'Spacewar'라는 세계 최초의 디지털 방식의 비디오 게임에 기반하여 최초로 개최된 'intergalactic spacewar olympics' 대회가 대표적이다. 1990년대에 당시 미국과 유럽의 광역 통신망이 열악하여 개인이 컴퓨터 일체를 특정 장소로 가지고 와 게임을 하는 랜파티(LAN Party)는 흔히 볼 수 있는 행사로서 인기를 끌었다. 초고속 인터넷이 보급되기 이전의 형태로 우리나라에서도 유행하였다. 오늘날의 e스포츠는 2004년 부산 광안리에서 개최된 스타크래프트 결승전이나 2011년부터 매년 개최되는 리그 오브 레전드 월드 챔피언십(롤드컵)과 같이 최고의 IT 기술에 기반한 종목(게임), 선수, 무대, 방송 등이 어우러지는 하나의 완벽한 퍼포먼스를 보여준다. 이렇듯 e스포츠는 짧은 역사에도 불구하고 일반적인 게임과 다른 요소나 형태를 가지고 발전하고 있다.

e스포츠의 개념 또한 환경이나 시대에 따라 다양하게 정의되고 확대·재생산되어 혼란을 초래하기도 하여 발전된 개념의 정립을 필요로 하는 것도 사실이다. 기본적으로 e스포츠는 컴퓨터나 비디오를 활용하여 경쟁 관계에 있는 2인 이상이 하는 공정하고 경기화된 게임을 일컫는다. 그래서 e스포츠는 경기능력(손과 눈의 협응능력, 양손 협응능력, 시각추적능력, 반응속도)이나 전략적 이해력(경기 통찰력, 예지력, 순간 판단력) 등을 요구하는 하나의 스포츠 종목으로 평가받기도 한다.

e스포츠와 관련된 2000년대 초중반의 정의를 살펴보면, 문화관광부(2004)

의 '건전 게임문화 조성을 위한 e스포츠 발전 정책비전'에 따르면, "게임을 이용한 대회 및 유관 주체들의 문화적 산업적 활동"이라고 e스포츠를 정의하고 있다. 또한 한국게임산업개발원(2006)의 「게임산업진흥에 관한 법률(안)」에 따르면 "게임물을 이용하여 하는 경기 및 부대활동"으로 규정함으로써 게임을 강조하였다. 삼성경제연구소(2005)는 e스포츠를 "게임경기 및 이를 둘러싼 제반 활동"으로 정의함으로써 여타의 모든 게임을 e스포츠로 규정할 수 있는 가능성을 남겨두었다.

한국여가문화협회와 한국e스포츠협회(2006)는 기존의 단편적인 정의를 협의, 중의, 광의적 개념으로 분류하여 세부적인 접근을 시도하였다. 협의적으로는 "e스포츠는 실제 세계와 비슷하게 가상적으로 구축한 전자적인 환경에서 경쟁과 유희성 등의 요소를 포함하여 정신적, 신체적인 능력을 활용하여 승부를 겨루는 여가활동을 통틀어 이르는 말"을 일컫고, 중의적으로는 "협의적 정의가 이루어지는 경기 또는 대회의 현장에 직접 참여하거나 또는 전파를 통해 전달되는 것을 관전하는 여가활동"을 포함하며, 광의적 정의로는 "협의적 정의와 중의적 정의로부터 비롯되거나 관계되는 커뮤니티 활동 등의 온・오프라인 문화 활동 전반을 내포"한다고 정의하고 있다. 이는 예전의 단편적인 게임의 기능을 희석하고 여가활동의 측면에서 확대하여 재검토한 측면이 있다. 또한 다양한 e스포츠의 정의에 관한 시도가 여전히 게임과의 중첩성을 강하게 내포하고 있어 명확한 독자적 영역의 확보를 위한 한계를 보이기도 했다. 모든 게임은 e스포츠가 아니며 e스포츠는 단순 게임의 일부분으로 통용될 수 있다. 송석록(2006)은 "e스포츠는 전자 환경에서 사람 간에 이루어지는 경기 및 관련 활동을 말하며 '하는 e스포츠'와 '보는 e스포츠'를 포함한 제반 산업활동도 포함"한다고 정의하고 있다. 이는 e스포츠에 직접적으로 참여하며 현장에서 즐기는 참여자와 e스포츠를 보고 즐기는 수요층에 대한 구분으로 한 걸음 더 진일보한 정의를 담았다.

e스포츠의 법적 정의를 살펴보면, e스포츠에 관한 최초의 법률제정으로 관심을 모은 「이스포츠(전자스포츠) 진흥에 관한 법률」(2012)에 따르면, "이스포츠

란 「게임산업진흥에 관한 법률」 제2조 제1호에 따른 게임물을 매개(媒介)로 하여 사람과 사람 간에 기록 또는 승부를 겨루는 경기 및 부대활동"을 말한다. 이는 e스포츠가 게임에 기반을 두고 e스포츠가 태생적 한계를 갖도록 하는 한계를 보여주고 있다. 「게임산업진흥에 관한 법률」 제2조 제1호를 살펴보면, "게임물이라 함은 컴퓨터프로그램 등 정보처리 기술이나 기계장치를 이용하여 오락을 할 수 있게 하거나 이에 부수하여 여가선용, 학습 및 운동효과 등을 높일 수 있도록 제작된 영상물 또는 그 영상물의 이용을 주된 목적으로 제작된 기기 및 장치를 말한다." 여기서 대표적으로 사행성 게임물은 제외한다. 이는 게임을 기반으로 각종 장치를 활용하고 여가활동 및 교육적 환경을 고려한 정의로 e스포츠의 확장성 여지를 남겨놓았다.

위와 같은 법률적 정의 이외에 e스포츠의 스포츠화, 마인드스포츠의 일환으로서의 e스포츠, 네트워크를 매개로 한 e스포츠, 교육적 관점의 e스포츠, 정신적·신체적 능력의 활용 강조 등 다양한 분야의 연구 결과들이 나오고 있다.

특히 최근에 e스포츠를 스포츠와 연계하여 정의하고 스포츠화를 주장하는 연구들이 많이 등장하였다. 송석록(2008)은 e스포츠 발전을 위한 정책토론회에서 '우리나라 e스포츠의 대중화 방안'을 주제로 체육화의 선결 조건을 제시하며 제도적으로 e스포츠의 스포츠화에 불을 당겼다. 신체활동을 수반하는 체육이나 스포츠의 특징으로 인하여 e스포츠는 상대적으로 저평가되고 있다. 그러나 e스포츠는 태생적 한계에도 불구하고 스포츠라는 새로운 시장성과 확장성을 보여주기 시작하였고 디지털 전환 시대에 융복합의 전형을 보여주기도 한다. 채희상과 강선규(2011)는 e스포츠를 "일정한 수준의 신체적 반응과 순발력을 바탕으로 물리적 공간이 아닌 가상공간에서 전략, 집중력 등 정신적 요소를 극대화하여 경쟁"하는 새로운 개념의 스포츠로 규정하였다. 남 수, 이유찬, 최은경(2018)은 "e스포츠는 네트워크를 매개로 승패를 겨루는 스포츠 경기"라고 정의하였다. 이상호와 황옥철(2019)은 "디지털 기기의 작동을 통해 인간의 움직임을 통해 승부가 나는 경기"로 정의하며 신체활동을 강조한 스포츠화에 중점을 두었다. 송석록(2022)은 최근 e스포츠의 확장성을 명확히 하였다. 과학기술의 혁명은 사회적 구조와 맞물려 변화를 거듭하고 기존의 개념을 확장하며 전통적 e스포츠의 개념을 뛰어넘는 신체활동을 수반하는 흐름으로 진행하고 있다. e스포츠는 게임, 스포츠, 과학기술의 요소가 결합한 융복합 형태로 발전하고 있다. 2023년도에 싱가포르에서 개최된 올림픽e스포츠시리즈가 그 가능성을 잘 보여주고 있다.

3) e스포츠와 게임의 관계

e스포츠는 전자(electronic)와 스포츠(sports)의 관계 설정에 따라 설명할 수 있다. 첫 번째로, “전자(electronic)의”, “전자 활동에 의한”, “전자 기기를 기반”으로 스포츠의 의미로 설명하면, 전자 기기가 모바일 기기라면 mSports(모바일스포츠)와 같은 표기가 가능하며, 모니터 화면에서 구현되면 eSports로 표기할 수 있다. 최근에는 새로운 디지털 플랫폼 기술인 VR(Virtual Reality, 가상현실), AR(Augmented Reality, 증강현실), MR(Mixed Reality, 혼합현실)에 따라 vSports(가상스포츠)와 같이 개념적인 설명도 가능하다.

vSports 사례 — 출처 : brunch story[2]

포켓몬고(AR 게임사례) — 출처 : 쿠키뉴스[3]

혼합현실 사례 — 출처 : 한국일보[4]

| 그림 1-1 | VR/AR/MR 게임 사례

2) https://brunch.co.kr/@philcf9b/39

3) https://www.kukinews.com/article/view/kuk202107120299

4) https://www.hankookilbo.com/News/Read/201809201475089777

두 번째 해석은 전자와 스포츠가 분리된 개념으로 설명하면, 전자적 요소를 기반으로 하는 디지털 속성과 경쟁 요소, 규칙과 규정을 포함하는 제도화 및 신체적 탁월성의 속성을 융합한 연결된 개념으로 설명할 수 있다. 마지막으로 e스포츠 자체를 독자적인 개념으로 규정하면 전자적인 속성을 기반으로 하지만 내용과 과정은 비디오 게임, 디지털 게임 등의 새로운 디지털 현상에 사회·문화적 가치와 이로 인해 만들어지는 경제적 가치와 함께 스포츠의 다양한 가치와 현상이 반영된 것으로 설명할 수 있다.

만약 "모든 게임이 e스포츠가 될 수 있을까?"라는 질문이 주어진다면 어떻게 대답을 할 수 있을까. 질문에 대답을 찾기 위해 게임(또는 게임산업)의 발전과정과 종류에 대해 알아볼 필요가 있을 것이다. 이는 e스포츠가 언제부터 시작되었는가를 찾아보는 과정과 연결되어 있기 때문이다. 게임 종류는 크게 PC나 모바일 기기를 이용하여 온라인 네트워크에 접속하여 진행하는 '온라인 게임'과 게임기기(플레이스테이션 또는 닌텐도 스위치)를 모니터에 연결하여 플레이하는 '콘솔게임'으로 분류할 수 있다. 콘솔게임은 대부분 한 명의 플레이어가 게임 세계관에 정립된 스토리라인에 따라 게임 내 목표 또는 미션을 수행하면서 결과에 도달하는 형식으로, 스포츠적 요소인 경쟁 자체가 성립하지 않는 경우가 많다. 물론 최근 대전 게임을 주축으로 하는 콘솔게임 타이틀이 출시되고 e스포츠 시장에 진입하고 있지만 아직은 그 비중이 작은 실정이다.

따라서 콘솔게임 발전과정보다는 온라인 게임을 중심으로 e스포츠와의 관련성을 살펴보자. 일반적으로 e스포츠 종목은 온라인 게임과 관련이 많기 때문이다. 온라인 게임에도 성격에 따라 많은 하위 장르가 존재한다. 그중 어떤 장르의 게임은 승패를 결정짓는 것이 불가능한 게임도 있다. 대표적으로 다중 접속 역할게임인 MMORPG(Massively Multiplayer Online Role-Playing Game) 장르는 다중 플레이어가 동일한 가상 공간에서 체험과 캐릭터 성장을 위주로 진행되는 형식으로 게임이 진행되기 때문에 승패를 결정짓기보다는 자신의 캐릭터를 성장을 통해 성취를 이루는 게임이다. "승패를 결정할 수 있는가?"의 여부는 e스포츠 종목으로의 운영 가능성과 관련이 높기 때문에 MMORPG 장르는 e스포츠 종목으로 적합하지 않다. 상대적으로 온라인 게임 중 실시간 전략 게임 RTS(Real-Time Strategy)나 AOS(Aeon of Strife) 장르의 게임들은 e스포츠 종목으로 적합하다.

e스포츠와 게임은 서로 밀접한 관계가 있다. e스포츠의 출발은 게임에서 시작되었다는 점에 이견은 없을 것이다. 경우에 따라서 게임과 e스포츠를 구별하지 않고 사용하는 경우도 많다. 그렇지만 e스포츠와 게임을 구별하여 사용할 필요가 있으며 이는 e스포츠가 게임산업과는 구분된 또다른 산업 생태계를 구성하고 있기 때문에 e스포츠 산업이라는 용어를 사용하는 것이 적합하다고 할 수 있다. e스포츠와 게임을 구별하는 방법은 산업적 구성 요소에 따른 구분도 가능하지만 무엇보다 중요한 구별 요소 중 하나는 "e스포츠가 만들어 갈 수 있는 이야기, 즉 스토리(story)"라고 할 수 있다. 상대를 이길 수 있는 강력한 경쟁심과 함께 승리하기 위한 공동의 목적을 가진 팀 구성원들과의 협력과 훈련을 통해 만들어지는 이야기가 내포되어 있다. 또한 자신이 지지하는 팀에 대한 스토리를 공유하고 경기와 관련된 이야기가 만들어지고 뉴미디어의 상징인 소셜네트워크를 통해 공유할 수 있는 콘텐츠도 다양하게 생산할 수 있다는 점에서 참여형 산업이라고 할 수 있다.

e스포츠에서 게임물은 중요하다. 게임산업을 이해하는 것은 e스포츠를 이해하는 데 도움이 된다. 따라서 게임의 종류와 게임산업의 발전 과정을 이해하면서 e스포츠의 흔적을 확인해 보자. 게임산업은 "게임물 또는 게임 상품(게임물을 이용하여 경제적 부가가치를 창출하는 유·무형의 재화·서비스 등)의 제작·유통·이용제공 및 이에 관한 서비스와 관련된 산업"으로 정의할 수 있다. 대표적인 게임의 종류는 온라인/오프라인 PC게임, 모바일 게임, 아케이드 게임 등으로 구분한다. 최근에는 기술의 발전으로 새로운 형태인 '실감형 게임', '클라우드 게임', '블록체인 게임' 등의 새로운 게임들도 선보이고 있다.

〈표 1-1〉 게임 종류

게임 종류	설 명
온라인 PC 게임	PC와 네트워크에 기반하여 서버에 접속하여 다른 유저들과 플레이할 수 있는 게임
모바일 게임	모바일기기(스마트폰, 태블릿PC 등)에 어플리케이션을 다운받아 실행하는 게임
아케이드 게임	게임장에서 조이스틱이나 체감형 장치를 이용하여 실행하는 게임
콘솔게임	콘솔 기기를 TV나 모니터를 연결하여 게임팩을 실행하여 플레이하는 게임
실감형 게임	이용자의 오감을 자극하여 몰입도를 향상시키는 고품질 기술에 기반을 둔 게임
클라우드 게임	클라우드 서비스로 서버에 접속하여 기기나 장소의 제약 없이 실행하는 게임
블록체인 게임	분산형 네트워크를 기반으로 게임과 게임아이템 등 게임 내 디지털 재화의 취득, 거래가 결합된 형태로 서비스되는 게임

일반적으로 게임이라고 하면 온라인 PC게임을 지칭한다. 온라인 게임의 발전은 네트워크 보급 확산과 깊은 관련이 있다. 게임 제작 기술의 발전은 다양한 게임 요소를 포함한 형태의 게임 콘텐츠가 개발되어 서비스될 수 있는 기초가 되었다.

슈퍼마리오

출처 : 슈퍼마리오 홈페이지[5]

워크래프트

출처 : 워크래프트 홈페이지[6]

【그림 1-2】 온라인 PC 게임 사례

5) nintendo.co.kr/switch/adala/pc/

6) warcraft3.blizzard.com/ko-kr/

전 국민적인 게임 문화를 만들었던 '테트리스(Tetris)'와 캐릭터의 특징이 돋보이는 '슈퍼마리오(Super Mario)'에서부터 현재의 e스포츠로 연결 지점을 만들어 낸 역할을 한 '디아블로(Diablo)'와 '워크래프트(WarCraft)'는 익숙한 게임 타이틀이다. 2000년대 전후로 다수의 이용자가 동시에 인터넷에 접속하여 즐기는 멀티플레이 게임들이 보급되면서 '스타크래프트', '리니지' 등 온라인 기반의 RGP 게임이나 전략 시뮬레이션 게임이 등장하였다.

아케이드 게임은 게임을 위한 전용기기와 조이스틱, 총, 핸들 등의 장치를 통해 실행된다. 일반적으로 퍼즐, 액션, 시뮬레이션 등의 게임으로 '스트리트 파이터(Street Fighter)', '철권(Tekken)', '갤러그(Galaga)', '보글보글(Bubble Bobble)' 등이 있다.

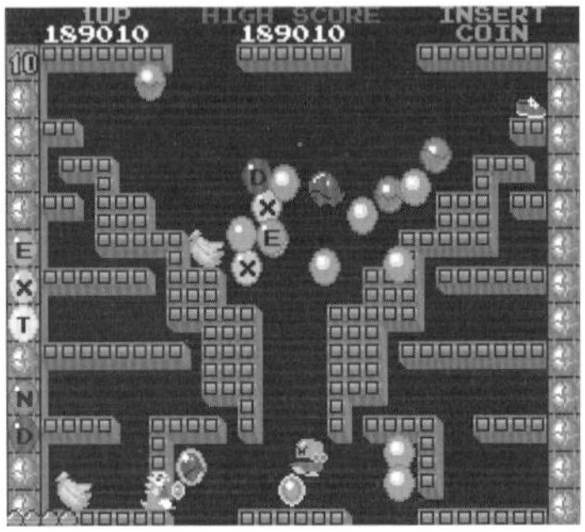

보글보글 화면 인터페이스

출처 : 네이버 블로그[7]

스트리트 파이터

출처 : STREET FIGHTER V CHAMPION EDITION 공식 웹 매뉴얼.

▍그림 1-3▐ 아케이드 게임 사례

실감형 게임은 최신 기술 트렌드를 반영한 게임으로 이용자의 오감을 자극하여 몰입도를 향상시키는 기술에 기반한 게임으로 가상현실(VR), 증강현실(AR), 혼합현실(MR) 등의 기술과 관련이 있다. 최근 올림픽 e스포츠 시리즈로 진행되는 종목들이 대표적인 실감형 기술을 이용한 게임이라고 할 수 있다.

7) https://m.blog.naver.com/aidiid/221199563745

360스마트 멀티스포츠체험존 농구증강현실게임
출처 : 내손안에 서울[8)]

스코넥, XR FPS 게임 '스트라이크러시'
출처 : 디지털데일리[9)]

▌그림 1-4▐ 실감형 게임 사례

2. e스포츠의 국제화와 유산

1) e스포츠의 인기와 국제화

미국의 기업인 블리자드사에서 개발한 e스포츠의 대표적인 종목인 스타크래프트의 인기는 대한민국의 e스포츠를 전 세계에 알리는 계기가 되었고 e스포츠 강국의 위상을 획득하게 하였다. 북미와 중국에서 먼저 출시한 스타크래프트는 1998년 대한민국에서 출시하며 선풍적인 인기를 끌었다. 당시 최고의 인기를 구가하던 임요환 선수의 활동으로 국제적 위상이 높아지며 e스포츠 신드롬을 낳았다.

여러 나라에서 다양한 e스포츠 대회가 열리고, 전 세계의 선수들이 참여하면서 e스포츠는 문화 콘텐츠로서 하나의 글로벌 현상으로 자리 잡았다. 이러한 이유로 e스포츠 용어도 국제적으로 널리 알려지게 되었다. 스타크래프트 선수 출신인 임요환 선수는 당시 최고의 인기를 구가하며 e스포츠 자체뿐만이 아니라 e스포츠 용어의 위상을 국제적으로 알렸다. 당시 인터넷 포털 다음의

8) https://mediahub.seoul.go.kr/archives/2001229
9) https://ddaily.co.kr/m/page/view/2024041809294300173

팬클럽 회원 수는 해당 분야의 인물이 어느 정도 인기가 있는지 알 수 있는 지표였다(표 1-2). 임요환 선수는 다른 연예인이나 스포츠 선수와 비교하여 월등히 많은 회원 수(583,996명)를 보유하고 있었고 e스포츠 부문에 홍진호, 이윤열 등과 같은 선수들도 많은 회원을 가지고 있었다. 오늘날 리그 오브 레전드의 '페이커' 이상혁 선수의 위상과 비견될 수 있다.

〈표 1-2〉 다음 팬클럽 회원 수 (단위 : 명)

e-Sports	회원 수	축구	회원 수	야구	회원 수	연예인	회원 수	기타	회원 수
임요환	583,996	박지성	99,539	이승엽	5,761	배용준	202,411	박세리	1,147
홍진호	174,840	이영표	19,963	박찬호	6,268	보아	488,057	최홍만	87,945
박정석	172,346	설기현	24,240	김병현	21,755	이효리	31,133	미셸위	13,412
이윤열	170,205	이천수	45,882	서재영	19,651	송혜교	111,083	안시현	12,805
강민	99,173	안정환	29,383	이종범	1,427	현빈	147,683	안희욱	202,686
최연성	91,373	김남일	162,594	류현진	9,307	김태희	234,118	박지은	1,131
서지훈	72,294	이운재	19,181	오승환	2,567	전지현	200,433	한희원	435
서지수	58,252	이을용	4,670	박용택	2,112	강동원	319,218	강수연	862

*본 지표의 회원 수는 2006년 9월 30일 기준임
출처 : 송석록(2006). 스포츠 비즈니스.

e스포츠가 국제화되고 있는 배경에 관해 몇 가지 구체적 사실을 살펴보면, 우선, e스포츠 국제대회를 들 수 있다. 대회는 여러 국가에서 동시에 열리며 참가자들은 각자의 국가를 대표한다. 예를 들어, 리그 오브 레전드 월드 챔피언십 같은 대규모 대회에서는 전 세계의 팀들이 참가하여 경쟁한다. 이러한 국제대회는 각국의 문화를 공유하고 팬들이 모여 서로 소통할 수 있는 기회를 제공한다. 초창기 e스포츠가 조금씩 자리 잡으면서 1997년 시작된 미국의 CPL, 2000년부터 대회를 개최한 WCG, 2003년 출범한 ESWC 등은 당시 e스포츠가 국제화되는 데 커다란 기여를 하였다. 그럼에도 e스포츠가 용어뿐만이 아니라 본격적으로 우리 사회에서 자리 잡으며 국제적 위상을 획득한 계기의 정점에는 2004년부터 시작되어 2010년까지 부산 광안리에서 개최된 스타크래프트 결승전이 있었다. 특히 2004년에는 10만 명 이상의 관람객이 모였

고 이는 하나의 e스포츠 신드롬을 불러일으켰다. 대한민국은 세계 최초로 e스포츠 팀과 리그를 운영하며 전 세계에 발전된 모델을 제시하였고 이는 e스포츠의 발상지이자 선도국으로서 대한민국이 가지는 위상을 보여준다.

둘째, e스포츠는 다양한 언어로 방송되어 전 세계의 팬들에게 접근할 수 있다. 대회는 인터넷 스트리밍 플랫폼을 통해 생중계되며 여러 언어로 해설이 제공되고 다양한 국가의 시청자들이 쉽게 이해할 수 있도록 돕는다. 이를 통해 팬층이 더욱 넓어지고 국제적인 인지도를 높이는 데 기여하였다. 예를 들어, 2022년 개최된 롤드컵은 22개 방송 중계 회사를 통해 영어, 중국어, 독일어 등 총 21개 언어로 송출되었다.

셋째, e스포츠는 기업과 스폰서의 관심을 끌며 글로벌 브랜드와의 협력이 증가하고 있다. 대회나 구단에 대한 후원과 광고는 국제적인 기업들이 e스포츠 시장에 진출하는 데 중요한 역할을 수행한다. 2023 롤드컵은 벤츠가 후원을 하였다. 메르세데스 벤츠는 T1을, 현대차는 Gen.G(젠지)를, 기아는 Dplus KIA(디플러스기아)를 각각 후원했다. 벤츠는 T1의 우승으로 선수의 어깨에 박힌 벤츠 로고가 시청자들에게 노출되면서 전 세계적 마케팅 효과를 거두었다.

마지막으로 e스포츠는 교육과 연구의 대상이 되면서 여러 나라의 대학에서 e스포츠 관련 프로그램과 학위 과정이 생겨나고 있다. 이는 e스포츠 산업의 성장과 함께 전문 인력 양성을 촉진하고 있다. 미국, 유럽, 중국 등의 많은 대학에서 e스포츠를 하나의 교육과정으로 인정하고 있다. 우리나라에는 단국대학교가 국내 최초로 e스포츠학과 대학원 과정을 2022년부터 운영하였다. 또한 호남대학교는 2020년 4년제 대학 최초로 e스포츠산업학과를 신설하고 전문 인력 양성에 매진하고 있다. 미국 셰넌도어대학교는 미국에서 최초로 e스포츠 학과를 설립하였고 중국은 허난공신대학, 베이징대학교 등 20여 개 대학에 e스포츠학과를 설치하였다. 우리나라는 e스포츠가 교육적 관점에서 새로운 전환점을 맞고 있다. 교육부 산하기관 국가평생교육진흥원이 'e스포츠산업학'을 신설해 2025년부터 수강이 가능해진 것이다. e스포츠의 교육적 가치를 온 국민이 체감할 수 있는 표준교육과정이 도입되어 배울 수 있는 기회와 가르칠 수 있는 기회가 확대되어 시장의 수요를 충족시킬 것으로 판단된다. e스포츠산업학 전공은 학위로 체육학사가 수여된다. e스포츠의 교육적 가치를 많은 국가들이 받아들이고 있다. 이처럼 e스포츠의 국제화는 다양한 문화와 사람들을 연결하는 중요한 역할을 하고 있다.

2) e스포츠의 지속가능성과 문화유산

e스포츠는 그 자체로 우리 후손들에게 물려줄 소중한 문화유산이다. 또 e스포츠의 가치를 만들고 선도해야 하는 것은 우리 시대의 과제이자 사명이다. 유산은 현시대에 남겨지거나 영향을 주는 것을 말하며 유·무형으로 구분되며 대표적으로 e스포츠 경기장이 있다. 또한 과거로부터 내려오는 문화, 관습, 전통 등도 있다. 우리가 경험하거나 앞으로 경험하게 될 e스포츠 콘텐츠나 지식도 유산에 포함된다.

1990년대 e스포츠가 탄생하고 짧은 시간 내 우리나라는 물론이고 전 세계로 보급되었고 e스포츠는 하나의 '현상(phenomenon)'을 만들어 새로운 문화콘텐츠를 갈망하는 젊은 소비자들에게 폭발적 반응을 얻었다. 사회구조적 측면에서 시대적 상황과 적극 부합하면서 오늘날의 e스포츠가 발전하게 된 원동력이 되었다.

그럼에도 e스포츠 발전 과정에 다양한 어려움에 직면했던 것도 사실이다. 기업이나 e스포츠 개발사들은 e스포츠 발전에 상당한 영향을 미친다. 초기에 시대적 환경에 적극 편승한 기업들의 공격적인 투자는 마케팅의 대상으로만 바라보는 한계에 직면하고 자발적인 풀뿌리 e스포츠의 발전을 저해하였다. 이는 상업적 현상으로서 게임의 관점에서 바라본 e스포츠가 가진 한계로 CPL (Cyberathlete Professional League), ESWC(Electronic Sports World Cup) 등의 파산으로 이어졌으며, 2013년 중국 쿤산에서 마지막으로 개최된 WCG(World

Cyber Games)의 해체는 공익과 사익의 한계를 분명히 드러냈다. 기업의 상업적 접근은 인류보편성을 내세우지 않더라도 문화적 접근과는 근본적으로 다르게 결정되고 있다.

이처럼 e스포츠의 지속가능성이 위기에 봉착하여도 e스포츠는 선수, 종목, 기업, 단체, 사회 환경 등 많은 부문으로 구성되어 있기에 하루아침에 없어질 수 있는 가치를 지니지 않았다. 우리나라는 e스포츠의 발상지로 매년 200개 이상의 대회가 개최되며 그 위상에 부합하는 선도적인 다양한 가치를 창출하고 있다. e스포츠가 갖는 위상은 경제 · 사회 · 문화적 가치에 한정되지 않고 구체적으로 고용창출, 국익 제고, 교육, 국제사회 기여 등 다양한 유 · 무형의 가치를 만들고 있다.

우리나라에는 4개의 e스포츠 단체가 있는데, 이들은 e스포츠 유산을 구체적으로 시현하는 중요한 기관이다. 한국e스포츠협회(KeSPA)를 필두로 국제e스포츠연맹(IeSF), 대한장애인e스포츠연맹(KeSA) 및 국제장애인e스포츠연맹(IeSA)이 설립되어 국내외 e스포츠 발전을 위해 노력하고 있다. 이러한 단체의 활성화는 e스포츠를 발전시키는 원동력이며 제도 및 시스템을 만드는 중요한 역할을 수행한다. 물론 홍콩에 거점을 둔 아시아e스포츠연맹(AESF), 싱가포르에 위치한 글로벌e스포츠연맹(GEF)도 각자의 역할을 하고 있으며, 큰 틀에서 e스포츠의 가치를 창출하고 있다.

국제적으로 e스포츠는 점진적으로 체계화되어 가고 있다. 국제올림픽위원회(IOC)는 e스포츠에 관한 관심을 점점 구체화하고 있고 아시아올림픽평의회(OCA)는 실행에 옮기고 있다. 국제올림픽위원회에서 승인한 2023 올림픽 e스포츠 시리즈가 싱가포르에서 개최되고 2023년 항저우 아시안게임에 e스포츠가 정식종목으로 참여한 것은 e스포츠가 확장성을 가진 미래의 자산임을 분명히 하고 있다. 사우디아라비아가 유치한 올림픽 e스포츠 게임은 2025년부터 개최되며 IOC에게는 e스포츠와 스포츠의 미래를 가늠하는 중요한 시험대가 될 것이다.

e스포츠가 유산으로서 지속적으로 발전하기 위해서 지금의 e스포츠가 가지고 있는 태생적 한계는 극복해야 할 과제다. 게임을 모태로 게임의 대중성에 기반을 둔 e스포츠는 게임을 위한 현실도피의 도구로 전락하는 모순을 보일 수 있고 게임의 지역 시장성에 유명을 달리할 수 있다. e스포츠가 문화적 복합체로서의 가능성을 보여주기는 하나 특정 게임이라는 근본적인 생산물의 한계를 극복하지 못하고 전통e스포츠라는 측면에서 대부분 PC나 모바일 기반의 산업적 결과를 보여주고 있다. e스포츠 종목을 개발한 개발사는 기존의 스포츠와는 다르게 e스포츠 종목의 지식재산권(IP : Intellectual Property)을 소유하고 있고 공적인 성격인 공공재의 역할에 한계가 있기에 이를 해결할 수 있는 다양한 플랫폼의 개발이 필요한 시기이다.

순수한 전통e스포츠의 관점에서 스타크래프트의 등장으로 e스포츠를 탄생시킨 대한민국의 위상은 스타크래프트의 몰락으로 침체기를 겪었으나 리그 오브 레전드의 열풍으로 다시 그 명맥을 유지하고 있다. 관중과 팬 문화를 만들어 낸 e스포츠에 기반을 둔 국산종목의 개발과 AR, VR, XR 등 과학기술을 활용한 다양한 e스포츠 플랫폼의 접목을 적극 시도할 시기이다. 지속가능성과 유산의 가치 창출은 다른 언어가 아니고 공존해야 한다. e스포츠 환경을 조성하기 위해 체계적인 e스포츠 생태계를 만드는 데 머뭇거리지 말고 주도적으로 행하여야 한다. e스포츠라는 유산으로 가치를 지속적으로 창출하고 후세대에 남겨줄 고유한 문화로 성장 발전시켜야 한다.

생각해 보기

1. e스포츠의 발상지는 어디인가?

2. e스포츠 용어의 4가지 표기를 적어보고 그 의미를 생각해 보시오.

3. 미래세대를 위한 'e스포츠의 유산'에 대해 서술해 보시오.

4. e스포츠의 가치는 무엇일까?

5. 여러분이 생각하는 'e스포츠의 확장성'은 무엇인가?

CHAPTER 02 e스포츠의 역사

1. e스포츠의 역사와 발전

1) 초기 역사(1972~1989년)

최초의 비디오 게임 대회는 1972년 10월 19일 스탠퍼드대학교에서 '스페이스워!'라는 게임으로 개최되었다. 스탠퍼드 학생들은 은하 간 우주전쟁 올림픽(Intergalactic spacewar olympics)에 초대되었고 대상을 받으면 이벤트 후원 잡지사의 「롤링 스톤」의 연간 구독권이 수여되는 자리였다. Bruce Baumgart가 파이브-맨-프리-포-올(five-man-free-for-all) 토너먼트에서 우승하였고, Tovar와 Robert E. Maas는 팀 대회(Team Competition)에서 우승하였다.

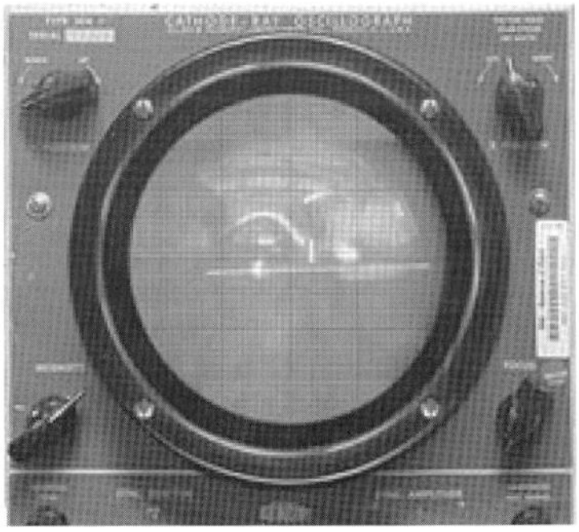

테니스 투포 작동화면

출처 : 위키피디아
https://ko.wikipedia.org/wiki/테니스 포 투

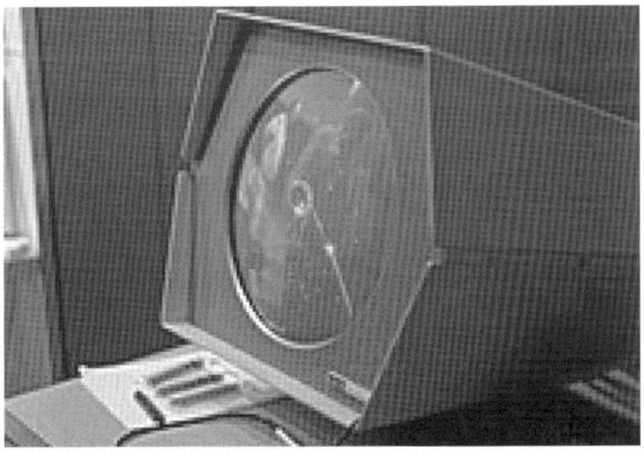

스페이스워! 플레이 화면

출처 : 위키피디아
https://ko.wikipedia.org/wiki/스페이스워!

▌그림 2-1▐ 테니스 투포와 스페이스워!

1980년에 아타리가 개최한 스페이스 인베이더 챔피언십은 최초의 대규모 비디오 게임 대회였으며, 미국에서 10,000명 이상의 참여자들을 끌어들였고 주류 취미로서 경쟁적인 게이밍을 하였다. 이때에는 특히 PC 게임들이 인터넷 접속 증가에 힘입어 발전하였다. 이를테면, 1988년 게임 'Netrek'은 최대 16명이 참여할 수 있는 온라인 게임이었으며, 대체로 크로스 플랫폼 오픈 소스 소프트웨어로 작성되었다. Netrek은 세 번째 인터넷 게임이자, 메타 서버를 사용하여 개방형 게임 서버를 배치시킨 최초의 인터넷 게임이었고, 영구적인 사용자 정보를 보유한 최초의 게임이기도 했다. 1993년에 와이어드지는 이 게임을 "최초의 온라인 스포츠 게임"으로 부르게 되었다.

2) 온라인 비디오 게임(1990~1999년)

1990년대에 e스포츠는 기하급수적으로 발전했다. 오늘날 가장 유명한 게임들이 이때 확고하게 뿌리를 내렸다. 어마어마한 수의 경쟁 콘솔 게임이 등장했으며, 오늘날까지 사랑받는 스트리트 파이터 2와 출시 즉시 히트작이 된 Doom을 포함하여 몇몇 게임이 등장했다. 1인칭 슈팅 게임(FPS)은 LAN(로컬 영역 네트워크) 대회가 열린 최초의 e스포츠 타이틀로, 멀티플레이 게임의 교두보가 되었다.

1990년대 초반에 들어 경쟁 게임은 침체되는 듯했지만, 1990년대 중반 Quake가 출시되면서 FPS 커뮤니티가 다시 살아났으며, e스포츠 최고의 게임 기량을 자랑하는 Johnathan 'Fatal1ty' Wendel이 등장했다. 그러나 e스포츠가 최초로 주류에 편승한 계기는 1998년 스타크래프트라는 실시간 전략(RTS) 게임이 등장하면서부터였다.

1997년에는 Cyberathlete Professional League(CPL)가 생겨났으며, e스포츠계의 선구자 중 한 단체로 자리매김했다. 이들은 2008년까지 다양한 이벤트를 주최했으며 300만 달러가 넘는 상금을 지불했다. 당시 CPL 이벤트의 주요 타이틀은 Quake 시리즈였으며, Jonathan 'Fatal1ty' Wendel이 스타 선수로 등장했다. Fatal1ty는 후원 계약을 맺기 전까지 자신의 경력을 통틀어 50만 달러가 넘는 상금을 받았고, 자신이 만든 e스포츠 액세서리 브랜드를 대표하기도 했다.

이후 1999년에 KPGL(KOREA Pro Game league)가 탄생하였다. 종목은 스타크래프트로 해외에 있는 PGL에 K를 붙여서 국내에서는 처음으로 열리는 정식 e스포츠 대회라고 할 수 있다. 전국에 있는 플레이어들에게 신청을 받아서 진행하였고 개인전과 단체전으로 진행되었다. 1999년 1월 첫 개인전 우승은 '쌈장' 이기석 선수가 하게 되었다. 우승 이후에는 인터넷 코넷 CF까지 출현하게 되었다.

3) 글로벌 토너먼트(2000년~현재)

대한민국에서의 e스포츠의 성장은 1997년 아시아 금융 위기 이후 초고속 인터넷망의 대규모 건설에 영향을 받은 것으로 간주된다. 또 당시 높은 실업률로 인해 수많은 사람들이 실직 중에 무언가 할 일을 찾게 만들었다는 의견도 존재한다. 대한민국의 e스포츠의 성장에 중요한 것은 PC방, LAN 게이밍 센터의 보급이다. 대한민국 문화체육관광부의 한국e스포츠협회는 한국의 e스포츠를 장려 및 규제할 목적으로 2000년에 설립되었다.

2010년대에 e스포츠는 시청자 및 상금 면에서 커다란 증가를 이루면서 엄청난 성장을 이루었다. 대형 토너먼트가 21세기 이전에 확립되긴 했지만 토너먼트의 수와 규모는 2000년에 대략 10개였던 것이 2010년에는 약 260개까지로 늘어나면서 엄청난 증가세를 보여주었다.

2. 주요 e스포츠 게임

현재 e스포츠 종목은 다양하다. 대표적으로 FPS 장르의 종목과 AOS 장르 종목들이 대중적 인기를 얻고 있다. 게임 장르로 세분하면 FPS(First Person Shooter, 1인칭 슈팅 게임)과 배틀로얄, RTS, AOS 등으로 정리할 수 있다. 앞에서 언급한 것과 같이 e스포츠 종목이 되기 위해서는 승패를 결정 지을 수 있어야 한다는 점을 고려하면 MMORPG 장르가 제외되는 것을 알 수 있다. 현재 메이저 e스포츠 종목으로 사용되는 대표게임을 살펴보면 크게 네 가지 장르의 게임이 주요 e스포츠 종목으로 활용되고 있다는 것을 알 수 있다. 최근에는 전통 스포츠 종목을 가상현실 기술과 접목하여 e스포츠화(化) 하는 경향도 증가하고 있다. 이는 'e스포츠 올림픽 시리즈'와 관련이 있다.

〈표 2-1〉 게임 장르와 e스포츠 요소

게임 장르	장르 특징	승패 구분 여부	메이저 e스포츠 여부	대표게임
FPS	1인칭 시점 총격(shooting)전투	○	○	카운터스트라이크 오버워치
배틀 로얄	최종 생존을 목표로 하는 1인칭 혹은 3인칭 시점의 총격 전투	○	○	배틀그라운드 포트나이트
RTS	실시간으로 전략적 요소를 활용하여 상대 기지 파괴 등 목적 달성	○	○	스타크래프트 워크래프트
AOS	특정 맵에서 캐릭터를 성장시켜 상대 진영을 파괴하는 실시간 공성전	○	○	리그 오브 레전드 도타
스포츠	축구, 농구, 야구 등의 스포츠 선수들을 조작하여 경기 진행	○	×	피파 위닝일레븐
격투	캐릭터를 직접 조작하는 일대일 액션 대전	○	×	철권
MMORPG	여러 플레이어와 함께 각각 캐릭터를 육성하고 가상 세계를 체험	×	×	메이플스토리 월드 오브 워크래프트

1) 리그 오브 레전드

리그 오브 레전드(이하 LOL)는 현재 e스포츠 게임 중 가장 인기가 있는 MOBA (Multiplayer Online Battle Arena) 장르의 게임 중 하나로, 라이엇게임즈(Riot Games)가 개발하고 2009년에 출시했다. 매년 열리는 월드 챔피언십은 글로벌 팬들에게 큰 관심을 받고 있다.

(1) 게임 기본 설명

① **게임 목표** : 각 팀은 5명의 플레이어로 구성되며, 서로의 넥서스를 파괴하는 것이 주요 목표이다. 넥서스는 상대방의 기지에 있는 핵심 건물로, 이를 먼저 파괴한 팀이 승리한다. 핵심건물 이전에는 포탑과 억제기가 존재하며 미니언과 챔피언이 힘을 합쳐 포탑과 넥서스를 파괴할 수 있다.

② **맵** : 게임은 주로 소환사의 협곡(Summoner's Rift)이라는 맵에서 진행된다 이 맵은 3개의 주요 라인(탑, 미드, 봇)과 정글 지역으로 구성되어 있다.

③ **챔피언** : 플레이어는 각각의 고유한 능력을 가진 챔피언을 선택해 게임을 진행한다. 리그 오브 레전드에는 170명 이상의 챔피언이 있으며, 챔피언들은 각기 다른 역할(탱커, 딜러, 서포터 등)과 포지션을 수행한다.

④ **아이템** : 게임 도중 얻은 골드를 사용해 아이템을 구매하고 챔피언의 능력치를 강화할 수 있다. 골드는 시간이 지나면서 자동으로 얻어지는 골드와, 미니언 최후의 일격, 포탑 최후의 일격이나, 챔피언 사냥, 오브젝트 사냥으로 얻을 수 있다.

(2) 역할 분담

각 팀원은 각자의 역할을 맡아 게임을 진행한다.

① **탑 라이너**(Top Laner) : 맵의 상단 라인을 담당하며, 단독 플레이가 중요하다. 체력과 방어력이 높은 챔피언을 선택하는 경우가 많으나, 상황에 따라 상대방 챔피언을 카운터하는 챔피언을 사용하거나, 데미지 딜러를 사용하기도 한다.

② **정글러**(Jungler) : 정글 지역에서 몬스터를 처치하며 팀원들을 도와주는 역할을 한다. 맵을 돌아다니며 갱킹(적 플레이어를 기습하는 것)을 시도해 팀을 유리하게 만든다. 상대방 챔피언과 라인전을 하는 것이 아니기 때문에, 전체적으로 맵을 살펴보며 각 라인의 상황과 상대방 정글러의 위치를 생각하며 플레이해야 한다.

③ **미드 라이너**(Mid Laner) : 맵의 중앙 라인을 담당하며, 공격력이 강한 챔피언과 마법사 챔피언을 주로 사용한다. 맵의 중앙에 위치한 만큼 탑 라인이나, 바텀 라인, 정글 라인에 개입하기가 좋으며, 사람의 신체로 따졌을 경우 '허리' 역할을 한다.

④ **원거리 딜러**(ADC) : 하단 라인의 원거리 딜러 역할을 맡는다. 후반 게임에서 팀의 주 딜러로 활약한다. 기본 체력이 낮은 편으로 아이템을 갖춰야만 상대방에게 안정적으로 피해를 가할 수 있다. 원거리 딜러이기 때문에 상대방과 거리를 벌린 상태에서 데미지를 입히며 추후 오브젝트 사냥에서도 핵심 피해를 줄 수 있다.

⑤ **서포터**(Support) : 하단 라인에서 원거리 딜러를 보호하고 팀을 보조하는 역할을 한다. 군중제어기를 통하여 상대방을 방해하거나 아군을 치유하는 등 다양한 역할을 수행한다. 크게 유틸형 서포터, 견제형 서포터, 탱커형 서포터로 나뉜다.

(3) 주요 경기와 대회

① **월드 챔피언십**(롤드컵) : 매년 가을에 개최되며, 리그 오브 레전드 최고의 국제대회로 여겨진다. 전 세계 각 지역 리그에서 선발된 팀들이 참가해

챔피언 자리를 놓고 경쟁한다.

② LCK(리그 오브 레전드 챔피언스 코리아) : 한국에서 열리는 리그로, 세계 최고 수준의 리그 중 하나로 평가받고 있다.

③ MSI(미드 시즌 인비테이셔널) : 매년 봄에 개최되는 국제대회로, 각 지역 리그의 봄 시즌 우승 팀들이 모여 경쟁한다.

2) 카운터 스트라이크 2

카운터 스트라이크 2는 기존 카운터 스트라이크 : 글로벌 오펜시브의 후속작으로, Valve에서 개발한 팀 기반 1인칭 슈팅 게임(FPS) 장르의 게임이다. 역사가 깊은 게임 중의 하나로, 하프 라이프 카운터 스트라이크는 2000년 11월에 출시하였다. 이후 2023년 카운터 스트라이크 2가 출시하였으니, 무려 20년이 지난 e스포츠 종목의 게임 중 하나이다.

맵, 그래픽, 무기 등 패치를 거쳐 많이 업그레이드 되었지만, 게임의 목표는 간단하게 테러리스트(terrorist) vs 대 테러리스트(counter-terrorist)의 싸움이다. 한 라운드씩 교대하여 싸우게 되고, 테러리스트 팀은 폭탄 설치, 인질 방해 등 목표를 수행하여 상대방을 압박하고, 대테러리스트 팀은 테러리스트 팀의 폭탄을 해체하거나, 테러리스트 플레이어를 저지해야 한다.

각 라운드마다 목표를 달성하거나 상대방을 모두 제거하면 승리하는 방식으로 진행되고, 한 팀이 정해진 라운드 수를 승리하면 게임에서도 승리하게 된다.

카운터 스트라이크의 e스포츠 대회는 대표적으로 인텔 익스트림 마스터즈(IEM : Intel Extreme Masters)가 있고, IEM season 1은 2007년 독일 하노버에서 진행되었다. 이후 여러 시즌을 거쳐, 현재 카운터 스트라이크 2에 이르러 IEM 2024도 활발하게 진행되고 있다.

국제대회 중 가장 규모가 큰 대회는 Counter-Strike 2 Major Championships

이다. 2024년에는 PGL CS2 Major Copenhagen 2024로 카운터 스트라이크 2로 진행된 첫 메이저 대회가 성황리에 마무리되었고, 이후 Perfect World Shanghai Major 2024의 상금 규모는 125만 달러에 달한다.

3) 배틀그라운드

배틀그라운드(PUBG : Player Unknown's Battlegrounds)는 크래프톤이 개발한 멀티플레이어 온라인 배틀 로얄 게임으로, 2017년에 출시하였다. 정식 출시 전 270일가량 진행된 얼리액세스 진행부터 화제가 되었던 게임으로 현재 배틀로얄 장르의 대표작이 되었다.

최대 100명의 플레이어가 외딴 섬에 떨어져 무기와 장비를 찾아가며 최후의 생존 경쟁을 벌이는 게임이다. 강한 데미지를 입히는 자기장이 점점 줄어들어, 나중에는 섬에 안전 구역이 없어지게 된다.

(1) 게임 설명

① **배틀 로얄 형식** : PUBG는 생존 경쟁을 기반으로 한 배틀 로얄 게임이다. 플레이어는 맵의 다양한 위치에 낙하산을 타고 착륙한 뒤, 무기, 장비, 보급품을 찾아가며 생존을 위해 싸운다.

② **맵과 환경** : 다양한 맵에서 플레이할 수 있으며, 각 맵마다 지형과 건물 구조가 다르다. 이것을 활용하여 다양한 전략적 플레이가 가능하다. 대표적인 맵은 에란겔(Erangel), 미라마(Miramar), 사녹(Sanhok), 비켄디(Vikendi) 등이 있다.

③ **팀 플레이** : 솔로 모드뿐만 아니라 듀오(2인), 스쿼드(4인) 모드가 있어 친구들과 함께 팀을 이루어 플레이할 수 있다. 팀 전략과 협동이 중요한 요소로 작용한다.

④ **실시간 업데이트** : PUBG는 지속적으로 새로운 콘텐츠를 추가하며, 맵

리메이크, 신규 무기, 신규 차량, 시즌 이벤트 등을 통해 게임을 새롭게 유지하고 있다.

(2) 배틀그라운드 e스포츠

PUBG Esports 대회는 크게 세 가지로 분류된다.

① **PGC**(PUBG Global Championship)

연 1회 개최되는 PUBG Esports 최고 권위 글로벌 대회로 PCG 우승팀은 우승 상금과 함께, 해당 연도 '최고의 배틀그라운드 팀'이라는 호칭과 함께 인게임 명예의 전당에 오르게 된다.

② **PGS**(PUBG Global Series)

Global Partner team들과 각 지역예선을 통하여 선발된 팀들은 각자의 PGS에서 전략과 실력을 통해 경쟁한다. 연말에 개최되는 PGC 대회 전 각 지역 최고의 팀들을 만나볼 수 있는 대회이다.

③ **PNC**(PUBG Nations Cup)

배틀그라운드의 국가대항전 대회이다. PNC에 참가하는 국가대표팀은 각 국가 내 최고의 선수 4명으로 구성되며, 자신들의 팀이 아닌 국가의 명예를 위해 승부를 가리게 된다.

참고로 PNC 2024는 대한민국이 우승했으며, MVP는 Seoul 선수가 받게 되었다.

4) 발로란트

발로란트(VALORANT)는 2020년 6월에 라이엇게임즈가 개발 및 출시한 5대5 팀 기반 전술 FPS 게임이다. 카운터 스트라이크 시리즈의 전략적인 전술과 캐릭터 기반 슈팅 게임의 요소를 결합한 것이 특징이다. 발로란트는 출시 직후부터 큰 인기를 끌며 빠르게 성장한 e스포츠 종목 중 하나가 되었다.

(1) 게임 플레이

발로란트의 기본 목표는 한 팀이 공격을, 다른 팀이 방어를 담당하며, 24라운드 중 13라운드를 먼저 승리하는 팀이 승자가 된다. 공격팀은 폭탄(SPIKE)을 설치하고, 방어팀은 이를 막는 것이 주요 목표이다. 각 캐릭터는 독특한 능력을 가진 요원(Agent)으로, 요원별로 특정 전술적 기술을 사용할 수 있다. 이로 인해 팀워크와 전략적 협력이 중요하게 작용한다.

(2) 요원(Agents)

발로란트에는 다양한 국적과 개성을 가진 요원들이 있으며, 각 요원은 자신의 고유한 능력과 역할을 가진다. 요원들은 크게 듀얼리스트, 컨트롤러, 이니시에이터, 센티넬로 구분되며, 각 역할에 따라 팀 내에서의 임무가 달라진다.

① **듀얼리스트** : 공격적인 플레이를 주로 하며 전투를 시작하는 역할(예 제트, 피닉스)

② **컨트롤러** : 지형이나 시야를 통제하며 팀에게 유리한 조건을 만드는 역할(예 브림스톤, 오멘)

③ **이니시에이터** : 적을 교란하거나 팀원들이 전투를 시작할 수 있도록 돕는 역할(예 소바, 스카이)

④ **센티넬** : 팀을 방어하고 아군을 보호하는 역할(예 세이지, 사이퍼)

(3) 발로란트의 경쟁 모드

발로란트의 주요 게임 모드는 '언레이티드'와 '랭크'로 구분된다. 경쟁적인 플레이를 원하는 사용자들은 랭크 모드에서 자신이 속한 등급을 올리기 위해 플레이한다. 발로란트의 랭크는 아이언(Iron)부터 래디언트(Radiant)까지 다양한 티어로 나뉘며, 각 티어에서의 승리와 패배에 따라 순위가 결정된다.

(4) e스포츠와 대회

발로란트는 출시 초기부터 라이엇 게임즈의 적극적인 지원을 받아 글로벌 e스포츠 영역을 빠르게 확장했다. 가장 대표적인 대회로는 VALORANT 챔피언스 투어(VCT)가 있으며, VCT는 지역 예선과 마스터즈, 챔피언스 등 다양한 단계로 이루어진다. 이 대회는 전 세계의 최정상 팀들이 모여 경쟁하는 방식으로, 발로란트 e스포츠의 하이라이트라고 할 수 있다.

① **VCT 챔피언스** : 연말에 열리는 발로란트 e스포츠의 최고 대회로, 세계 최고의 팀들이 모여 연간 챔피언을 가리는 대회이다.
② **VCT 마스터즈** : 중간 단계 대회로, 각 지역에서 상위에 오른 팀들이 글로벌 대회에서 경쟁한다.
③ **프랜차이즈 시스템** : 발로란트는 특정 팀들에게 프랜차이즈 슬롯을 부여해 장기적인 안정성과 팀 성장의 기회를 제공한다.

5) 스타크래프트 2

스타크래프트 2는 블리자드 엔터테인먼트가 개발한 실시간 전략(RTS) 게임으로, 2010년에 출시된 Wings of Liberty를 시작으로, 이후 Heart of the Swarm과 Legacy of the Void라는 두 개의 확장팩이 추가되었다. 이 게임은 원작인 스타크래프트의 후속작으로, 그 세계관과 캐릭터, 스토리를 이어간다.

원작인 스타크래프트 1은 앞서 설명했듯 1998년 블리자드 엔터테인먼트에 의해 개발된 실시간 전략(RTS) 게임으로 e스포츠의 역사의 시작을 했던 게임이다. 국내에서는 스타크래프트 1도 e스포츠로 계속 진행되나, 세계적으로는 스타크래프트 2 대회가 규모가 큰 편이다.

스타크래프트 2와 스타크래프트 1의 세계관은 같고, 종족은 동일하나, 생산 건물과 유닛은 차이점이 있다. 25세기 가상의 미래를 배경으로 하며, 테란(인간), 저그(곤충형 외계인), 프로토스(고급 기술을 가진 외계인)라는 세 가지 종족이 서로 지배권을 두고 싸우는 구조이다.

(1) 특징

① **종족의 다양성** : 각 종족은 고유한 유닛과 전략을 가지고 있으며, 테란은 적응력이 뛰어난 중간 종족, 저그는 빠르고 대량 생산이 가능한 유기체 종족, 프로토스는 고급 기술과 사이오닉 능력을 갖춘 종족으로 설계되어 있다. 이 세 종족은 서로 다른 강점과 약점을 가지고 있지만, 균형이 잘 맞춰져 있다.

② **자원 관리** : 게임은 자원 관리가 핵심으로, 각 종족은 미네랄과 베스핀 가스를 자원으로 사용한다. 플레이어는 작업 유닛을 통해 자원을 수집하고, 이를 통해 유닛과 건물을 생산해야 한다. 자원 관리는 전략의 중요한 부분으로, 효율적인 자원 수집과 유닛 생산이 승패를 가르는 중요한 요소이다.

(2) 스타크래프트 2 e스포츠

① Intel Extreme Masters

Electronic Sports League에서 주최하는 e스포츠의 국제대회이다. 카운터 스트라이크 등 다양한 종목의 게임을 진행하고, 스타크래프트의 대표적인 e스포츠 대회 중 하나이다.

② Global StarCraft II League

대한민국에서 개최되는 전 세계적 규모의 스타크래프트 2 리그이면서 한국 스타 2 리그를 대표하는 대회이다. 2010년부터 5차례나 개최되었지만, 현재는 사라지게 되었고, 이후 공식 대회인 99 프로게이머 코리아 오픈을 시작으로 e스포츠에 불이 붙기 시작하였다. 그 당시에 케이블 TV

채널 투니버스에서 방송을 하였고, 국내 최초로 결승전을 생방송으로 중계하였다.

이후 하나로통신배 투니버스 스타리그가 열렸고, IT 기업의 스폰을 받아서 대회를 진행하게 되었다. 이 대회에서 외국인인 기욤 패트리 선수가 우승하였고, 대회는 엄청난 흥행을 하게 된다.

하지만 이러한 흥행에도 불구하고 그때 당시에는 탁구대 위에 모니터를 두고 게임을 하는 열악한 환경 속에서 대회가 치러졌다.

2000년 7월에 방송사 온게임넷이 개국하고, 프리챌배 온게임넷 스타리그가 열리게 되었다. 그렇게 탄생한 국내의 스타크래프트 리그는 2012년까지 지속되었다.

하지만 이렇게 승승장구 하던 스타크래프트 리그에서도 큰 사건이 발생하게 되었다. 2010년, 일부 선수들이 결탁하여 경기에서 고의적으로 승부를 조작하는 사건이 발생했는데, 그 당시 팬들은 엄청난 충격과 배신감을 느꼈으며, e스포츠의 침체기를 겪게 되었다.

생각해 보기

1. 1990년대에 게임이 기하급수적으로 발전한 주요 요인들은 무엇인가? 예시를 들어 설명해 보시오. 1990년대에 등장한 주요 e스포츠화된 게임들을 나열하고, 각 게임이 e스포츠 발전에 미친 영향을 분석해 보시오.

2. 1990년대 중반 Quake의 출시가 FPS 커뮤니티에 미친 영향을 설명하시오.

3. Johnathan 'Fatal1ty' Wendel의 등장이 e스포츠 역사에 어떤 의미를 가지는지 논해 보시오.

PART 02

e스포츠의 국내외 환경

CHAPTER

03 e스포츠의 국내 환경

한국 e스포츠의 초석과 지평선을 열었던 광안리 대첩(2004년, 10만 명 관객 추산)을 시작으로 e스포츠는 세계 경제를 움직이는 핵심 아이콘으로 성장하고 있다. 2018 자카르타-팔렘방 아시안게임 시범종목 채택 이후 2022 항저우 아시안게임 정식종목 선정으로 스포츠 인식이 제고되었으며, 페이커(리그 오브 레전드, 세계 1위), 이관우(스트리트 파이터, 아시안게임 금메달), 무릎(철권, 세계 1위) 선수의 국제대회 입상을 통해서 e스포츠 산업과 프로게이머(2020년 직업 선호도 5위)의 선호도가 꾸준히 증가하고 있다. 한국의 e스포츠는 세계적으로 인정받는 독보적인 성과를 보이고 있으며, 이것은 체계적인 인프라, 선수 육성 시스템, 문화적 수용성, 그리고 산업 생태계의 지속적 확장이 다른 국가에 비해 먼저 이루어진 것에 그 요인이 있다. 이러한 요소들이 유기적으로 결합되어 한국은 e스포츠 선도국, 모국(母國), 발상지 등의 글로벌 리더로 인식되고 있다. 이러한 한국의 e스포츠 발달과정은 태동기(1990년대 PC 통신과 스타크래프트의 등장), 성장기(2000년대 초반 - e스포츠 제도화), 발전기(2010년대 - 글로벌 e스포츠 중심 국가로 도약), 성숙기(2020년대 - 산업화와 다변화)로 구분하여 살펴볼 수 있다.

1. 태동기

1990년대 후반은 한국 e스포츠의 태동기라 할 수 있다. 이 시기 PC방 문화의 확산과 함께 온라인 게임이 빠르게 보급되었고, 이는 e스포츠 발전의 기틀을 마련하였다. 당시 PC방은 비교적 저렴한 비용으로 고성능 컴퓨터와 빠른 인터넷을 이용할 수 있는 공간으로서, 청소년과 젊은 층을 중심으로 폭발적인 인기를 끌었다. 인터넷 보급률이 높아짐과 동시에 PC방은 게임을 즐길 수 있는 핵심 인프라로 자리 잡게 되었다.

이와 함께 1998년 출시된 스타크래프트(Starcraft)는 한국 e스포츠의 역사를 쓰기 시작한 게임으로 평가된다. 블리자드 엔터테인먼트(Blizzard Entertainment)의 스타크래프트는 전략적 사고와 빠른 손놀림이 필요한 실시간 전략 게임으로, 한국 시장에서 엄청난 인기를 끌었다. PC방에 모인 사람들은 스타크래프트를 통해 게임을 경쟁적으로 즐기기 시작했으며, 이는 곧 조직적 대회와 리그 시스템으로 이어졌다.

이 시기의 인터넷과 온라인 게임의 보급은 게임을 개인적 여가에서 벗어나 다수와 소통하며 경쟁하는 문화로 자리 잡게 했다. PC방의 접근성과 스타크래프트의 국민적 인기는 시너지를 이루며 e스포츠의 밑거름이 되었다. 스타크래프트를 중심으로 한 아마추어 대회들이 전국 곳곳에서 열리기 시작했고, 게임을 잘하는 개인들은 '프로게이머 또는 선수(Pro gamer 또는 Pro Player)'라는 새로운 개념으로 주목받기 시작하였다.

이와 같은 환경적, 기술적 발전은 한국 e스포츠의 기초를 다지는 역할을 하였다. 인터넷의 발전, PC방 문화의 확산, 그리고 스타크래프트의 등장이라는 요소들이 결합되면서 한국은 세계 최초로 e스포츠라는 새로운 문화를 싹틔우기 시작했다. 이러한 흐름은 향후 2000년대 e스포츠 제도화와 리그 활성화의 토대가 되었다.

2. 성장기

2000년대 초반은 한국 e스포츠가 본격적으로 제도화되고 체계적인 산업으로 성장한 시기이다. 이 시기 가장 중요한 사건은 2000년 한국e스포츠협회(KeSPA)의 설립이었다. KeSPA는 e스포츠를 공식적인 스포츠로 인정하고, 대회 운영, 규정 제정, 선수 관리 등을 체계적으로 진행하는 중추적인 역할을 수행하였다. 이로써 e스포츠는 단순한 게임 대회를 넘어 정식 주류 스포츠로서의 기틀을 다지게 되었다.

스타크래프트는 여전히 한국 e스포츠의 핵심이었다. KeSPA의 제도화와 함께 온게임넷 스타리그와 MBC게임 스타리그라는 양대 리그가 출범하면서 프로리그 시스템이 본격화되었다. 이들 리그는 전국적으로 중계되었고, 게임 팬들에게 스타크래프트 경기를 관람하는 문화를 확산시켰다. 이러한 대규모 리그 시스템은 기존 스포츠 리그처럼 체계적인 구조를 갖추었으며, 선수들이 소속된 팀이 리그에 출전하고, 이를 통해 팬덤이 형성되기 시작했다. 특히 프로게이머[1]라는 개념이 이 시기에 본격적으로 탄생했다. 선수들은 프로팀에 소속되어 정식 계약을 맺고, 훈련을 통해 기술을 연마하며 리그에서 경쟁하였다. 유명 선수들은 큰 인기를 끌었고, 임요환과 같은 스타 플레이어는 연예인에 버금가는 팬덤을 형성하며 e스포츠의 대중화에 기여했다. 이들은 새로운 세대의 우상으로 떠올랐으며, 프로게이머라는 직업은 게임을 즐기던 청소년들에게 꿈과 희망을 심어주었다.

1) e스포츠가 발전하고 하나의 독립 콘텐츠로 자리 잡기 위해서는 용어의 올바른 사용도 중요하다. 흔히 쓰이는 '프로게이머'보다는 프로e스포츠 선수가 적합한 용어이다. 인식의 차이일 수도 있으나 모든 게임은 e스포츠 종목이 아니고 프로게이머는 모든 게임의 프로선수를 일컫는 말이다. e스포츠 종목의 선수는 e스포츠 선수이다.

〈표 3-1〉 한국 e스포츠 현황(2024. 12. 기준)

명 칭	한국e스포츠협회(KeSPA : Korea eSports Association)
설립시기	2000년
국제연맹 가맹시기	국제연맹(IeSF)-2008, 아시아연맹(AeSF)-2018
공인종목	• 전문종목 : 리그 오브 레전드, PUBG : BATTLEGROUNDS, FC 온라인, 카트라이더 : 드리프트, 발로란트, 배틀그라운드 모바일 • 일반종목 : 스타크래프트 2, 이터널 리턴 • 전략종목 : 도타 2, 스트리트 파이터 • 시범종목 : FC 모바일, 서든어택, 크로스파이어, 하스스톤
주요 대회	주관대회 : 대통령배 아마추어 e스포츠대회(대통령배 KeG), e스포츠 대학리그, eK리그, 한중일 e스포츠 대회, KeSPA Cu
프로팀	kt 롤스터, T1, DRX, Dplus KIA, 농심 레드포스, OK저축은행 브리온, 한화생명e스포츠

또한 대회가 중계되면서 e스포츠는 점차 방송 콘텐츠로서의 가치를 인정받았다. 온게임넷과 MBC게임 같은 전문 방송 채널은 스타리그를 비롯한 e스포츠 대회를 전국에 생중계하면서 팬층을 넓혔다. 중계진은 경기 상황을 흥미진진하게 전달하며 경기의 이해도를 높였고, 이는 관객들에게 스포츠 중계와 같은 재미를 선사했다.

대규모 리그 시스템과 팬덤 형성은 한국 e스포츠의 가장 큰 성과였다. e스포츠는 이 시기부터 단순한 개인 간의 게임 경쟁을 넘어 대중문화와 산업적 가치로 확장되었다. 기업들은 리그에 투자하고 스폰서십을 통해 팀과 선수를 지원하면서 e스포츠는 하나의 산업 생태계를 구축해 나갔다.

2000년대 초반, 한국은 e스포츠의 제도화를 통해 체계적인 프로 리그와 스타 선수들을 배출하며 세계 e스포츠 중심 국가로 자리매김하기 시작했다. 이러한 성장 기반은 이후 글로벌 e스포츠 시장에서 한국이 독보적인 영향력을 발휘하는 원동력이 되었다.

3. 발전기

2010년대는 한국 e스포츠가 글로벌 무대에서 독보적인 중심 국가로 자리매김한 시기이다. 이 시기의 가장 중요한 사건은 '리그 오브 레전드(LoL)'의 등장과 함께 'LoL Champions Korea(LCK)' 리그의 출범이었다. LoL은 2009년 라이엇게임즈에서 출시한 MOBA(Multiplayer Online Battle Arena) 게임으로, 스타크래프트 이후 한국 e스포츠의 새로운 주류 종목으로 자리 잡았다. 특히 2012년 시작된 LCK는 체계적인 리그 운영과 높은 수준의 경기를 통해 전 세계 e스포츠 팬들의 주목을 받았다.

LCK 리그의 성공은 한국이 글로벌 e스포츠 강국으로 도약하는 기반이 되었다. 한국 선수들과 팀은 놀라운 경기력을 바탕으로 '롤드컵(LoL 월드 챔피언십)'에서 연이어 우승을 차지하며 세계 최고 수준임을 입증했다. SKT T1, 삼성 갤럭시와 같은 한국 팀들은 국제 대회에서 압도적인 기량을 선보였으며, 페이커(이상혁)와 같은 스타 플레이어는 전 세계 e스포츠 팬들에게 영웅으로 추앙받았다.

이와 함께, 블리자드, 라이엇게임즈와 같은 글로벌 게임 개발사들과의 협력은 한국 e스포츠 발전을 가속화했다. 글로벌 게임사들은 한국을 e스포츠 테스트베드로 삼아 리그와 대회를 운영했고, 이를 통해 e스포츠의 표준화와 산업화가 본격적으로 진행되었다. 특히 게임사들이 e스포츠 생태계에 적극적으로 투자하면서 프로 팀 운영, 경기장 건립, 이벤트 주최 등의 인프라가 대폭 확장되었다. 또한 국제대회에서 한국 선수들의 독보적 성과는 한국 e스포츠의 위상을 세계적으로 알리는 계기가 되었다. LoL 월드챔피언십뿐만 아니라 IEM(Intel Extreme Masters), WCG(World Cyber Games) 등 다양한 종목의 글로벌 대회에서 한국 선수들은 압도적인 성과를 보이며 e스포츠 선도국으로서의 면모를 과시했다. 이러한 성과는 한국 e스포츠의 우수한 인프라, 체계적인 선수 육성 시스템, 그리고 고도의 경쟁 문화가 만들어 낸 결과였다.

2010년대에는 e스포츠 경기 관람 방식도 혁신적으로 변화했다. 기존의 게임 전문 방송국인 온게임넷과 MBC게임 외에도, 트위치, 아프리카TV와 같은 스트리밍 플랫폼이 발전하면서 팬들은 더 자유롭게 e스포츠 경기를 시청할 수 있게 되었다. 특히 스트리밍 플랫폼은 실시간 채팅 기능을 통해 팬들과 선수 간의 소통을 활성화했으며, 이는 e스포츠 팬덤 문화의 확산에 기여했다.

또한 2012년 제정된 e스포츠 진흥을 위한 「이스포츠(전자스포츠) 진흥에 관한 법률」은 e스포츠의 문화와 산업 기반을 조성하고 경쟁력을 강화하기 위해 제정되어 시행됐다. 특히 e스포츠 산업의 체계적인 발전과 선수 및 관련 종사자들의 권익 보호를 위한 제도적 기반을 마련하는 데 중요한 역할을 하고 있다.

〈표 3-2〉 이스포츠(전자스포츠) 진흥에 관한 법률의 주요 내용

구 분	내 용
목 적	e스포츠의 진흥을 통해 국민 여가 기회 확대와 경제 발전 기여
정 의	게임을 매개로 한 사람 간 기록 또는 승부를 겨루는 경기 및 부대활동
국가 및 지자체 책임	e스포츠 진흥을 위한 시책 수립 및 시행
기본계획 수립	중·장기 기본계획 및 연도별 시행계획 수립
자금 지원	e스포츠 관련 사업자 및 단체에 필요한 자금과 경비 지원 가능
전문 인력 양성	e스포츠 분야의 전문 인력 양성 및 관련 기관 지정 지원
대회 지원	기준에 따라 e스포츠 대회 육성 및 지원
국제 교류 활성화	e스포츠의 국제 교류 및 활성화를 위한 지원

이와 같이 2010년대는 한국 e스포츠가 글로벌 무대에서 독보적인 지위를 확립한 시기였다. 리그 오브 레전드의 대성공과 LCK의 체계적인 운영, 한국 선수들의 국제대회 성과, 그리고 방송 및 스트리밍 플랫폼의 발전은 한국 e스포츠를 세계 최고 수준으로 이끌었다. 이러한 발전은 한국 e스포츠가 단순한 국가적 성과를 넘어 전 세계 e스포츠 산업을 주도하는 원동력이 되었다.

4. 성숙기

2020년대에 접어들면서 한국 e스포츠는 성숙 단계에 이르렀으며, 산업화와 다변화를 통해 보다 폭넓은 영역으로 확장되었다. 이 시기 가장 주목할 만한 변화는 모바일 e스포츠의 성장이다. 기존의 PC 기반 e스포츠와 더불어 펍지(PUBG)와 배틀그라운드 모바일과 같은 모바일 게임이 큰 인기를 끌면서 모바일 e스포츠 시장이 빠르게 성장하였다. 모바일 기기의 보급과 게임 최적화 기술 발전은 누구나 쉽게 게임에 접근하고 참여할 수 있는 환경을 조성하였고, 이는 e스포츠의 대중화를 더욱 앞당겼다. 특히 배틀그라운드 모바일은 빠른 게임 템포와 접근성으로 전 세계적으로 큰 성공을 거두었으며, 한국에서도 다양한 모바일 e스포츠 리그와 대회가 개최되었다. 모바일 e스포츠의 등장은 연령과 지역에 관계없이 보다 많은 사람들이 e스포츠를 즐길 수 있게 했고, 이는 새로운 팬덤과 시장의 창출로 이어졌다.

이와 함께 e스포츠 산업 생태계의 확장도 두드러졌다. 게임 제작사는 단순히 게임 출시를 넘어서 e스포츠 대회를 활성화하고, 이를 통해 장기적인 게임 생태계를 구축하기 위해 적극적으로 투자했다. 프로팀은 더 체계적이고 전문적인 시스템하에 운영되었으며, 스폰서십, 광고, 중계권 판매와 같은 수익 모델도 다양화되었다. 이러한 산업적 발전은 e스포츠가 단순한 스포츠 경기를 넘어선 하나의 경제적 활동이자 문화 콘텐츠로 자리 잡았음을 의미한다.

또한 정부 및 민간 부문의 e스포츠 인프라 투자는 e스포츠 산업화의 중요한 동력으로 작용했다. 한국 정부는 e스포츠를 국가적 문화산업으로 인식하고 경기장 건설, 인재 육성, 글로벌 e스포츠 대회 유치 등 다양한 지원을 아끼지 않았다. 서울의 롤파크(LoL Park)와 같은 전용 경기장과 더불어 지방에서도 e스포츠 전용 시설이 확충되면서 인프라의 균형 발전이 이루어졌다. 민간 기업들 역시 e스포츠 팀 후원과 리그 투자에 적극적으로 나서며 산업 생태계를 더욱 공고히 했다.

〈표 3-3〉 주요 e스포츠 전용경기장 현황

경기장 명칭	위치	주관 및 운영	규 모
LOL 파크	서울	라이엇게임즈	약 450석 관람석
프릭 업 스튜디오	서울	아프리카TV	약 250석 관람석
부산 e스포츠 경기장	부산	부산광역시	주경기장 330석, 보조경기장 144석(총 474석)
대전 드림 아레나	대전	대전광역시	주경기장 500석, 보조경기장 50석(총 550석)
광주 e스포츠 경기장	광주	광주광역시	주경기장 1,005석, 보조경기장 160석(총 1,165석)
경남 e스포츠 경기장	진주	경상남도	주경기장 700석, 보조경기장 84석(총 784석)
충남 e스포츠 경기장	아산	충청남도	주경기장 429석, 보조경기장 74석(총 503석)

2020년대의 또 하나의 큰 성과는 e스포츠가 국제 스포츠로서 인정받은 점이다. 특히 2022 항저우 아시안게임에서 e스포츠가 정식 종목으로 채택된 것은 상징적인 사건이었다. 이는 e스포츠가 더 이상 단순한 오락이 아니라 정식 스포츠로서의 지위를 공고히 했음을 의미한다. 한국e스포츠협회는 2018년 자카르타-팔렘방 아시안게임 시범종목 참가 이후 대한체육회 준회원 가입을 위해 꾸준히 노력해 왔다. 2019년 7월 인정단체 승인 이후 2022년 항저우 아시안게임 정식종목 채택을 계기로 대한체육회 준가맹단체로 가맹되었다. 한국은 아시안게임 e스포츠 종목에서 뛰어난 성과를 거두었으며, 이는 한국 e스포츠의 기술력과 선수 육성 시스템이 세계적으로도 최고 수준임을 다시 한번 입증하는 계기가 되었다.

2020년대 한국 e스포츠는 산업화와 다변화를 통해 새로운 국면을 맞이했다. 모바일 e스포츠의 성장, 산업 생태계의 확장, 정부 및 민간 부문의 협력, 그리고 국제 스포츠로서의 인정은 한국 e스포츠가 더욱 발전하고 지속 가능한 미래를 열어갈 수 있는 토대를 마련하였다. 이러한 성숙 단계의 발전은 한국 e스포츠가 글로벌 리더로서의 위치를 굳히는 계기가 되었다.

5. 발전 요인

한국 e스포츠가 세계적인 리더로 자리 잡을 수 있었던 배경에는 다양한 요인이 복합적으로 작용했다. 정부의 제도적 지원, 뛰어난 기술 인프라, 청년 세대의 독특한 여가문화, 그리고 글로벌 무대에서 활약한 스타 선수들이 한국의 e스포츠 발전 요인이라 할 수 있는데, 그 내용을 정리하면 다음과 같다.

첫째, 정부의 제도적 지원과 KeSPA의 역할이다. 한국 정부는 e스포츠를 단순한 오락이 아닌 문화 콘텐츠 산업으로 인식하고 체계적인 지원을 이어왔다. 2000년 설립된 한국e스포츠협회(KeSPA)는 e스포츠 발전에 핵심적인 역할을 수행했다. KeSPA는 공식적인 리그 시스템을 구축하고 선수 등록, 규정 제정, 대회 운영 등을 담당하면서 e스포츠의 체계화를 이끌었다. 이를 통해 e스포츠는 단순한 취미 활동에서 벗어나 하나의 스포츠로 인정받기 시작했다. 정부는 문화산업진흥기본법을 통해 게임 산업 및 e스포츠를 전략적으로 육성하고 지원했으며, e스포츠 전용 경기장 건립과 지역별 인프라 확대를 통해 대중의 접근성을 높였다. 또한 국제대회 유치와 국가대표 육성에도 적극적인 지원을 아끼지 않았다. 이러한 제도적 기반은 한국이 e스포츠 종주국으로 자리 잡는 데 중요한 역할을 했다.

둘째, 초고속 인터넷 및 PC방 문화를 가지고 있는 기술 인프라이다. 한국 e스포츠 발전의 또 다른 중요한 요인은 뛰어난 기술 인프라였다. 한국은 세계적으로도 손꼽히는 초고속 인터넷 보급률을 자랑하며, 이는 온라인 게임과 e스포츠의 활성화를 촉진하는 기폭제 역할을 했다. 특히 1990년대 후반부터 확산된 PC방 문화는 e스포츠 발전의 핵심 인프라로 작용했다. PC방은 고성능 컴퓨터와 빠른 인터넷을 저렴한 비용으로 제공함으로써 게임에 대한 접근성을 높였다. 청소년과 젊은 세대는 PC방에 모여 실력을 겨루며 경쟁하는 문화를 형성했고, 이는 스타크래프트와 같은 게임의 인기를 전국적으로 확산시키는 데 기여했다. 기술적 인프라와 PC방 문화의 결합은 한국 e스포츠가 타국에 비해 월등히 빠르게 성장할 수 있었던 기반이 되었다.

셋째, 게임과 청소년 세대의 여가문화의 문화요인이다. 한국의 청소년 세대는 게임을 단순한 오락이 아닌 소통과 경쟁의 장으로 인식하며 이를 즐겼다. 1990년대 후반부터 시작된 게임 문화는 세대 간 소통의 수단으로 자리 잡았고, 특히 스타크래프트의 등장은 경쟁 중심의 게임 문화를 만들어 냈다. 청소년들은 PC방과 온라인을 통해 서로 실력을 겨루며 게임을 하나의 스포츠처럼 즐겼으며, 이는 자연스럽게 e스포츠 대회와 리그의 형성으로 이어졌다. 이러한 경쟁적이고 협동적인 게임 문화는 한국 청년들의 기질과 잘 맞아떨어졌고, e스포츠가 한국의 대중문화로 자리 잡게 된 중요한 배경이 되었다.

넷째, 글로벌화와 e스포츠 스타 선수들의 영향력이다. 한국 e스포츠 발전의 또 다른 중요한 요인은 글로벌화와 세계적인 무대에서 활약한 스타 선수들의 존재였다. 2000년대 초반부터 한국 선수들은 스타크래프트를 필두로 다양한 국제대회에서 우승하며 압도적인 기량을 뽐냈다. 이러한 성과는 한국 e스포츠의 실력을 세계적으로 알리는 계기가 되었다. 특히 임요환, 페이커(이상혁)와 같은 스타 선수들은 세계적인 팬덤을 형성하며 e스포츠의 대중화를 이끌었다. 이들은 단순히 뛰어난 실력을 넘어 청소년들의 롤모델로 자리 잡았으며, 프로게이머라는 직업에 대한 사회적 인식을 변화시키는 데 기여했다. 한국 선수들의 글로벌 성과는 한국 e스포츠의 위상을 높였고, 국제 리그와 게임사들이 한국 시장에 투자하도록 유도하는 중요한 요인이 되었다.

이와 같이 한국의 e스포츠는 한국에서 단순한 여가 활동을 넘어 하나의 문화산업으로 성장하였으며, 다양한 경제적·사회적 파급효과를 가져왔다. 성장할 수 있었던 배경에는 정부의 체계적인 지원, 기술적 인프라와 PC방 문화, 청년 세대의 경쟁 중심 게임 문화, 그리고 글로벌 무대에서의 스타 선수들의 활약이 결합된 결과였다. 이러한 요인들이 상호작용하면서 한국은 e스포츠 산업의 발전과 확장, 그리고 세계화를 주도하게 되었다. 한국 e스포츠는 단순한 게임 문화에서 벗어나 하나의 산업으로 자리 잡았으며, 다양한 경제적·사회적 영향을 미치고 있다. 산업화와 일자리 창출, 사회적 인식 변화, 그리고 교육적 활용과 미래 가치에 이르기까지 e스포츠는 한국 사회의 중요한 부문으로 성장했다. e스포츠는 이제 한국의 대표적인 문화 콘텐츠로 자리 잡았으며, 앞으로도 글로벌 e스포츠의 중심에서 중요한 역할을 할 것이다.

생각해 보기

1. 한국 e스포츠의 발달과정에 나타난 특성에 대해 설명하시오.

2. 한국 e스포츠가 세계적인 리더가 될 수 있었던 배경에 대해 논의하시오.

3. 한국 e스포츠의 과제에 대해 설명하시오.

CHAPTER

04 e스포츠의 국외 환경

국제 e스포츠는 단순한 게임을 넘어선 거대한 산업과 문화 현상으로 발전하고 있다. e스포츠는 그 자체로 독립적인 엔터테인먼트 산업이면서, 동시에 미래 스포츠의 새로운 장을 여는 열쇠로 주목받고 있다. 세계 e스포츠 시장 규모는 2023년 17억 2천만 달러(한화 약 2조 3천억 원)로 평가되고 있는데, 2024년 20억 6천만 달러(한화 약 2조 8천억 원)에서 2032년 92억 9천만 달러(한화 약 12조 5천억 원)로 성장하여 예측 기간(2024~2032) 동안 연평균 성장률(CAGR) 20.7%를 기록할 것으로 예상하고 있다(Fortune Business Insights, 2024).

주요 수익원으로는 스폰서십, 미디어 권리, 티켓판매, 게임 구매 및 상품 등이 포함된다. 이러한 시장은 아시아와 북미, 그리고 유럽에 이어 남미와 아프리카, 오세아니아 등의 국가에서도 다양한 경기뿐만 아니라 제도적 장치를 통해 진흥산업으로서의 스포츠로 인정받고 있으며, 학교 교육소재로서 활용되고 있다.

이러한 e스포츠 산업은 글로벌한 현상이지만, 지역적 선호도, 기술 인프라, 문화적 요인, 시장 성숙도에 따라 그 특성은 대륙마다 상당히 다를 수 있다(Zolides, A., 2021). e스포츠 산업은 선호도, 결합, 접근에 따라 5개 대륙에 존재하는 특징이 있다. 아시아는 선수 모두에서 세계를 선도하는 반면, 북미지역은 전통적인 스포츠와 e스포츠를 크게 분리했으며, 유럽은 소속 다양한 시장을 제공하고 있다. 이 외에도 남미는 열정적인 팬층과 신흥 시장을 개척하고 있으며, 아프리카의 나이지리아는 모바일 e스포츠에서 큰 잠재력을 보여주고 있다. 이러한 e스포츠의 성장은 e스포츠가 지역별 글로벌 자산에 크게 기여할 수 있음을 보여준다. 따라서 이 장에서는 5개 대륙별 e스포츠 산업의 동향을 각국의 e스포츠 산업과 관련하여 살펴보았다.

1. 아시아

아시아는 한국과 중국이 글로벌 e스포츠 산업 분야에서 주목받고 있으며, 국제사회에서 e스포츠를 주도하고 있는 나라이기도 하다. 아시아 국가들은 가장 다양한 분야, 가장 높은 수익, 빠르게 성장하는 모바일 e스포츠 부문이 두각을 나타내고 있다. 그리고 정부 지원, 기업 후원, 문화 통합을 통해 e스포츠가 성장할 수 있는 투자뿐만 아니라 엔터테인먼트 산업으로 확대되며 변화하고 있다. 무엇보다 아시안게임 정식종목으로 채택되면서 메이저 스포츠로 인정받고 있다.

아시아는 크게 e스포츠의 태생과 더불어 가장 활발한 지역으로 꼽히는 동북아시아, 동남아시안게임 종목 채택을 비롯해 인기리에 확산되고 있는 동남아시아, 그리고 인프라와 정부 차원에서 경제적·문화적 스포츠로 인정하는 중앙아시아, 그리고 월드컵과 페스티벌 등 국제대회와 중장기 계획에 두각을 보이고 있는 중동지역으로 구분하여 살펴볼 수 있다.

1) 동북아시아의 e스포츠

동북아시아는 한국, 중국, 일본, 대만, 몽골을 말한다. 이 지역에서 e스포츠 선구자는 한국으로 1990년대 후반 주목을 받기 시작하였고, 스타크래프트(1998년 출시) 게임은 e스포츠 방송을 전담하는 전문팀, 리그, TV 채널의 설립으로 이어지는 문화적 현상이 되었으며, 2000년에 설립된 한국e스포츠협회(KeSPA)는 e스포츠의 활동을 더욱 공식화했다. 중국은 2000년대 초반부터 e스포츠가 등장하기 시작했다. 초기에는 게임 중독 우려로 인해 정부의 반대에 부딪혔지만 PC방이 대중화되면서 게임 경쟁도 커졌다. 전통적으로 콘솔 게임으로 유명한 일본은 초기에 스트리트 파이터(Street Fighter)와 철권(Tekken)과 같은 아케이드 게임에 더 초점을 맞춘 탓에 e스포츠를 수용하는 속도가 한국과 중국에 비해 늦어졌다.

아시아에서 e스포츠의 성장과 확장은 2000년대 이후이다. 이 기간 동안 한국은 스타크래프트와 이후 리그 오브 레전드(LoL : League of Legends)와 같은 게임에서 e스포츠 분야의 글로벌 리더로 자리매김하며, 한국 선수들과 팀들은 꾸준히 국제대회에서 선전했다. 그리고 2000년대 후반과 2010년대 초반에 이르러 중국은 e스포츠에 대규모 투자를 시작하면서 한국을 능가하는 국가가 되었다. 중국 정부는 2003년 e스포츠를 합법적인 스포츠로 인정해 정당성을 확보하였으며, Dota 2와 League of Legends와 같은 게임이 인기를 끌면서 세계적 수준의 중국 팀과 선수를 배출했다.

일본의 e스포츠계는 상금과 관련한 제한적인 노박법률로 인해 느리게 성장했다(Cavaliere, F., 2018). 그러나 2010년대 후반부터 정부의 지원으로 산업이 발전하기 시작하였다.

2010년 이후 아시아의 e스포츠는 초고속 인터넷의 광범위한 가용성, Twitch와 같은 스트리밍 플랫폼, 모바일 게임의 인기에 힘입어 주류 스포츠가 되었다. LoL, Dota 2, 그리고 Counter-Strike : Global Offensive(CS : GO)는 대회에서 주요 종목이 되었다. 특히 모바일 게임으로 Arena of Valor, Mobile Legends, PUBG Mobile 등은 중국, 인도, 동남아시아에서 대규모 관객을 끌어들이면서 아시아에서 e스포츠를 더욱 활성화시키는 환경을 만들었다.

상하이에서 열린 The International(TI, 2019)과 다수의 LoL 월드 챔피언십 등 대규모 e스포츠 이벤트가 개최되었다. 이러한 이벤트에는 많은 대회현장의 관중과 수백만 명의 온라인 시청자를 불러들여 e스포츠에 대한 아시아의 열기를 부각시키는 원동력이 되었다.

현재 동북아시아의 한국과 중국은 전 세계적으로 가장 큰 e스포츠 시장을 대표하는 국가다. 이 국가들은 전 세계 e스포츠 수익과 관중의 많은 부분을 차지한다. 특히 중국의 e스포츠 시장 가치는 2022년 기준 1,549억 위안(한화 약 30조 원)(Kotra, 2023)으로 평가되었으며, 수백만 명의 적극적인 참가자와 관중을 끌어모았다.

동북아시아에서 가장 성공적인 e스포츠 리그는 중국의 리그 오브 레전드 프로리그(LPL)와 한국의 리그 오브 레전드 챔피언스 코리아(LCK)로, 이들은 세계에서 가장 권위 있는 리그로 평가받고 있다. 한국의 T1(이전 SK Telecom T1)과 중국의 Invictus Gaming과 같은 팀은 세계선수권대회에서 여러 차례 우승한 팀이기도 하다(Hamari, J., & Sjöblom, M., 2017).

동북아시아의 많은 국가들은 e스포츠를 적극적으로 지원한다. 한국은 e스포츠를 지원하는 광범위한 인프라와 정책을 통해 이 분야에서 선두 자리를 지키고 있다. 그리고 중국은 e스포츠를 보다 광범위한 문화 및 경제 전략에 통합하여 지원을 강화하고 있다. 무엇보다 2023년 아시안게임에서 e스포츠를 공식 메달 종목으로 포함하면서 아시아스포츠 플랫폼에 더욱 합법화했다(Tang, W., & Foss, K., 2023). 아시아 e스포츠의 기업 후원은 Tencent, Alibaba, Samsung 등과 같은 아시아의 대기업과 거대 기술 기업들이 e스포츠, 후원팀, 리그 및 이벤트에 막대한 투자를 하고 있어 e스포츠의 성장과 가시성을 크게 강화(Gao, Y., & Lin, H., 2021)하고 있다.

그러나 동북아시아의 e스포츠는 성장에도 불구하고 어려움에 직면해 있다. 중국에서는 정부가 게임 중독을 억제하기 위해 미성년자의 게임 시간을 3시간으로 제한했다. 이로 인해 중국 내 e스포츠 산업의 장기적인 지속가능성에 대한 우려가 제기되었다. 그러나 한국과 중국과 같은 국가는 세계적 수준의 e스포츠 인프라를 보유하고 있다는 점에서 e스포츠 강국으로서 지속적으로 성장할 것으로 예상된다.

동북아시아에서 e스포츠는 아시아의 대중문화에 깊이 통합되었다. 한국과 중국에서는 e스포츠 선수들이 연예인처럼 대우받으며, 많은 팬을 보유하고 미디어 노출도 많다. 또한 e스포츠는 아시아 청소년 문화의 중요한 부분이 되고 있으며, 최근에는 모바일앱 개발이 꾸준히 성장하면서 e스포츠는 그 어느 때보다 쉽게 접근할 수 있는 환경이며, 대륙을 비롯한 전 세계적인 영역에서 광범위하고 다양한 관중을 유도하고 있다.

이상과 같이 동북아시아의 e스포츠는 주류 문화 및 경제수단으로 발전해 있다. 지속적인 투자와 정부 지원, 열정적인 팬층을 바탕으로 글로벌 e스포츠 산업의 선두를 유지하고 있다. 그러나 동북아시아의 e스포츠 산업계에서는 성장을 유지하기 위해 규제 제한 및 인프라 격차와 같은 해결해야 할 과제를 남기고 있다. 다음은 한국을 제외한 중국, 일본, 대만을 중심으로 e스포츠 산업의 주요 현황을 살펴보았다.

(1) 중국

현재 중국의 e스포츠는 글로벌 현장에 상당한 영향을 미치고 있다. 중국의 e스포츠는 크게 초기 보급기(1990년대~2000년대 초반), 주요 타이틀의 부상기(2000년대~2010년대 초반), 그리고 정부 지원 및 국제적 인정기(2010년대 후반~)로 구분하여 살펴볼 수 있다.

먼저 초기 보급기는 1990년대 후반에 e스포츠가 보급되어 초기에 StarCraft와 Warcraft III와 같은 게임이 인기를 얻었으며, 초기 대회는 대부분 지역화된 이벤트와 LAN 파티(TKirman, B., & Lawson, S., 2009)였다. 그 후 2003년에 중국사이버게임즈(CCG : China Cyber Games)가 설립되면서 경기대회를 위한 플랫폼을 제공하고 토너먼트를 위한 보다 체계적인 구조를 만든 중요한 이정표가 되었다(Li, Y., 2016).

두 번째, 주요 타이틀의 부상기는 2000년대 이후에서 2010년대 초반으로, 월드 오브 워크래프트(World of Warcraft)와 LoL의 인기로 e스포츠의 성장을 더욱 촉진시켰다. 이러한 게임은 방대한 플레이어 기반을 확보했을 뿐만 아니라 미디어 관심과 스폰서십도 확보하게 됐다. 특히 중국은 2011년 리그 오브 레전드 프로리그(LPL)의 출범을 통해 e스포츠의 전환기를 맞이했다. 현재 이 리그는 세계에서 가장 시청률이 높고 경쟁적인 리그 중 하나가 되었으며, 중국의 LoL 보급에 크게 기여하였고, 중국이 e스포츠 강국으로 부각되는 계기가 되었다.

세 번째, 정부 지원 및 국제적 인정기는 2010년대 후반부터로, e스포츠를 합법적인 경력 경로이자 문화 수출의 한 형태로 인식하기 시작했다. 그리고 2016년에 e스포츠는 중국 스포츠 총국에 의해 공식적으로 스포츠로 분류되었다. 중국은 LoL 월드 챔피언십(LoL World Championship), 도타 2 인터내셔널(Dota 2 International) 등 주요 국제 e스포츠 행사를 개최하기 시작하면서 글로벌 e스포츠 생태계에서의 영향력이 커지고 있다(Jin, D. Y., 2021).

이처럼 중국은 세계 e스포츠의 가장 큰 시장 중 하나다. 이 산업에는 프로리그, 주요 토너먼트, 스폰서십, 스트리밍 플랫폼이 포함된다. 무엇보다 중국은 Invictus Gaming, FunPlus Phoenix, Royal Never Give Up과 같은 수많은 유명 팀의 본거지이기도 하다. 중국에서의 e스포츠 시장은 2022년 30조원의 가치가 있는 것으로 추산되며, 국내외 기업의 상당한 투자가 이를 주도하고 있다. 여기에는 Tencent와 Alibaba와 같은 주요 기술 기업이 이 산업에서 중추적인 역할을 하고 있다. 그리고 LoL은 중국에서 상당히 인기를 누리고 있으며, LPL은 전 세계적으로 최고의 리그 중 하나로 남아 있다. 이 외에도 인기 게임으로는 Honor of Kings(국제적으로는 Arena of Valor, Dota 2, PUBG)가 있으며, LPL, Honor of Kings World Champion Cup, China Dota 2 Supermajor와 같은 주요 토너먼트와 리그는 많은 관중과 미디어들이 관심을 보이며 찾고 있다(Jin, D. Y., & Chee, F., 2020).

그러나 중국 정부는 산업의 성장을 관리하기 위한 규정을 제정하고 시행했는데, 여기에는 미성년자가 게임을 하는 데 사용할 수 있는 시간 제한과 게임 중독에 대처하기 위한 조치가 포함된다. 또한 e스포츠의 상업화와 프로 선수들의 복지, e스포츠 경력의 지속 가능성과 관련된 문제를 안고 있다.

중국의 e스포츠의 미래는 인프라와 기술에 대한 지속적인 투자로 희망적이다. 또한 국제 e스포츠에서 주요 참여자이며, 더 많은 글로벌 이벤트를 개최하고 인재를 육성하고 있다. 특히 VR/AR 게임, AI, 블록체인과 같은 분야의 혁신이 업계의 방향을 더욱 형성할 것으로 예상된다.

(2) 일본

일본은 오랜 게임문화를 가지고 있으며, 1990년대 이전까지 게임을 중심으로 발전하였으며 e스포츠 육성에는 커다란 관심을 두지 않았다. e스포츠의 공식화는 2000년대이며, 주류 종목화는 2010년대, 공식스포츠화는 2020년대로 나누어 살펴볼 수 있다.

먼저, 초기 단계를 보면, 1980년대에 아케이드에서 경쟁 게임이 등장하면서 스페이스 인베이더(Space Invaders)와 팩맨(Pac-Man)과 같은 고전 게임의 비공식 토너먼트가 있었다. 그리고 1980년대 후반과 1990년대 초반에 스트리트 파이터 II(Street Fighter II)와 같은 게임이 아케이드에서 인기를 얻으면서 초기 경기 모습이 생겼다(Herz, J. C., 1997).

두 번째, 2000년대 일본은 토너먼트와 리그를 설립하면서 e스포츠의 공식화를 이루었다. 스타크래프트(StarCraft)와 워크래프트 III(Warcraft III)와 같은 게임의 도입은 경쟁 게임을 대중화하는 데 도움이 되었다. 그 후 2003년 일본e스포츠연맹(JeSF : Japan e-Sports Federation)이 창설되었고, 일본에서 e스포츠를 조직하고 홍보하는 데 있어 중요한 역할을 하기 시작하였다. JeSF는 각종 대회를 지원하고, 표준을 만들었으며, 국제 경쟁을 홍보하는 것을 목표로 했다(Holden, J. T., & Rodenberg, R. M., 2017).

세 번째, 2010년대에 접어들어 일본 e스포츠가 주류의 주목을 받기 시작했다. LoL, Dota 2, CS : GO와 같은 주요 게임 타이틀이 일본에서 인기를 얻기 시작했다. 특히 일본 내에서 프로 팀과 리그의 설립은 e스포츠 발전에 큰 도움이 되었다. 그 후 2016년 공식 일본e스포츠협회(JeSA : Japanese e-Sports Association)가 설립되어 e스포츠가 스포츠산업 분야에서 보다 전문화되었다. 이때 미디어 보도와 스폰서십이 증가하여 e스포츠의 합법성이 높아지는 데 기여했다.

네 번째, 2020년대 접어들어 일본 내외 기업들이 상당한 투자를 받으면서 지속적인 성장을 이루었고, 다양한 경기가 일반화되기 시작했다. 특히 2021년에는 일본 스포츠계에서 공식적으로 e스포츠를 합법적인 스포츠로 인정하면서 큰 전환점을 맞이하였다. 이러한 공식 스포츠로의 인정은 더 나은 인프라와 선수에 대한 지원, 스폰서십, 그리고 전문적 개발 기회 증가로 이어졌다. 현재 일본의 e스포츠 생태계는 주요 e스포츠 이벤트 개최와 성공적인 프로팀의 증가, 전용 e스포츠 경기장과 훈련 시설을 포함한 개선된 인프라의 혜택 등이 이루어지고 있다. 또한 국내 인재를 개발하고 보다 포괄적인 게임 커뮤니티를 육성하는 데 점점 더 중점을 두고 있다.

일본 정부와 주요 기관들은 자금, 인프라, 정책 개발을 포함하여 e스포츠 산업에 더 많은 지원을 제공하고 있다. 이 지원은 e스포츠를 실행 가능한 경로로 홍보하고 일본의 산업 내 글로벌 입지를 강화하는 데 도움이 되고 있다. 또한 e스포츠는 미디어 보도와 대중의 관심이 증가하면서 일본 주류 문화에 더욱 통합되고 있으며, 학교와 대학도 e스포츠를 합법적이고 가치 있는 과외 활동으로 인식하기 시작했다. 하지만 이러한 성장에도 불구하고, 일본 e스포츠 산업은 전통적인 게임 문화와 새로운 경쟁 환경의 균형, 규제 문제 해결, 이미 자리 잡은 국제 시장과의 경쟁 등의 과제를 남겨두고 있다.

(3) 대만

대만의 e스포츠 역사는 특히 LoL과 같은 게임에서 조기 채택, 빠른 성장, 국제적 성공으로 특징지어진다. 강력한 정부 및 기업 지원을 통해 대만은 인재 유지 및 시장 경쟁과 같은 과제를 해결해야 하지만 글로벌 e스포츠 분야에서 성장 가능성을 보이고 있는 국가이기도 하다.

먼저, 초기 개발단계(1990년대 후반~2000년대 초반)는 대만의 e스포츠가 각종 대회에서 알려지기 시작하면서 형성되기 시작했다. 초창기에는 스타크래프트 및 워크래프트 III와 같은 타이틀이 지배적이었고 게임뿐만 아니라 경쟁 플랫폼으로도 인기를 얻었다. 특히 대만 선수들은 RTS 게임에서 인지도를 얻기 시작하면서 e스포츠 문화 성장의 토대를 마련했다.

부상단계(2000년대 중반~2010년대)는 글로벌 e스포츠 현장에서 대만이 성장하면서 아시아 서킷에서 지속적인 중요한 역할을 했다. 여기에는 대만의 탄탄한 인터넷 인프라가 활발한 인터넷 카페 문화를 갖게 만들었고, 고성능 게임 하드웨어에 대한 액세스와 플레이어가 경쟁할 수 있는 소셜 공간을 모두 제공하면서 경쟁적인 게이머들의 온상이 되었다. 그리고 수많은 현지 토너먼트가 등장하기 시작하면서 대만 선수들이 기술을 연마하고 가시성을 확보할 수 있는 플랫폼을 제공하면서 Taiwan Excellence Gaming Cup 및 기타 지역 챔피언십과 같은 이벤트는 e스포츠 일정의 주요 요소가 되었다(Huang, K. C., 2021). 그리고 대만의 주류 미디어가 e스포츠 이벤트를 다루기 시작하면서 TV 토너먼트와 뉴스 보도는 e스포츠의 정상화와 대중화에 기여했다.

국제적 성공과 인정(2010년대~현재) 시기는 대만 팀과 선수들이 LoL 분야에서 국제적인 호평을 받기 시작하면서 나타났다. 가장 중요한 성과 중 하나는 2012년에 TPA(Taipei Assassins)가 리그 오브 레전드 월드 챔피언십에서 우승한 것이다. 이 우승으로 대만은 e스포츠의 전환기를 맞이하였으며(Wu, Y., 2016), 글로벌 e스포츠 커뮤니티에서 인정받는 위치에 오를 수 있었다. TPA가 우승한 이후에도 LoL에서 대만은 강국이 되었고, LoL 이외에도 Overwatch, Hearthstone, 그리고 Street Fighter에서도 두각을 나타내며 격투 게임에서도 대만의 입지를 알렸다. 또한 대만 정부가 e스포츠의 경제적·문화적 잠재력을 인정하면서 최근에는 e스포츠 전용 경기장, 훈련 시설 등 인프라에 대한 투자가 증가하였으며, 대만을 아시아 e스포츠 허브로 만드는 것을 목표로 지원하기 위한 규정과 정책 개발에 노력하고 있다. 여기에 대만의 주요 기술 기업들이 e스포츠 팀 및 이벤트 후원에 적극적으로 참여하면서 게임 하드웨어 분야의 글로벌 리더로 홍보하는 데 도움을 주고 있다. 하지만 선수 복지, 계약 분쟁, e스포츠를 합법적인 직업 경력으로 공식 인정하는 것과 관련된 규제 문제 등이 과제로 남아 있다.

2) 중동의 e스포츠

중동지역은 인구 중 절반 이상이 25세 이하로, 세계에서 가장 젊은 인구 구조를 가진 지역 중 하나다. 이것은 디지털 기술과 게임 산업에 대한 높은 수요로 이어지고 있다. 특히 중동 국가들은 e스포츠를 청년 고용 문제 해결 및 디지털 경제 발전의 핵심 요소로 보고 있으며, 이는 산업 전반에 대한 대규모 투자로 나타나고 있다. 이 중에서 본 장에서는 사우디아라비아와 아랍에미리트(UAE), 카타르를 중심으로 살펴보고, 북아프리카 국가의 경우에는 아프리카 대륙에 포함하였다.

(1) 사우디아라비아

사우디아라비아의 e스포츠는 경기게임에 대한 전 세계적인 관심이 높아지는 추세를 반영하여 최근 몇 년 동안 상당한 성장과 발전을 가져왔다. 사우디아라비아에서 e스포츠는 2000년대 후반과 2010년대 초반부터 작지만 열정적인 게이머 커뮤니티와 함께 지역 대회로 구성되었다. 그러나 사우디 정부가 경제 다각화와 신산업 육성을 목표로 하는 '사우디 비전 2030(Saudi Arabia Vision 2030)' 계획의 일환으로 e스포츠의 잠재력을 인정하면서 사우디 중장기 계획의 일환으로 e스포츠를 포함한 게임 산업에 대한 투자와 지원이 늘어나고 있다(Kabbani, N., 2021).

2010년대에는 보다 조직화된 e스포츠 이벤트와 토너먼트가 등장했다. 이러한 행사는 경쟁적인 분위기를 조성하는 데 도움이 되었으며 지역 인재의 참여와 발전을 장려했다. 현재 사우디아라비아는 여러 팀이 다양한 지역 및 국제 토너먼트에 참가하면서 전문적인 e스포츠 현장을 발전시켰다. 그리고 국가 내에서는 점점 더 많은 e스포츠 단체와 선수들이 글로벌 e스포츠 무대에서 인정을 받고 있다. 정부와 민간단체는 주요 e스포츠 행사 개최 및 지원에 적극적으로 참여해 왔으며, 사우디e스포츠연맹(Saudi e-sports Federation)과 기타 지역 주최측이 주최하는 대회들로 하여금 국제적인 관심과 참여를 유도하고 있다. 2020년에 설립된 사우디e스포츠 연맹은 사우디 e스포츠 발전에 중추적인 역할을 담당하면서 e스포츠를 위한 구조화되고 전문적인 환경을 조성하고 국내 및 국제 대회를 지원하는 것을 목표로 하고 있다(Ibrahim, S., 2022).

사우디 정부는 최첨단 게임 시설 및 경기장 개발 등 e스포츠 관련 인프라에 대한 대규모 투자를 진행하고 있으며, e스포츠 인재의 훈련과 개발을 강화하기 위한 계획을 지원하고 있다. 또한 e스포츠는 다양한 인구통계에 걸쳐 수용도와 관심이 높아지면서 점점 사우디아라비아의 문화 환경의 일부가 되고 있으며, 이러한 문화적 통합은 게임과 기술에 대한 국가의 청소년 중심 열정에 의해 뒷받침되고 있다.

지상 최대의 상금을 내세운 e스포츠월드컵(Esports World Cup)은 2022년과 2023년에 개최된 사우디e스포츠연맹의 'Gamers8 e스포츠 축제(Gamers8 esports festival)'를 대체해 2024년에 사우디아라비아 리야드 블러바드 시티의 세계적 수준의 경기장에서 개최된 국제종합 e스포츠 경기대회로, e스포츠올림픽이라고 불리기도 한다. 이 대회는 사우디 비전 2030 프로그램에 따라 게임 및 e스포츠 산업을 활성화하기 위한 것으로, 전 세계 최고의 e스포츠 팀들이 모여 여러 게임 타이틀을 놓고 경쟁한다. 리그 오브 레전드(League of Legends), 포트나이트(Fortnite), 도타 2(Dota 2), 오버워치 2(Overwatch 2), 배틀그라운드 모바일(PUBG Mobile), 모바일 레전드 : 뱅뱅(Mobile Legends : Bang Bang) 등 21개의 인기 e스포츠 종목에 22개 토너먼트 대회가 펼쳐졌다. 1,500명 이상의 플레이어와 200개 이상의 e스포츠 팀이 참가하였고 총 상금은 6,000만 달러였다 (Jordan Fragen, 2024).

❙그림 4-1❙ e스포츠 월드컵 재단(Esports World Cup Foundation)

사우디아라비아의 e스포츠는 상당한 성장이 이루어지고 있지만, 규제 문제, 전문 교육 및 국제 경쟁력 측면에서 추가 개발의 필요성 등의 과제가 남아 있다. 그러나 정부와 민간 부문의 지속적인 투자와 지원이 이러한 과제를 해결하고 있다.

EWC의 주체기구는 'e스포츠 월드컵 재단(Esports World Cup Foundation)'이다. 이 재단은 e스포츠 클럽(팀) 지원 프로그램과 같이 선정된 e스포츠 조직에 재정적 지원을 제공하기 위해 고안된 기구이다. 지원 프로그램을 통해 선발된 팀은 운영을 개선하고 프로 선수에게 더 많은 기회를 제공하기 위해 매년 재정 지원을 받는다. 총 30개의 e스포츠 단체가 클럽 지원 프로그램에 선정되었으며, 그중 22개 단체가 초청되었고, 150명 이상의 지원자 중 과거 경기 성과, 미래 전략 및 팬 참여 접근 방식을 기반으로 8개 단체가 승인되었다. EWC의 다른 모든 참가자와 마찬가지로 클럽 지원 프로그램 회원은 각 게임의 이벤트와 클럽 챔피언십에 대한 자격을 획득해야 하지만, 자격 여부와 관계없이 연간 재정적 보상을 받을 수 있다. e스포츠 월드컵에 참가하려는 경우 보상을 받을 수 있는데, 여기에서 보상은 EWC에 대한 시청률과 팬 참여를 향상시킬 수 있는 각 클럽(팀)의 능력에 따라 결정된다(Jordan Fragen, 2024).

(2) 아랍에미리트(UAE)

아랍에미리트(UAE)는 첨단 기술과 글로벌 문화의 융합을 통해 중동지역의 e스포츠 중심지로 빠르게 자리 잡고 있다. 디지털 경제의 성장, 글로벌 네트워크 구축, 그리고 혁신적인 인프라 투자를 통해 e스포츠 산업은 UAE에서 경제 및 문화적 중요성이 점점 더 확대되고 있다.

UAE는 석유 중심의 경제에서 벗어나 디지털 경제로 전환하려는 국가적 전략을 추진하고 있다. e스포츠는 이 전략의 핵심 요소로 자리 잡고 있으며, 특히 다음과 같은 점에서 중요한 역할을 한다. UAE의 인구는 대부분 젊은 층으로 구성되어 있으며, 이들은 디지털 콘텐츠와 게임 문화에 익숙하다. 이것은 e스포츠의 주요 소비층으로 작용하며, 산업의 자연스러운 성장을 이끌고 있다. 그리고 UAE는 세계 최고 수준의 인터넷 보급률과 기술 인프라를 갖추고 있으며, 이것은 온라인 스트리밍 플랫폼, 게임 서버, 그리고 글로벌 e스포츠 대회 개최를 가능하게 하고 있다.

UAE 정부는 e스포츠 산업을 적극 지원하며, 이를 통해 디지털 혁신과 경제 다각화를 도모하고 있다. Plan Abu Dhabi 2030은 2030년까지 아부다비의 비전과 도시발전 방향을 제시하며 아부다비의 새로운 도시개발 수요에 맞춰 체계적인 방향을 제시하고 있다. 이 계획은 교통, 자연환경, 토지 이용, Open Space, 도시 디자인, 주택, 경제 등 모든 분야의 정책 가이드라인을 제시한다. 이 중에서 디지털 경제의 중심지가 되는 것을 목표로 하고 있다. e스포츠는 이를 실현하기 위한 핵심 요소 중 하나로, 특히 두바이와 아부다비는 e스포츠 중심지로의 도약을 위해 지속적인 투자를 하고 있다. 2024년 두바이 e스포츠와 게임 축제(Dubai Esports and Games Festival)와 같은 국제적인 대회를 통해 UAE는 글로벌 e스포츠 커뮤니티를 유치하고 있다. 이러한 이벤트는 관광 산업 활성화와 UAE의 글로벌 위상 강화를 동시에 실현하고 있다(www.dubaiesportsfestival.com).

UAE는 단순히 중동지역의 중심지가 아니라, 전 세계 e스포츠 산업에서 중요한 위치를 차지하려는 야심을 가지고 있다. 이를 위하여 UAE는 최첨단 e스포츠 경기장과 훈련 센터를 구축하여 국제대회를 개최하고 있다. 특히 두바이의 e스포츠 아레나는 세계적 규모의 경기장으로 주목받고 있는데, 2024년도 발표 자료에는 UAE가 세계 최고 게임산업과 선수들을 끌어들이고 이 분야에서 자국 인재들을 부각시키기 위해 인상적인 긴 투자 목록에 e스포츠 섬을 추가하였다. e스포츠 섬은 단순한 게임이나 오락을 위한 수준이 아니라 UAE 정부의 원대한 계획인 Plan Abu Dhabi 2030과 완벽하게 일치한다. 다시 말해 석유 수입에 덜 의존하고 지식과 관광에 더 의존하는 경제를 만들기 위한 노력의 일환이다. 또한 Riot Games, ESL과 같은 글로벌 e스포츠 기업들과의 협력은 UAE의 기술적 수준을 높이고 글로벌 네트워크를 확대하는 데 기여하고 있다.

이상과 같이 UAE는 e스포츠를 통해 중동지역에서뿐만 아니라 세계적으로도 디지털 문화와 경제의 중심지가 되기를 희망하고 있다. 지속적인 인프라 투자, 글로벌 파트너십 강화, 그리고 지역 청년층의 적극적인 참여를 통해 UAE는 e스포츠 산업의 선두 주자로 자리 잡을 것이다.

(3) 카타르

카타르는 첨단 기술과 스포츠 산업의 융합을 통해 e스포츠라는 새로운 영역에서 빠르게 존재감을 드러내고 있다. FIFA 월드컵 2022와 같은 글로벌 스포츠 이벤트를 성공적으로 개최한 경험과 함께, e스포츠는 카타르가 디지털 경제와 스포츠 산업에서 글로벌 리더로 도약할 수 있는 핵심 도구가 되고 있다.

카타르는 석유와 가스에 의존하던 경제 구조에서 탈피해, 스포츠와 기술 중심 경제로의 전환을 시도하고 있다. e스포츠는 카타르의 디지털 경제 전략에서 중요한 축으로 작용하며, 청년층을 중심으로 빠르게 성장하고 있다. 또한 카타르는 다양한 국적과 문화를 가진 인구를 기반으로 글로벌 디지털 콘텐츠와 e스포츠를 수용하는 데 유리한 환경을 가지고 있다. 특히 젊은 세대는 e스포츠를 주요 엔터테인먼트로 받아들이고 있다.

카타르 정부는 스포츠와 기술 융합에 관심을 두며, e스포츠를 미래의 성장 동력으로 보고 있다. '카타르 국가 비전 2030(QNV 2030)'은 지속 가능한 경제 발전과 디지털화를 목표로 하며, e스포츠는 이 전략의 중요한 부분으로 자리 잡고 있다. 이를 통해 카타르는 글로벌 e스포츠 허브로 성장하려는 목표를 가지고 있다. 특히 FIFA 월드컵 2022를 성공적으로 개최한 카타르는 스포츠 인프라와 경험을 활용하여 e스포츠 산업을 성장시키고 있다. 여기에는 기존 스포츠와 디지털 스포츠(e스포츠)를 융합하는 이벤트가 주목받고 있다.

카타르의 e스포츠는 기술, 경제, 문화가 결합된 현대 스포츠의 새로운 장을 열고 있다. 이것은 단순한 엔터테인먼트가 아니라, 국가적 정체성과 글로벌 리더십을 표현하는 중요한 수단으로 자리 잡고 있으며, 지속적인 투자와 혁신적인 접근을 통해 카타르는 중동지역뿐만 아니라 전 세계 e스포츠 생태계에서 중요한 역할을 수행할 가능성이 크다.

3) 동남아시아의 e스포츠

동남아시아의 e스포츠 시장은 빠르게 성장하고 있는 글로벌 e스포츠 산업의 중요한 부분으로 자리 잡고 있다. 이 지역은 다양한 문화와 경제적 배경을 가진 국가들로 구성되어 있지만, 모바일 게임과 e스포츠의 인기가 대중적이고 폭넓게 확산되면서 시장의 독특한 특성을 형성하고 있다.

동남아시아의 e스포츠는 1990년대 후반 LAN(Local Area Network) 게임 센터의 등장과 함께 시작되었다. Counter-Strike, Warcraft III, StarCraft와 같

은 게임은 가장 먼저 인기를 얻은 타이틀 중 하나였다. 이러한 게임은 게임 카페에서 주최하는 지역 토너먼트에 자주 참가하는 플레이어 커뮤니티의 관심을 끌었다. 그러나 광범위한 인터넷 인프라가 부족하고 고급 게임 PC에 대한 액세스가 제한되어 있어 이 기간 동안 게임이 상대적으로 틈새 시장으로 남아 있었다(Chee, F., 2016).

2000년대 중반부터 동남아시아 지역의 인터넷 보급률이 향상되면서 온라인 게임이 부흥하게 되었다. Dota(이후 Dota 2), LoL, StarCraft II와 같은 게임이 이 지역 전역에서 엄청난 인기를 얻었다. 필리핀, 태국, 말레이시아, 인도네시아 등의 국가에서는 e스포츠 전용 팀과 선수가 등장했다. 이 기간 동안 동남아시아는 지역 선수들이 글로벌 토너먼트에 참가하면서 국제적인 인지도를 얻기 시작했다. 예를 들어, 필리핀 팀은 2011~2013년경 Dota 2에서 두각을 나타냈다.

2016년부터 2020년까지의 기간은 동남아시아에서 e스포츠가 크게 성장하고 제도화되는 기간이었다. 각국 정부는 e스포츠를 합법적인 산업으로 인정하기 시작했고, 이로 인해 전국 단위 e스포츠 연맹이 결성되었다. 특히 필리핀, 말레이시아, 태국, 베트남에서는 e스포츠를 스포츠 의제에 포함시키기 시작했다. 그리고 Dota 2의 The Manila Major(2016), 말레이시아와 태국의 ESL One 이벤트를 포함하여 여러 유명 국제 토너먼트를 개최했다. 이러한 토너먼트는 전 세계의 관심을 끌었으며 동남아시아를 글로벌 e스포츠 생태계의 핵심 지역으로 자리매김시켰다.

또한 모바일 게임이 Mobile Legends : Bang Bang 및 Arena of Valor와 같은 게임을 주도하면서 동남아시아 e스포츠 환경을 지배하기 시작했다. 이러한 게임은 스마트폰으로 접속할 수 있어 PC나 콘솔 게임보다 모바일 인터넷 사용이 더 보편화된 지역에서 큰 인기를 끌었다. 2024년 현재 동남아시아의 e스포츠는 계속해서 빠른 성장과 전문성 강화를 경험하고 있다. 이러한 추세에 기여하는 몇 가지 요인은 다음과 같다.

첫 번째, 모바일 e스포츠의 지역적 지배력이다. 모바일 게임은 동남아시아에서 여전히 지배적인 e스포츠 형태이다. Mobile Legends : Bang Bang, PUBG Mobile 및 Free Fire와 같은 타이틀에는 대규모 플레이어 기반과 경쟁 장면이 있다. 동남아시아 팀은 또한 이러한 게임의 글로벌 토너먼트에서 성공을 거두며 세계 무대에서 해당 지역을 알렸다.

두 번째, e스포츠는 동남아시아의 전통적인 스포츠 프레임워크에 통합되었다. 예를 들어, e스포츠는 2019년 필리핀 동남아시안게임과 2021년 베트남 동남아시안게임에도 메달 종목으로 포함됐다. 이는 e스포츠를 공식적인 스포츠 분야로 합법화하는 데 도움이 되었다.

세 번째, 동남아시아 정부들은 e스포츠 아카데미 설립, 인프라 투자, 주요 토너먼트 개최 등의 계획을 통해 점점 더 e스포츠를 지원하고 있다. 통신회사와 소비자 브랜드를 포함한 민간 부문 역시 후원과 파트너십을 통해 업계에 막대한 투자를 하고 있다. 또한 젊은 층은 e스포츠에 깊이 관여하고 있으며 많은 이들이 프로 게이머나 스트리머가 되기를 열망하고 있다. 이로 인해 콘텐츠 제작자, 인플루언서, 경쟁력 있는 플레이어로 구성된 활발한 커뮤니티가 형성되어 지역 내 e스포츠의 문화적 타당성에 기여하고 있다.

하지만 이러한 성장에도 불구하고 농촌 지역의 제한된 인프라, 일부 국가의 규제 불확실성, 풀뿌리 개발에 대한 더 많은 투자의 필요성 등의 과제는 여전히 남아 있다. 이러한 어려운 환경에서도 글로벌 토너먼트가 늘어나고 동남아시아 국가와 국제기구 간의 협력이 늘어나면서 성장 잠재력은 크다. 특히 모바일 게임 분야에서 핵심 플레이어로 남을 가능성이 높다. 젊은 인구, 증가하는 인터넷 보급률, 게임에 대한 문화적 친화력 등 이 지역의 독특한 조합은 이 역동적인 산업의 미래 성장에 매우 적합하기 때문이다.

4) 중앙아시아의 e스포츠

중앙아시아의 e스포츠는 꾸준히 성장하고 있지만 동아시아나 유럽과 같은 글로벌 허브에 비해 여전히 규모는 작다. 그러나 카자흐스탄, 우즈베키스탄, 키르기스스탄과 같은 주요 국가들은 최근 몇 년 동안 e스포츠에 대한 관심과 투자가 증가하고 있으며, 이는 주로 이 지역의 젊은 인구의 증가와 함께 향상된 양상을 보이고 있다.

카자흐스탄은 중앙아시아 e스포츠의 선두 주자로, Dota 2, CS:GO와 같은 게임에서 주목할 만한 성공을 거두었으며, 2017년 설립한 AVANGAR 조직과 CS:GO에서 국제적인 명성을 얻은 카자흐스탄 e스포츠 팀인 K23과 같은 e스포츠 팀은 카자흐스탄의 e스포츠 발전에 큰 도움을 주었다(Sultangali, A., & Tulegenov, B., 2021). 카자흐스탄은 또한 여러 지역 토너먼트를 개최하고 있으며 게임 산업을 진흥하기 위한 정부 지원책이 이루어지고 있다.

우즈베키스탄에서는 e스포츠가 특히 젊은 선수들 사이에서 인기를 얻고 있으며, e스포츠 클럽과 인터넷 카페는 게이머의 허브가 되었다(Bekmuratov, A., & Karimov, N., 2021). 우즈베키스탄 e스포츠 연맹은 e스포츠 활성화를 위해 설립되었으며, 토너먼트를 조직하고 Dota 2, FIFA, PUBG Mobile과 같은 게임에서 현지 인재를 지원하는 데 중점을 두고 있다. 우즈베키스탄 정부는 e스포츠 산업의 경제적 및 사회적 잠재력을 인식하기 시작하면서, e스포츠 산업 지원을 위한 제도적 지원책을 강구하고 있다.

키르기스스탄의 e스포츠 규모는 카자흐스탄과 우즈베키스탄에 비해 규모가 작지만, 열정적인 플레이어 커뮤니티가 있다. 비슈케크와 같은 주요 도시에서 Dota 2, FIFA Mobile Legends와 같은 게임에 중점을 둔 대회가 이벤트가 조직되고 있다. 인프라는 여전히 개발 중이지만, 제한된 인프라, 농촌 지역의 고품질 인터넷 액세스, 대규모 행사를 위한 자금 조달과 같은 문제에 직면해 있다(Bekov, K., & Sharshenaliev, A., 2021). 그러나 전 세계적으로 e스포츠의 입지가 커지고 투자가 증가함에 따라 e스포츠 무대에서 더 중요한 플레이어가 될 수 있는 잠재력을 가지고 있다.

5) 국가협회 현황

아시아는 e스포츠의 중심지이고 많은 국가들이 e스포츠를 체계적으로 관리하고 발전시키기 위해 e스포츠 협회를 설립하고 있다. 한국, 중국, 일본, 동남아시아, 중앙아시아 등 다양한 아시아 국가들은 각각의 특성에 맞게 e스포츠 산업을 육성하고 있으며, 최근에 중동의 사우디아라비아와 UAE 국가 등에서 e스포츠에 관심을 갖고 다양한 국제이벤트를 개최하며 세계적인 성과를 내고 있다. 각국의 e스포츠 협회는 리그 운영, 국제대회 참가, 인재 발굴, 정부 및 기업 협력을 통해 e스포츠를 활성화하는 데 중요한 역할을 하고 있다.

(1) 동북아시아 국가협회 현황

동북아시아 국가들은 세계 e스포츠 산업에서 중요한 역할을 하고 있으며, 한국, 중국, 일본, 대만은 특히 글로벌 e스포츠 시장에서 큰 영향력을 미치고 있다. 각국의 e스포츠 협회들은 리그 운영, 선수 보호, 국제대회 참가 지원 등 다양한 활동을 통해 e스포츠 산업을 체계적으로 발전시키고 있으며, 정부 및 기업과의 협력을 통해 e스포츠 인프라 확충에도 기여하고 있다. 동북아시아 국가들의 e스포츠 협회들은 국제관계에서 국제 e스포츠 연맹(IeSF : International eSports Federation)과 협력관계를 가지고 있다.

동북아시아의 국가협회 현황을 살펴보면 다음 표와 같다.

〈표 4-1〉 동북아시아의 국가협회 현황

국가명	협회명	설립 연도	설립 목적	주요 활동	리그 및 대회
대한민국	한국e스포츠협회 (KeSPA : Korea e-Sports Association)	2000	e스포츠 산업의 체계적 관리 및 발전	국가대항전 및 국제대회 주관, 프로 리그 운영, 선수 보호 및 등록 관리, 국제대회 대표 선발	LCK, LoL 월드 챔피언십(Worlds), 스타크래프트 리그
중국	중국e스포츠협회 (General Administration of Sport of China)	2004	e스포츠 프로화, 대중화 및 교육 시스템 구축	국가대회 및 국제대회 주관, e스포츠 아카데미 운영, 정부와 협력한 산업 표준화 지원	LPL, Dota 2, King Pro League(KPL)
일본	일본e스포츠연맹 (JeSU : Japan Esports Union)	2018	e스포츠 활성화 및 국제대회 진출 지원	e스포츠 선수 자격증 발급, 국제대회 참가 지원, e스포츠 관련 교육 및 산업 지원	Japan Esports League(JEL), EVO Japan
대만	대만e스포츠협회 (TeSL : Taiwan Esports League)	2008	대만 내 e스포츠 리그 관리 및 운영	프로 리그 운영, 국제대회 참가 지원, e스포츠 산업 확대를 위한 정부 및 기업 협력	대만 LoL 마스터즈 시리즈 (LMS), Hearthstone, AOAC Premier
홍콩	홍콩 e스포츠 협회 (HKES : Hong Kong Esports Association)	2016	e스포츠 산업 확대와 국제대회 지원	홍콩 내에서 e스포츠의 대중화와 인프라 확충에 중요한 역할	Hong Kong Esports Festival, LoL국가대회, PUBG, FIFA국가대회
몽골	몽골 e스포츠 협회 (MESA : Mongolian Esports Association)	2019	몽골 내 e스포츠 육성 및 국제대회 참가 지원	지역대회 주관, 국제대회 참가 지원, e스포츠 선수 육성 및 교육 프로그램 운영	지역대회 및 국제대회 참가
국제협력	국제 e스포츠 연맹 (IeSF : International eSports Federation)	2008	e스포츠의 글로벌 표준화 및 올림픽화	전 세계 e스포츠 단체 연결 및 국제대회 주관	전 세계 e스포츠 대회 관리 및 지원

(2) 동남아시아 국가협회 현황

동남아시아는 e스포츠 시장이 급격히 성장하고 있는 지역 중 하나로, 필리핀, 태국, 베트남, 말레이시아, 인도네시아 등의 국가들이 각각의 e스포츠 협회를 설립하여 e스포츠 산업을 체계적으로 관리하고 발전시키고 있다. 이들 국가들은 모바일 게임을 중심으로 e스포츠 시장을 확장하고 있으며, 정부와 기업의 지원을 바탕으로 글로벌 대회에서 경쟁력을 강화하고 있다. 각국의 e스포츠 협회는 리그 운영, 청소년 인재 발굴, 국제대회 참가 지원 등을 통해 지역 내 e스포츠 산업의 성장을 이끌고 있다.

동남아시아 국가들은 2017년 설립된 동남아시아 e스포츠 연맹(AESF : Asian Electronic Sports Federation)을 통해 동남아시아 내 e스포츠 활성화 및 협력 강화, 지역 간 협력 대회 주관, 국제대회 공동 참가 및 선수 육성, 동남아시안 게임을 개최하고 있다. 이러한 동남아시아 국가들의 국가협회 현황을 살펴보면 다음 표와 같다.

〈표 4-2〉 동남아시아의 국가협회 현황

국가명	협회명	설립 연도	설립 목적	주요 활동	리그 및 대회
말레이시아	말레이시아 Ahora 스포츠 협회 (MESF : Malaysia Electronic Sports Federation)	2014	e스포츠 활성화 및 체계적인 선수 육성	지역 리그 주관, 국제대회 참가, e스포츠 관련 교육 프로그램 운영	말레이시아 e스포츠 리그 (MEL), SEA Games e스포츠 종목
인도네시아	인도네시아 e스포츠협회 (IESPA : Indonesia Esports Association)	2013	인도네시아 내 e스포츠 인프라 구축 및 국제 경쟁력 강화	국가대항전 주관, e스포츠 선수 관리 및 지원, 청소년 프로그램 운영	모바일 레전드 프로페셔널 리그 (MPL), e스포츠 프레지던트 컵
필리핀	필리핀 e스포츠 협회 (PESO : Philippine Esports Organization)	2017	e스포츠 대중화 및 청소년 교육을 통한 사회적 기여	국제대회 참가, 국가대항전 주관, e스포츠 관련 대회 및 교육 프로그램 운영	MPL 필리핀, 필리핀 내셔널 에스포르

태국	태국 e스포츠 연맹 (TeSF : Thailand eSports Federation)	2013	태국 내 e스포츠 발전 및 국제대회 경쟁력 강화	국가대항전 주관, e스포츠 리그 운영, 국제대회 참가 및 선수 육성 프로그램 운영	RoV 프로 리그, 프리 파이어 프로 리그
베트남	베트남 e스포츠 협회 (Viresa : Vietnam Recreational Sports Associates)	2009	베트남 e스포츠 산업 육성 및 청소년 참여 확대	지역대회 및 국제대회 주관, e스포츠 관련 교육 프로그램 운영	베트남 챔피언십 시리즈(VCS), SEA Games e스포츠 종목
싱가포르	싱가포르 사이버스포츠 및 온라인 게임 협회 (SCOGA : Singapore Cybersports & Online Gaming Association)	2008	e스포츠 산업화 및 청소년 참여 확대, 국제 경쟁력 강화	국가대회 주관, 국제대회 참가, e스포츠 교육 및 청소년 프로그램 운영	싱가포르 e스포츠 리그, SEA Games e스포츠 종목
미얀마	미얀마 e스포츠 협회 (MFS : Myanmar Federated Sports)	2018	e스포츠 대중화 및 청소년 참여 확대, 국제대회 참가 지원	지역 리그 및 국제대회 주관, e스포츠 선수 육성 및 지원	미얀마 내 다양한 지역 리그 및 국제대회 참가
지역 협력	동남아시아 e스포츠 연맹 (AESF : Asian Electronic Sports Federation)	2017	동남아시아 내 e스포츠 활성화 및 협력 강화	지역 간 협력 대회 주관, 국제대회 공동 참가 및 선수 육성	SEA 게임

(3) 중동 국가협회 현황

중동 국가들은 최근 몇 년간 e스포츠에 대한 관심과 투자가 급증하면서 빠르게 성장하고 있는 시장 중 하나로, 특히 사우디아라비아, 아랍에미리트(UAE), 카타르, 이집트, 요르단 등에서 e스포츠 인프라가 확충되고 있다. 중동 지역은 젊은 인구층의 비중이 높고, 모바일 게임과 콘솔 게임의 인기가 많아 e스포츠의 빠른 확산을 가능하게 하고 있다. 특히 각국 정부와 왕족의 지원, 민간 기업의 투자 등이 e스포츠 산업을 활성화시키는 중요한 역할을 하고 있다. 이러한 중동의 국가협회 현황을 살펴보면 다음 표와 같다.

〈표 4-3〉 중동의 국가협회 현황

국가	협회명	설립 연도	설립 목적	주요 활동	리그 및 대회
사우디 아라비아	사우디 e스포츠 연맹(SEF : Saudi Esports Federation)	2018	e스포츠 인프라 확충 및 국제대회 유치, 글로벌 경쟁력 강화	대규모 e스포츠 대회 개최, 국제대회 유치, 청소년 및 아마추어 선수 육성	Gamers8, FIFAe Nations Cup, Dota 2 Riyadh Masters
아랍 에미리트 (UAE)	UAE e스포츠 연맹 (UAE Esports Federation)	2019	글로벌 e스포츠 허브 구축, 국제대회 유치	두바이 e스포츠 축제, 대규모 리그 운영, 국제대회 유치 및 프로 선수 지원	Dubai Esports Festival, PUBG Mobile Global Championship
카타르	카타르 e스포츠 연맹(QEF : Qatar Esports Federation)	2020	국제대회 유치 및 e스포츠 산업 활성화	지역 및 국제대회 운영, 청소년 및 아마추어 리그 운영, 국제대회 참가	FIFA eWorld Cup, Valorant Middle East Championship
요르단	요르단 e스포츠 연맹 (JEC : Jordan Esports Committee)	2019	e스포츠 인프라 구축 및 국제대회 참가 확대	지역대회 운영, 청소년 및 아마추어 리그 운영, 국제대회 참가 지원	Jordan National Esports Championship, FIFA Middle East League

(4) 중앙아시아 국가협회 현황

중앙아시아 국가들의 e스포츠는 상대적으로 새로운 분야이지만, 빠르게 성장하고 있으며, 카자흐스탄, 우즈베키스탄, 키르기스스탄과 같은 국가들이 e스포츠 산업을 발전시키기 위해 각각 e스포츠 협회를 설립하거나 관련 활동을 추진하고 있다. 중앙아시아는 모바일 게임과 PC 기반 게임이 모두 인기가 있으며, 정부 및 민간 기업의 지원을 통해 e스포츠 산업이 점차 확장되고 있다. 중앙아시아 e스포츠 협회들은 리그 운영, 국제대회 참가 지원, 청소년 인재 발굴 등을 통해 이 지역의 e스포츠 문화를 육성하고 있다. 중앙아시아 국가협회 현황을 살펴보면 다음 표와 같다.

〈표 4-4〉 중앙아시아의 국가협회 현황

국가	협회명	설립 연도	설립 목적	주요 활동	리그 및 대회
카자흐스탄	카자흐스탄 사이버 스포츠 연맹 (KCF : Kazakhstan Cybersport Federation)	2017	카자흐스탄 내 e스포츠 인프라 구축 및 국제대회 참가 지원	지역대회 주관, 국제대회 참가, e스포츠 교육 및 훈련 프로그램 운영	Kazakhstan National Cybersport League(KNCL), IESF World Championship
우즈베키스탄	우즈베키스탄 e스포츠 연맹 (UESF : Uzbekistan eSports Federation)	2018	e스포츠 발전을 통한 청소년 교육 및 산업화	지역 리그 운영, 국제대회 참가, e스포츠 관련 교육 및 청소년 프로그램 운영	Uzbekistan National Esports League
키르기스스탄	키르기스스탄 e스포츠 연맹 (KFS : Kyrgyzstan Federated Sports)	2019	e스포츠 인프라 확충 및 대회 개최를 통한 인재 발굴	e스포츠 대회 개최, 지역 e스포츠 리그 운영, 청소년 교육 프로그램 운영	Kyrgyzstan Esports Championship
타지키스탄	타지키스탄 e스포츠 연맹 (TeSF : Tajikistan eSports Federation)	2020	타지키스탄 내 e스포츠 활성화 및 국제대회 참여 기회 확대	지역대회 및 리그 주관, 국제대회 참가, 선수 육성 및 교육 프로그램 운영	청소년 아마추어 리그, 지역 리그 및 국제대회 참가
투르크메니스탄	투르크메니스탄 e스포츠 연맹 (TNeSF : Turkmenistan National Electronic Sports Federation)	2021	e스포츠 산업 구축 및 국제 무대에서의 경쟁력 강화	지역대회 및 리그 운영, 국제대회 참가, e스포츠 인프라 확충 및 발전	Turkmenistan National Esports Championship

2. 미 주

미주지역의 e스포츠 시장은 북미(North America)와 남미(Latin America)를 포함하는 광범위한 지역으로, 각각의 하위 지역이 독특한 특성을 보이면서도 전체적으로 빠르게 성장하고 있다. 이 지역은 아시아와 유럽에 비해 e스포츠 시장의 역사는 비교적 짧지만, 몇 가지 중요한 특징과 성장 가능성을 지니고 있다. 북미는 판아메리카 e스포츠 시장의 중심지로, 전 세계에서 가장 큰 e스포츠 시장 중 하나로 평가된다. 특히 미국은 e스포츠 산업의 경제적 측면에서 매우 중요한 역할을 하고 있으며, 전 세계적인 게임 개발사와 리그가 미국에 본사를 두고 있다. 남미는 상대적으로 최근에 e스포츠가 본격적으로 성장하기 시작한 지역으로, 특히 브라질과 멕시코가 주도적인 역할을 하고 있다. 이 지역에서는 PC보다는 콘솔 및 모바일 게임이 인기가 많지만, 모바일 인터넷이 빠르게 확산됨에 따라 모바일 기반 e스포츠 게임의 팬층이 빠르게 성장하고 있다. 여기에서는 북미와 남미로 구분하여 e스포츠 산업의 현황을 살펴보았다.

1) 북미의 e스포츠

북미지역의 e스포츠는 1970년대~1990년대에 게임대회를 기반으로 조금씩 형태를 갖추기 시작하였다. 1972년 스탠퍼드대학교에서 열린 ‘스페이스워!(Spacewar!)’ 토너먼트를 최초의 게임대회로 인정하고 있다(Kent, S. L., 2001). 그리고 1980년대와 1990년대에는 아케이드 게임과 초창기 가정용 콘솔 토너먼트가 인기를 끌면서 지역이벤트가 활성화되었다. 2000년대 초반은 현대 e스포츠의 시작으로 스타크래프트와 카운터 스트라이크와 같은 종목이 경기대회에서 인기를 얻었다. 그리고 WCG(World Cyber Games)와 ESWC(Electronic Sports World Cup)와 같은 주요 이벤트(Taylor, T. L., 2012)가 인기를 얻으면서 북미 선수와 팀들도 두각을 드러내기 시작했다.

2010년대에는 북미사회에서 e스포츠가 더욱 조직적이고 전문화되면서 상당한 성장을 보였다. '리그 오브 레전드', '도타 2', '오버워치'와 같은 게임이 선두를 달렸다. Cloud9, Team Liquid, TSM과 같은 전문 e스포츠 조직과 팀이 등장하면서 상당한 후원과 투자를 유치하기 시작했다. 그리고 트위치(2011)와 같은 스트리밍 플랫폼은 라이브 스트리밍과 팬과의 소통을 위한 장소를 제공하여 e스포츠의 성장에 중요한 역할을 했다. 특히 LoL 월드 챔피언십과 Dota 2의 더 인터내셔널과 같은 주요 토너먼트는 온라인과 오프라인 모두에서 많은 관중을 확보했다. 이 과정에서 e스포츠에 대한 투자가 급증하면서 주요 기술 회사와 전통적인 스포츠 프랜차이즈가 이 분야에 진출했다. 예를 들어, NBA의 Philadelphia 76ers는 e스포츠 팀을 인수했고 Intel과 Coca-Cola와 같은 회사가 주요 스폰서(Holden, J. T., Rodenberg, R. M., & Kaburakis, A., 2017)가 되었으며, 로스앤젤레스의 블리자드 아레나와 같은 전용 e스포츠 경기장은 대규모 토너먼트를 수용하기 위해 건설되기도 하였다.

LoL 챔피언십 시리즈(LCS : League of Legends Championship Series)는 북미지역을 대표하는 LoL e스포츠 대회로, 라이엇게임즈(Riot Games)가 주관하는 가장 권위 있는 리그 중 하나다. LCS는 매년 열리는 글로벌 LoL 대회인 월드 챔피언십(LoL World Championship)으로 이어지는 북미 대표팀을 선발하는 리그로 전 세계적으로 큰 관심을 받고 있다.

2020년대 접어들어 북미의 e스포츠는 북미 엔터테인먼트 분야에서 중요한 부문이 되었다. 주요 미디어는 e스포츠를 다루고 있으며 스트리밍 플랫폼은 지속적으로 발전하고 있다. 또한 학교교육으로서 고등학교와 대학에서는 e스포츠 프로그램과 장학금을 제공하기 시작하면서 이 분야의 합법성이 더욱 높아졌다. 이에 따라 북미의 e스포츠 산업은 상당한 경제 성장을 이루었다.

북미에서 e스포츠 산업은 매년 수십억 달러의 수익을 창출하고 있는데, 수입은 스폰서십, 미디어 권리, 상품 및 티켓 판매에서 발생하고 있으며, 대규모 후원자와 투자자의 존재감이 꾸준히 증가하고 있다. 하지만 이러한 성장에도 불구하고, e스포츠는 선수의 건강 문제, 보다 나은 규제의 필요성, 경쟁의 공정성과 엔터테인먼트의 균형 등의 과제에 직면해 있다. 이 산업은 전통 스포츠와의 더욱 심도 있는 통합, 기술의 발전, 그리고 글로벌 영향력의 확대를 추구하고 있다.

(1) 미국

미국에서 e스포츠는 지난 수십 년 동안 눈에 띄게 성장한 분야다. 미국은 e스포츠의 출발을 1970년대 게임에서 찾고 있다. 첫 경쟁대회를 중심으로 한 초기(1970년대~1980년대), 온라인 게임과 전문화의 성장과 출현기(1990년대~2000년대), 확장, 스트리밍과 미디어단계인 주류 수용기(2010년대~현재)로 구분하여 살펴볼 수 있다.

먼저, 초기(1970년대~1980년대) 미국의 게임은 1970년대와 1980년대의 경쟁에 뿌리를 두고 있으며, MIT에서 아케이드 게임(arcade game)대회 및 'Spacewar!'와 같은 게임을 포함한 초기 사례를 출발로 보고 있다. 또한 1980년에 Atari가 개최한 최초의 메이저 게임대회 중 하나인 Space Invaders Championship을 근기로 보고 있다.

두 번째, 성장과 출현기(1990년대~2000년대)는 온라인 게임 시대로 1990년대 인터넷의 발전으로 e스포츠가 크게 성장하면서 '퀘이크(Quake)'나 '스타크래프트(StarCraft)'와 같은 게임이 인기를 얻으며 토너먼트와 리그가 조직화되었다. 그리고 2002년에 설립된 MLG(Major League Gaming)는 미국 MLG에서 경기대회를 공식화하기 시작하였으며, 이 외의 여러 대회 조직에서 상금이 있는 토너먼트를 개최하기 시작했다.

세 번째, 주류 수용기(2010년대~현재)로 2010년대에는 'League of Legends', 'Dota 2', 'Counter-Strike : Global Offensive'와 같은 게임의 성장에 힘입어 e스포츠가 주류로 받아들여졌다. 주요 퍼블리셔와 개발자는 경쟁 게임에 막대한 투자를 하기 시작했다. 이와 더불어 스트리밍 및 미디어의 역할이 커졌으며, Twitch(2011년 출시) 및 YouTube Gaming과 같은 플랫폼은 라이브 토너먼트 스트리밍 및 시청을 위한 플랫폼을 제공하여 e스포츠 대중화에 중요한 역할(Johnson, M. R., & Woodcock, J., 2019)을 했다. 이 시기의 The International(Dota 2), 리그 오브 레전드 월드 챔피언십(League of Legends World Championship)과 같은 유명 토너먼트는 많은 관중을 끌어모았으며 수백만 달러의 상금을 제공했다.

현재 미국에서의 e스포츠의 시장가치는 수십억 달러에 달하며 후원, 광고, 미디어 권리 및 상품에서 상당한 수익을 창출하고 있다. 미국의 e스포츠 팬은 다양하며 다양한 플랫폼에서 경쟁 게임을 시청하는 수백만 명의 시청자가 포함된다.

미국에는 Cloud9, Team Liquid, FaZe Clan 등 수많은 전문 e스포츠 조직과 팀이 있다. 이들 팀은 국내외 다양한 리그와 토너먼트에서 경쟁한다. 대학 e스포츠도 성장하고 있으며 현재 많은 대학에서 e스포츠 프로그램과 장학금을 제공하고 있다. NACE(National Association of Collegiate Esports)와 같은 조직은 이 급성장하는 부문을 지원하기도 한다. 미디어 영역에서 e스포츠는 주류 미디어 및 스포츠 네트워크에서 다루어진다. ESPN 및 CNN과 같은 주요 매체는 주류 상태를 반영하여 중요한 e스포츠 이벤트를 다루고 있다,

스폰서는 기술, 에너지 드링크, 심지어 전통 스포츠팀까지 다양한 산업 분야의 주요 브랜드와 기업들이 후원과 파트너십을 통해 e스포츠에 투자하고 있다. 그러나 스포츠에는 통일된 규제 기관이 없기 때문에 다양한 게임과 리그에서 규칙과 거버넌스가 불일치할 수 있다.

(2) 캐나다

캐나다의 e스포츠는 경쟁 게임의 글로벌 성장과 병행하는 풍부한 역사를 가지고 있다. 한국에서 개최된 최초의 주요 국제 토너먼트가 주목을 받기 시작한 초기(1990년대 후반~2000년대 초반)부터 시작되어, 성장과 발전기(2000년대~2010

년대), 최근 개발기(2010년대~현재)로 구분할 수 있다.

먼저, 초기(1990년대~2000년대 초반)는 캐나다 게이머들이 모여 Quake, StarCraft 및 Counter-Strike와 같은 멀티플레이어 게임에서 경쟁했던 로컬 LAN(Local Area Network) 파티에서 시작되었다. 이러한 이벤트는 캐나다 e스포츠 발전의 토대가 되었다. 이 기간 동안 캐나다 팀과 선수들은 국제 무대에서 이름을 알리기 시작했는데, Counter-Strike와 같은 게임을 통해 Team 3D와 같은 캐나다 팀이 북미 e스포츠 현장에서 두각을 나타냈다.

두 번째, 성장과 발전기(2000년대~2010년대)는 e스포츠가 전 세계적으로 인기를 끌면서 캐나다 선수들이 Warcraft III, StarCraft II 및 LoL과 같은 종목의 국제 리그와 토너먼트에 참가하기 시작했다. 특히 우승 선수들이 나오면서 캐나다 e스포츠 커뮤니티에 큰 관심을 불러일으켰으며, 이 무렵 캐나다 대학에서는 e스포츠 클럽을 결성하기 시작하면서 대학 e스포츠 리그로 이어졌다(Heere, B., 2020). 이러한 프로그램의 성장은 e스포츠를 젊은 선수들의 잠재적인 직업 경로로 정당화하는 데 도움이 되었다.

세 번째, 개발기(2010년대~현재)로 캐나다는 Fortnite, Call of Duty 및 Overwatch와 같은 여러 게임에 팀을 구성하는 Luminosity Gaming과 같은 여러 전문 e스포츠 팀의 본거지가 되었다(Edwards, A., & Johnson, D., 2021). 토론토 디파이언트(Toronto Defiant)와 밴쿠버 타이탄스(Vancouver Titans)는 오버워치 리그(OWL)에 참가하는 캐나다 팀이다. Twitch와 같은 스트리밍 플랫폼의 부상과 e스포츠의 세계적인 인기로 인해 캐나다 기업들은 업계에 점점 더 많은 투자를 하고 있으며, 후원, 파트너십 및 전용 e스포츠 경기장(예 위니펙의 Bell MTS Iceplex)이 점점 일반화되고 있다. 또한 캐나다에서 e스포츠는 전통적인 스포츠와 달리 여전히 국가 차원의 인정을 받기 위해 노력하고 있으나 캐나다 정부는 미국에 비해 e스포츠를 공식 스포츠로 인정하는 데 더딘 편이다. 주 정부 차원에서 지원이 이루어지고 있지만, e스포츠에 대한 포괄적인 규제 기관이 없기 때문에 대회 표준화 및 선수 보호에 어려움을 겪고 있는 실정이다.

캐나다는 Northern Arena 시리즈 및 DreamHack Montreal과 같은 여러 주요 e스포츠 이벤트를 개최하고 있으며, 이러한 이벤트는 전 세계 최고의 인재를 유치하고 다양한 글로벌 e스포츠 서킷의 주요 정거장 역할을 하고 있다. 또한 e스포츠 프로그램은 캐나다의 많은 대학들이 장학금, 코칭 및 대회 참가 기회를 제공하고 있다. 대표적으로 토론토 대학교와 브리티시 컬럼비아 대학교는 e스포츠 프로그램을 잘 운영하고 있으며, 고등학교에도 e스포츠 프로그램이 진출하고 있고 일부 지역에서는 과외 활동의 일환으로 e스포츠 리그를 모색하거나 시행하고 있다.

2) 남미의 e스포츠

남미의 e스포츠는 비디오 게임의 세계적인 추세에 따라 1990년대 후반과 2000년대 초반에 형성되기 시작했다. 이 기간 동안 게임 커뮤니티는 Counter-Strike, StarCraft 및 Warcraft III와 같은 인기 타이틀을 중심으로 형성되기 시작했다. 많은 남미 국가에서 '사이버(cybers)'로 알려진 인터넷 카페에서는 게이머에게 경쟁 플레이에 필요한 기술과 네트워크에 대한 액세스를 제공하는 데 매우 중요했다. 특히 브라질은 경쟁적인 게임 이벤트를 조기에 채택하고 조직하면서 이 지역의 선두주자로 떠올랐다. 그리고 아르헨티나, 칠레, 페루도 자체 게임 커뮤니티를 개발하기 시작했다. 그러나 e스포츠에 대한 인프라와 지원은 미미했고, 대부분의 대회는 전문단체가 아닌 열정적인 선수들이 조직한 풀뿌리 활동이었다.

2010년대에는 남미 전역에서 e스포츠가 크게 성장한 시기다. 인터넷 연결이 개선되고 게임이 더욱 주류가 되면서 이 지역에서는 프로팀, 리그, 토너먼트가 등장하기 시작했다. 브라질은 Counter-Strike : Global Offensive(CS)와 LoL 및 이후 Free Fire 같은 게임에서 MiBR(Made in Brazil) 브라질 팀과 같은 세계적으로 인정받는 팀을 배출하면서 계속해서 선두를 달리고 있다.

브라질의 열정적인 팬층 또한 브라질 게임 쇼와 같은 이벤트가 많은 관객을 끌어모으는 등 e스포츠 성장에 기여했다. 이 외에도 아르헨티나, 칠레, 페루에서는 e스포츠계가 더디지만 꾸준히 성장했다. 아르헨티나는 Isurus Gaming 및 Kaos Latin Gamers와 같은 팀이 지역적 명성을 얻으면서 League of Legends에 대한 강력한 팬층을 확보했다. 칠레와 페루도 특히 Dota 2와 Counter-Strike에서 두각을 나타내기 시작했다.

LoL을 위한 Liga Latinoamérica(LLA) 및 ESL Latin America와 같은 지역 리그 및 토너먼트의 창설은 남미에서 경쟁을 위한 보다 체계적인 환경을 제공했다(Martínez, R., & Torres, M., 2019). 이러한 리그는 플레이 수준을 높이는 데 도움이 되었으며 남미 팀이 국제적으로 경쟁할 수 있는 기회를 제공하고 있다. 특히 브라질 팀은 SK Gaming(이후 MiBR)과 같은 팀이 CS에서 주요 토너먼트에서 우승하면서 국제적인 성공을 거두기 시작했다. 2019년 Free Fire World Series에서는 브라질 팀이 우위를 점했으며 Corinthians가 우승을 차지했다. Dota 2에서 페루는 게임에서 가상 권위 있는 토너먼트인 The International에서 남미를 대표하는 Infamous Gaming과 같은 팀을 통해 지역 강자로 자리매김했다.

현재 남미 e스포츠는 계속해서 빠르게 성장하고 있다. 이 지역은 특히 브라질과 페루에서 인재의 온상으로 인식되고 있다. 남미 팀은 국제 토너먼트에 정기적으로 참여하고 있으며 일부 팀은 글로벌 무대에서 상당한 성공을 거두었다. 브라질은 남미에서 가장 크고 가장 발전된 e스포츠 시장으로 남아 있으며, CS, League of Legends, Free Fire, Rainbow Six Siege와 같은 게임에서 강력한 입지를 확보하고 있는 이 지역 경쟁 게임의 허브가 되고 있다.

브라질의 e스포츠 관중은 세계 최대 규모 중 하나이며, 브라질에서는 IEM 및 BLAST Pro Series를 비롯한 여러 주요 국제 행사를 개최했다. 아르헨티나와 칠레는 지역 League of Legends 현장의 핵심 플레이어가 되었으며, Liga Latinoamérica는 라틴 아메리카에서 가장 많이 시청되는 e스포츠 리그 중 하나이다. Counter-Strike와 Dota 2도 인기를 유지하고 있지만 규모는 브라질보다 작다.

페루는 Dota 2에서 계속해서 강력한 경쟁자로 자리매김하고 있으며 팀이 The International에 자주 출전할 자격을 얻었다. 페루는 또한 Counter-Strike 및 기타 경쟁 게임을 위한 성장하는 커뮤니티를 개발했다.

이 외에도 콜롬비아, 베네수엘라 등 남미의 기타 국가에는 e스포츠 커뮤니티가 작지만 성장하고 있다. 이들 국가는 경제 및 인프라 문제로 인해 더 큰 어려움에 직면해 있지만, 선수와 팬의 열정적인 기반이 있다.

남미지역은 인터넷 연결이 개선되었음에도 불구하고 많은 영역에서 일관성이 유지되지 않아 경쟁 게임에 대한 액세스가 제한되고 있으며, 스폰서 및 단체의 투자 측면에서 여전히 다른 지역에 비해 뒤떨어져 있다. 남미 여러 국가의 경제적 불안정은 선수와 조직 모두 자금 조달에 어려움을 겪으면서 e스포츠의 성장에 영향을 미치고 있다. 하지만 남미지역은 젊은 인구층에서 e스포츠 시청자가 빠르게 증가하고 있다. 남미 팀, 특히 브라질과 페루 팀은 최고 수준에서 경쟁할 수 있음을 보여 국제적인 관심을 받고 있다. 또한 콜롬비아 및 에콰도르와 같은 국가는 인프라 및 투자가 개선됨에 따라 강력한 e스포츠 커뮤니티를 개발할 수 있는 잠재력을 가지고 있다.

3) 국가협회 현황

미주지역의 e스포츠 산업은 빠르게 성장하고 있으며, 전통 스포츠와 비교할 수 있을 정도로 큰 경제적 효과를 창출하고 있다. 특히 미국과 캐나다를 중심으로 e스포츠는 글로벌 트렌드와 발맞추어 발전해 왔으며, 중남미에서도 그 인기가 빠르게 확산되고 있다. 리그 운영, 스폰서십, 방송권, 관광, 고용 창출 등 여러 측면에서 전통적인 스포츠와 유사한 규모의 경제적 혜택을 제공하고 있으며, 특히 젊은 층을 중심으로 e스포츠의 인기가 급속히 확산되고 있다.

미주지역의 국가협회 현황을 살펴보면 다음 표와 같다.

〈표 4-5〉 미주지역의 국가협회 현황

국가	협회명	설립 연도	설립 목적	주요 활동	리그 및 대회
미국	북미 e스포츠 연맹 (NAEF : North America Esports Federation)	2018	e스포츠 산업 육성 및 리그 관리, 국제대회 경쟁력 강화	지역 및 글로벌 대회 운영, 프로 리그 관리, e스포츠 관련 교육 및 연구	LCS, Overwatch League, Call of Duty League
캐나다	캐나다 e스포츠 협회 (CEA : Canada Esports Association)	2017	e스포츠 활성화 및 청소년 참여 확대, 산업화 지원	지역 및 국제대회 주관, 아마추어 리그 운영, 청소년 프로그램 지원	Canada Cup, Northern Arena
브라질	브라질 e스포츠 협회 (CBDEL : Confederação Brasileira de Desporto Eletrônico)	2014	브라질 내 e스포츠 인프라 구축 및 선수 육성, 국제대회 참가 지원	지역대회 및 리그 운영, 국제대회 참가, e스포츠 관련 교육 프로그램 운영	Campeonato Brasileiro de League of Legends (CBLOL), Free Fire Pro League
아르헨티나	아르헨티나 e스포츠 협회(ADEVA : Asociación de Deportes Electrónicos y Videojuegos de Argentina)	2013	아르헨티나 e스포츠 발전 및 국제 경쟁력 강화	지역 리그 운영, e스포츠 대회 주관, 국제대회 참가 지원	Liga Master Flow, Unity League
멕시코	멕시코 e스포츠 협회 (FEMES : Federación Mexicana de Esports)	2017	멕시코 e스포츠 활성화 및 국제대회 경쟁력 확보	지역 및 국제대회 주관, 아마추어 및 프로 리그 운영, e스포츠 관련 법적 지원	Liga Mexicana de Videojuegos, Free Fire League
칠레	칠레 e스포츠 협회 (ACDE : Asociación Chilena de Deportes Electrónicos)	2016	e스포츠 산업 활성화 및 선수 발굴, 국제대회 참가 지원	리그 운영, 지역 및 국제대회 주관, 청소년 프로그램 지원	Liga de Honor Entel, Campeonato Nacional de FIFA
페루	페루 e스포츠 협회(FPDE : Federación Peruana	2018	페루 e스포츠 인프라 구축 및	지역 리그 및 대회 주관, 청소년 및	Claro Gaming Stars League

	de Deportes Electrónicos)		국제대회 참가 확대	아마추어 e스포츠 활성화	
콜롬비아	콜롬비아 e스포츠 협회(FEDECOLDE : Federación Colombiana de Deportes Electrónicos)	2019	e스포츠 대중화 및 산업화, 국제대회 경쟁력 강화	지역 및 국제대회 운영, 프로 및 아마추어 리그 운영	E-Nations Cup, FIFA National Championships

3. 유 럽

1) 유럽의 e스포츠

유럽에서는 지난 수십 년 동안 e스포츠의 역사와 위상이 크게 발전했다. 유럽은 1980년대~1990년대에 아케이드 게임과 콘솔경기(arcade games and console competitions)를 중심으로 경쟁 개념이 자리 잡았다. 그러나 'e스포츠'라는 용어와 그 공식 조직은 나중에 등장했다. 유럽에서는 스페이스 인베이더, 스트리트 파이터 등의 게임에 대한 이벤트 및 토너먼트를 시작으로 경기 게임이 구체화되기 시작했다.

2000년대 접어들어 온라인 게임이 부상했고, 초고속 인터넷과 온라인 게임 플랫폼의 등장은 e스포츠의 성장을 촉진했다. 카운터 스트라이크(Counter-Strike), 워크래프트 III(Warcraft III), 스타크래프트와 같은 게임이 인기를 얻었다. 유럽 팀과 선수들이 스웨덴, 독일, 프랑스 등의 국가를 중심으로 글로벌 대회에서 두각을 나타내기 시작했다. 이 과정에서 전용 리그, 더 큰 상금 풀, 상당한 언론 보도 등 e스포츠가 전문화(Scholz, T. M., 2019)되었다. 리그 오브 레전드, 도타 2, CS가 유럽에서 선호하는 게임들이었다. 유럽에서는 LoL유럽챔피언십(LEC : League of Legends European Championship)을 비롯한 여러 주요 이벤트가 개최되었으며, 지역 팀들이 글로벌 토너먼트에 참가했다.

유럽의 e스포츠는 폭넓은 팬층을 보유하고 있는 번영하는 산업이다. 유럽에서는 Dream Hack, ESL One, European LoL Championship 등 수많은 유명 토너먼트가 개최된다(Scholz, T. M., 2019). 그리고 e스포츠는 후원, 미디어 권리 및 상품을 통해 상당한 수익을 창출했다. 유럽의 팀과 조직은 국제 무대에서 주요 역할을 담당하였고, Fnatic, G2 Esports, Team Vitality 등 유럽 팀은 다양한 게임에서 상당한 성공을 거두었다. 이러한 조직에는 선수들을 위한 전용 훈련 시설, 코칭 스태프, 광범위한 지원 구조가 있는 경우가 많다.

유럽의 e스포츠는 다양한 국내 및 국제 기관의 규제를 받는다. 유럽연합은 특히 플레이어의 권리와 재정적 투명성 측면에서 업계를 지원하고 규제하는 데 관심을 보였다(Holden, J. T., & Rodenberg, R. M., 2017). 지역 차원에서 e스포츠를 홍보하고 관리하기 위해 다양한 전국 e스포츠 연맹 및 협회가 있다.

e스포츠는 유럽 청소년 문화의 필수적인 부분이 되었다. 현재 많은 대학에서 e스포츠 프로그램과 장학금을 제공하고 있으며, e스포츠계는 선수 복지, 승부조작, 포용성과 관련된 문제를 포함한 과제에 직면해 있다. 유럽 e스포츠의 미래는 유망해 보이며 시청률, 참여율, 투자 측면에서 지속적인 성장이 예상된다.

2) 국가협회 현황

유럽은 e스포츠 시장에서 매우 중요한 지역 중 하나로, 각국에서 활발한 활동이 이루어지고 있다. 유럽의 e스포츠 산업은 북유럽, 서유럽, 동유럽 등 지역별로 다양한 형태로 발전하고 있다. 각국에서는 e스포츠 협회가 설립되어 리그와 대회를 관리하고, 국제대회에 참가하는 선수들을 지원하는 한편, 정부 및 기업과 협력하여 e스포츠 인프라를 확대하고 있다. 유럽은 LoL, Dota 2,

CS 등 PC 게임을 중심으로 한 e스포츠 시장이 매우 강세다. 특히 LEC(League of Legends European Championship), ESL Pro League와 같은 리그는 유럽 팀들이 글로벌 대회에서 뛰어난 성과를 보여주고 있다.

유럽의 e스포츠 산업은 최근 몇 년 동안 시청자, 스폰서십 및 라이브 이벤트 증가에 힘입어 상당한 경제적 성장과 영향을 받았는데, 2024년 유럽 e스포츠 시장은 약 14억 4천만 달러의 수익이 발생할 것으로 예상했다(Aso World, 2024). 일자리 창출 측면에서 유럽 e스포츠 산업은 이벤트 관리 및 마케팅부터 게임 개발 및 스트리밍 플랫폼 운영에 이르기까지 다양한 역할을 지원하고 있으며, 게임 부문에서 직접 고용을 촉진할 뿐만 아니라 IT, 통신 및 접객업을 포함한 관련 산업에 대한 수요를 주도하고 있다. 또한 유럽의 e스포츠 관중은 더 젊은 경향이 있으며 상당 부분이 밀레니얼 세대이다. 전반적으로 유럽의 e스포츠 생태계는 글로벌 브랜드의 높은 수준의 투자와 관중과 프로 선수 모두의 관심 증가에 힘입어 빠르게 확장되고 있다.

유럽의 국가협회 현황을 살펴보면 다음 표와 같다.

〈표 4-6〉 유럽의 국가협회 현황

국가명	협회명	설립 연도	설립 목적	주요 활동	리그 및 대회
독일	독일 e스포츠 연맹 (ESBD : eSport-Bund Deutschland)	2017	e스포츠 산업 육성 및 선수 보호, 리그 및 대회 관리	지역 및 글로벌 대회 운영, 법적 지원 및 규제 협력, e스포츠 교육과정 지원	ESL Pro League, European Masters, LEC
프랑스	프랑스 e스포츠 연맹 (FFJV : French Federation of Videogames)	2016	e스포츠 산업 체계화 및 대중화, 국제대회 참가	e스포츠 리그 운영, 국제대회 참가 지원, 정부 및 기업과 협력하여 인프라 확충	ESL France Championship, LFL (Ligue Française de League of Legends)
영국	영국 e스포츠 협회 (BEZ : British Esports Association)	2016	영국 내 e스포츠 인프라 확충 및 청소년 교육 지원	지역 리그 및 국제대회 운영, e스포츠 관련 교육 프로그램 운영, 학교 및 대학 리그 관리	UKLC(UK League Championship), ESL Premiership

스페인	스페인 e스포츠 연맹 (AEVI : Asociación Española de Videojuegos)	2015	스페인 e스포츠 산업 발전 및 국제 경쟁력 강화	e스포츠 대회 주관, 선수 보호 및 법적 지원, e스포츠 교육 프로그램 운영	Superliga(리그 오브 레전드), ESL Masters Spain
스웨덴	스웨덴 e스포츠 연맹 (Swedish Esports Federation)	2019	스웨덴 e스포츠 활성화 및 국제대회 경쟁력 강화	리그 및 대회 운영, 국제대회 참가 지원, 프로 및 아마추어 선수 육성	DreamHack Masters, CS Major, Nordic Championship
덴마크	덴마크 e스포츠 협회 (ESD : Esport Denmark)	2018	e스포츠 산업 지원 및 청소년 참여 확대, 프로 리그 운영	프로 리그 및 아마추어 리그 운영, 청소년 및 대학 리그 운영, 국제대회 참가 지원	Danish Esports League, Blast Premier
폴란드	폴란드 e스포츠 협회 (Polish Esports League)	2016	e스포츠 인프라 확충 및 국제대회에서의 성과 증대	지역 리그 운영, 국제대회 참가, e스포츠 관련 교육 및 청소년 프로그램 운영	IEM Katowice, Polish Esports League
러시아	러시아 e스포츠 연맹 (RESF : Russian Esports Federation)	2000	e스포츠 산업 발전 및 글로벌 경쟁력 강화, 국제대회 유치	대규모 지역 및 국제대회 주관, 프로 리그 운영, 청소년 및 대학 리그 운영	EPICENTER, ESL One, Russian Esports Championship

4. 아프리카

1) 아프리카의 e스포츠

아프리카의 e스포츠는 비교적 최근에 발전하기 시작했지만, 지속적으로 성장하고 있는 분야이다. 최근 인터넷과 기술 인프라의 도입으로 아프리카에서 e스포츠가 점점 주목받고 있다. 남아프리카 공화국, 케냐, 나이지리아 같은 국가들은 비교적 빠르게 인터넷 인프라를 구축하여 게임 산업이 자리 잡을 수 있는 기반을 마련했다.

2000년대 후반부터 아프리카 일부 국가들에서는 소규모 게임 커뮤니티가 형성되기 시작했다. 특히 PC방 문화가 자리 잡으면서 친구들이 함께 게임을 즐기고, 비공식적인 대회를 개최하는 모습이 나타났다.

2010년대에 들어서면서 남아프리카 공화국을 중심으로 여러 국가에서 공식적인 e스포츠 대회가 열리기 시작했다. 대표적인 예로는 'VS Gaming'과 같은 남아프리카 공화국의 e스포츠 리그가 있다(Moyo, S., 2020).

나이지리아, 케냐, 이집트 등 다른 국가들도 자체적인 리그와 대회를 개최하기 시작했다. 아프리카 팀들이 국제대회에 참가하면서 점차 글로벌 e스포츠 무대에서 주목받기 시작했다. 초기에는 FIFA, Call of Duty, Counter-Strike 같은 게임들이 인기가 있었고, 이후에 Dota 2, LoL, PUBG 등의 게임도 주목받기 시작했다.

2020년대에 접어들어 인터넷과 전자 장비의 보급이 계속되면서 더 많은 사람들이 e스포츠에 접근할 수 있게 되었다. 또한 모바일 게임의 인기가 높아지면서 PUBG Mobile과 같은 게임들이 큰 인기를 끌고 있다. 또한 모바일 게임은 하드웨어 요구사항이 비교적 낮아 많은 아프리카 게이머들에게 접근 가능성이 높다. 이것은 아프리카에서의 e스포츠 성장에 큰 기여를 하고 있다.

아프리카 국가들의 정부와 민간 부문 모두에서 e스포츠에 대한 관심이 높아지고 있다. 예를 들어, 나이지리아 정부는 e스포츠 산업을 지원하기 위한 여러 계획을 발표하였고, 다양한 스폰서와 투자가 이루어지고 있다. 또한 아프리카 e스포츠 리그(Africa Esports Championship)와 같은 대규모 대회가 개최되고 있으며, 이는 아프리카 전역에서의 e스포츠 발전을 촉진하고 있다. 아프리카 e스포츠 선수들이 점점 더 많은 국제대회에 참가하며 글로벌 무대에서 실력을 인정받고 있다(Adeyemi, K., & Okechukwu, I., 2020).

e스포츠 교육 프로그램과 아카데미도 생겨나고 있다. 이는 젊은 인재들을 발굴하고 e스포츠 산업에 필요한 기술을 배양하는 데 중요한 역할을 하고 있다. 그러나 여전히 많은 지역에서 인터넷 접속이 불안정하거나 비용이 높아

e스포츠 활동에 제약을 받는 경우가 많다.

또한 글로벌 e스포츠에 비해 상대적으로 자금과 스폰서십이 부족하여 대규모 이벤트나 리그 운영이 어려운 경우가 있다. 일부 지역에서는 게임이나 e스포츠에 대한 사회적 인식이 낮거나 부정적인 경우가 있어, 산업 발전에 어려움이 따를 수 있다. 그러나 아프리카의 e스포츠 산업은 여전히 성장 가능성이 매우 크다. 여기에는 젊은 인구가 많고, 모바일 게임 시장이 빠르게 성장하고 있으며, 더 많은 투자가 이루어지고 있기 때문이다(Karanja, D., & Mwangi, G., 2021). 뿐만 아니라 아프리카는 글로벌 e스포츠 시장에서 중요한 역할을 할 수 있는 잠재력을 가지고 있다.

아프리카의 e스포츠는 이제 성장 궤도에 올랐으며, 앞으로의 발전이 기대되는 분야이다. 인프라 개선과 투자 증대가 지속된다면, 아프리카는 전 세계 e스포츠 무대에서 중요한 위치를 차지하게 될 것이다.

2) 국가협회 현황

아프리카의 국가들의 e스포츠 협회는 아직 초기 단계이지만, 최근 몇 년간 빠르게 성장하고 있으며, 남아프리카 공화국, 이집트, 모로코, 나이지리아, 케냐 등에서 e스포츠 협회가 설립되어 체계적으로 e스포츠 산업을 관리하고 있다. 이들 협회는 청소년 및 아마추어 리그의 활성화, 인프라 구축, 글로벌 대회와의 연결성 강화를 주요 목표로 활동하며, 아프리카의 e스포츠 인재 발굴과 대중화를 이끌고 있다. 무엇보다 모바일 게임의 확산과 청소년 리그 활성화 덕분에 e스포츠가 더욱 대중화되고 있으며, 아프리카 팀들은 점차 국제대회에서 경쟁력을 키워가고 있다. 향후 인터넷 인프라가 확충되고 더 많은 투자가 이루어진다면, 아프리카는 e스포츠의 새로운 성장 시장으로 부상할 가능성이 큰 지역이다.

아프리카 국가들의 e스포츠 산업 시장을 보면, 2021년 기준 약 300만 달러

(약 4천 5백만 ZAR)로 추정되었다. 이는 이전 몇 년 동안 빠르게 성장한 결과이며, 연평균 성장률(CAGR) 15% 이상을 기록했다. 2025년까지 남아프리카 e스포츠 시장은 약 500만 달러(약 7천 5백만 ZAR) 이상으로 성장할 것으로 예상된다. 또한 남아프리카 e스포츠 산업은 약 1,000명 이상의 직접적인 고용을 창출하고 있다. 여기에는 e스포츠 선수, 코치, 분석가, 방송 제작자, 마케팅 전문가 등이 포함된다.

아프리카 주요 국가들의 e스포츠 협회 현황을 살펴보면 다음 표와 같다.

〈표 4-7〉 아프리카의 국가협회 현황

국가	협회명	설립 연도	설립 목적	주요 활동	리그 및 대회
남아프리카공화국	남아프리카 e스포츠 협회(SAESA : South African Esports Association)	2010	남아공 내 e스포츠 활성화 및 국제 경쟁력 강화	지역 및 국제대회 운영, 청소년 및 아마추어 리그 운영, e스포츠 관련 법적 지원	VS Gaming Championships, rAge Expo
이집트	이집트 e스포츠 연맹(EESF : Egypt Esports Federation)	2016	이집트 e스포츠 발전 및 아프리카 허브 역할	지역 대회 및 리그 운영, 국제대회 참가 지원, 아마추어 선수 육성	Africa Games Esports Championship, LoL Egypt Championship
모로코	모로코 e스포츠 연맹(MESF : Moroccan Esports Federation)	2018	모로코 e스포츠 산업 육성 및 국제대회 경쟁력 강화	지역 리그 및 국제대회 운영, 정부 및 민간 기업과 협력, 인프라 확충	Moroccan League of Legends Championship
나이지리아	나이지리아 e스포츠 연맹(NESF : Nigeria Esports Federation)	2018	나이지리아 e스포츠 활성화 및 청소년 참여 확대	지역 및 국제대회 운영, 청소년 및 아마추어 리그 지원, 인재 발굴	Nigerian Esports League, FIFA Nigeria Championship
케냐	케냐 e스포츠 연맹(KESF : Kenya Esports Federation)	2019	케냐 내 e스포츠 인프라 구축 및 글로벌 경쟁력 강화	지역 및 국제대회 운영, 청소년 리그 운영, 인프라 확충	East African Gaming Convention, Kenya Esports League

5. 오세아니아

1) 오세아니아의 e스포츠

오세아니아 지역의 e스포츠는 아시아, 북미, 유럽과 비교했을 때 상대적으로 작은 규모이지만, 꾸준히 발전해 왔다. 오세아니아에서 e스포츠는 주로 호주와 뉴질랜드를 중심으로 성장해 왔으며, 이들 국가에서의 e스포츠 역사는 다른 지역에 비해 늦게 시작되었지만, 빠르게 그 격차를 좁히고 있다.

오세아니아에서 게임대회는 1990년대 후반부터 2000년대 초반에 걸쳐 점차 인기를 끌기 시작했다. 이 시기에는 LAN 파티와 같은 오프라인 이벤트가 주를 이루었으며, Quake와 Counter-Strike 같은 게임들이 큰 인기를 끌었다 (Thompson, M., 2019).

인터넷의 발전과 더불어, 2000년대 중반부터 온라인 게임이 더욱 인기를 끌게 되었다. 이로 인해 World of Warcraft, StarCraft, Dota 등의 게임을 중심으로 한 초기 e스포츠 커뮤니티가 형성되었다.

오세아니아의 인터넷 인프라는 아프리카와 마찬가지로 제한적이었지만, 상대적으로 빠르게 개선되었다. 특히 호주는 인터넷 연결 속도와 안정성이 향상되면서 온라인 게임 환경이 개선되었다. 2010년대에 들어서면서 오세아니아 지역에서도 게임과 e스포츠에 대한 관심이 크게 증가했다. 이 시기에는 특히 LoL, Overwatch, Call of Duty와 같은 게임들이 큰 인기를 끌었다.

2010년대 중반 이후로 호주와 뉴질랜드에서 본격적인 e스포츠 리그가 출현했다. 예를 들어, Oceanic Pro League(OPL)는 LoL를 중심으로 한 오세아니아 지역의 대표적인 리그였으나 2021년에 폐지되었고, 이후 LCO(League of Legends Circuit Oceania)가 이를 대체하여 LoL의 주요 리그로 자리 잡았다.

오세아니아 팀들은 국제대회에도 참여하고 있지만 지리적 위치와 인구 규모 등의 한계로 인해 성적은 상대적으로 저조한 편이다. 그럼에도 불구하고 오세아니아 출신의 몇몇 선수들은 국제 무대에서 두각을 나타내고 있다.

오세아니아는 다른 주요 e스포츠 지역에 비해 시장 규모가 작고, 투자도 부족한 편이다. 이는 팀과 선수들이 국제 무대에서 경쟁하는 데 어려움을 겪게 만드는 요인이다. OPL의 폐지와 같은 사건들은 오세아니아 e스포츠의 불안정성을 보여준다. 하지만 이러한 변화는 새로운 리그와 구조를 만들기 위한 시도로 이어지고 있다.

오세아니아는 다른 주요 e스포츠 시장(아시아, 북미, 유럽)과의 지리적 거리가 멀기 때문에, 국제대회 참가와 교류가 상대적으로 어려운 편이다. 이것은 팀의 발전과 노출에 한계를 가져온다(Harris, J., & Thompson, M., 2021). 하지만 모바일 게임이 점점 인기를 끌면서 오세아니아에서도 모바일 e스포츠의 성장 가능성이 높아지고 있다. 특히 접근성이 높은 모바일 게임은 이 지역에서 e스포츠의 저변을 넓히는 데 기여할 수 있다. 최근 들어 e스포츠 관련 교육 프로그램과 인프라가 확충되면서, 새로운 인재들이 양성하는 것(Smith, A., 2021)은 장기적으로 오세아니아의 e스포츠 경쟁력을 강화하는 데 도움이 될 것이다.

오세아니아의 e스포츠 조직들은 글로벌 e스포츠 회사들과의 협력을 통해 더 큰 무대에서의 성장을 도모하고 있다. 이는 오세아니아 팀들이 국제대회에서 더 좋은 성적을 내는 데 기여할 것이다.

오세아니아의 e스포츠는 호주와 뉴질랜드를 중심으로 e스포츠 인프라가 확충되고 있으며, 지역 리그와 국제대회 참가를 통해 역량을 키워가고 있다. 현재는 여러 도전 과제가 존재하지만, 인프라 개선과 글로벌 협력을 통해 오세아니아 e스포츠를 이끌고 있다.

2) 국가협회 현황

오세아니아 지역의 e스포츠 산업은 호주와 뉴질랜드를 중심으로 성장하고 있으며, 각국의 e스포츠 협회들은 e스포츠의 체계적인 발전과 글로벌 경쟁력 강화를 목표로 다양한 활동을 하고 있다. 이 지역은 비교적 소규모 시장이지만, 안정적인 인터넷 인프라와 열정적인 게이머 커뮤니티를 바탕으로 꾸준히 성장하고 있다. 오세아니아 e스포츠 협회의 주요 특징은 청소년 및 아마추어 리그 활성화, 국제대회 참가 및 연결성 강화, 그리고 교육 프로그램을 통한 인재 육성에 초점을 맞추고 있다.

2021년 기준, 호주 e스포츠 산업의 시장 규모는 약 6천만 호주달러(약 4천만 USD)로 추정되었다. 이것은 이전 몇 년 동안 빠르게 성장해 온 결과이며, 호주 e스포츠 산업은 매년 약 20%의 연평균 성장률(CAGR)을 기록하고 있으며, 2025년까지 더 큰 성장이 예상된다. 또한 2022년에는 호주 내에서 약 1천 500만 명의 인구가 e스포츠 콘텐츠를 소비한 것으로 보고되었다(Harris, J., & Thompson, M., 2021). 또한 뉴질랜드의 e스포츠 산업은 약 1,500만 뉴질랜드달러(약 1천만 USD)로 추정되었다. 이는 이전 몇 년 동안 빠르게 성장한 결과이며, 연평균 성장률(CAGR) 15%를 기록했다. 2025년까지 뉴질랜드 e스포츠 시장은 3,000만 뉴질랜드달러(약 2천만 USD) 이상으로 성장할 것(Harris, J., & Thompson, M., 2022)으로 예상된다.

오세아니아 주요 국가들의 e스포츠 협회 현황을 살펴보면 다음 표와 같다.

〈표 4-8〉 오세아니아의 국가협회 현황

국가명	협회명	설립 연도	설립 목적	주요 활동	리그 및 대회
호주	호주 e스포츠 협회 (AEA : Australian Esports Association)	2013	호주 내 e스포츠 활성화 및 인프라 확충, 글로벌 경쟁력 강화	지역 및 국제대회 운영, 아마추어 및 프로 리그 운영, e스포츠 관련 교육 및 법적 지원	ESL Australia Championship, OPL(Oceanic Pro League)
뉴질랜드	뉴질랜드 e스포츠 협회(NZESF : New Zealand Esports Federation)	2016	뉴질랜드 e스포츠 산업 발전 및 국제대회 참가 지원	지역 리그 운영, 국제대회 참가, 아마추어 리그 및 청소년 프로그램 운영	LPL(Let's Play Live), New Zealand Championship

6. 국가협회의 과제

e스포츠는 단순한 게임 플레이 이상의 산업적·문화적 가치를 인정받으면서 '스포츠화'의 길을 걷고 있다. 이를 위해 대부분의 국가에서 e스포츠를 정식 스포츠로 인정하고 있으며, 국제e스포츠연맹(IeSF)을 중심으로 글로벌 규범과 규칙이 정립되고 있다. 특히 2022년 항저우 아시안게임에서 e스포츠는 정식 종목으로 채택되었으며, 국제올림픽위원회의 e스포츠프로그램의 운영 등을 고려할 때 향후 올림픽에서도 정식 종목으로 포함될 가능성도 있다.

전문적인 리그와 팀 운영도 점차 전통 스포츠와 유사해지고 있다. 북미의 LCS(리그 오브 레전드 챔피언십 시리즈), 유럽의 LEC(리그 오브 레전드 유럽 챔피언십), 한국의 LCK(리그 오브 레전드 챔피언스 코리아)와 같은 대형 리그는 지역별로 운영되며, 철저한 선수 관리와 트레이닝 시스템을 갖추고 있다. 팀 구단주들도 기존 스포츠팀 소유주와 같이 e스포츠 팀을 운영하며, 구단 운영에 있어 기존의 스포츠 경제 모델을 채택하고 있다.

세계 각국의 e스포츠 협회는 각국의 e스포츠 산업을 체계적으로 육성하고 발전시키기 위한 중요한 역할을 하고 있다. 각국의 협회는 리그 운영, 선수 보호, 국제대회 참가 지원 등을 통해 e스포츠의 성장에 기여하고 있으며, 기술 발전, 대중화, 그리고 정부 및 민간 기업의 지원이 e스포츠 산업의 성장을 촉진하고 있지만, 법적 규제, 선수 복지 문제, e스포츠 산업의 불균형 등 해결해야 할 과제가 많다. 이에 글로벌 e스포츠 시장의 과제를 정리하면 다음과 같다.

첫째, 글로벌 e스포츠 시장은 급격히 성장하고 있으며, 전 세계적으로 더 많은 사람들이 e스포츠를 시청하고 참여하고 있다. 특히 모바일 게임의 확산과 스트리밍 플랫폼의 활성화로 e스포츠의 접근성이 크게 증가하면서 e스포츠 팬층이 확장되고 있다. 이러한 가운데 글로벌 시장 가치는 수십억 달러에 이르며, 주요 e스포츠 대회의 상금 규모도 증가하고 있다. 이와 함께 TV 방송과 스트리밍 플랫폼을 통한 e스포츠 콘텐츠 소비가 확대되고 있다.

둘째, 국제 e스포츠 대회와 리그의 운영은 앞으로 더욱 체계적이고 글로벌하게 발전할 것으로 예상된다. 리그 오브 레전드 월드 챔피언십, The International (Dota 2), Fortnite 월드컵e을 비롯해 국제종합e스포츠대회인 e스포츠월드컵처럼 점차 대규모화되고 많은 나라에서 국제대회를 유치할 것이다. 각국의 e스포츠 협회들은 국제 리그와의 협력을 통해 선수들의 글로벌 무대 진출을 지원하고, 이것은 각국의 협회가 성장할 수 있는 기회가 될 것이다.

셋째, 전 세계적으로 많은 국가들이 e스포츠를 공식적인 스포츠로 인정하기 시작했다. 각 국가에서는 정부 차원의 지원과 법적 보호가 강화되고 있다. 특히 한국, 중국, 미국과 같은 주요 국가들이 e스포츠에 대한 적극적인 투자와 지원을 통해 산업의 성장을 이끌고 있다. 민간 기업들도 스폰서십을 통해 e스포츠 리그와 대회를 지원하고 있으며, 대형 기술 회사와 미디어 기업들이 e스포츠에 투자함으로써 시장이 더 확대될 것으로 기대된다.

넷째, 스포츠로서의 e스포츠는 올림픽과 같은 전통적인 스포츠 세계에 진출하는 것이다. 그것은 스포츠로서 가치를 인정받는 일일 것이다. 현재 국제e스포츠연맹(IeSF)과 같은 국제연맹이 e스포츠를 공식 스포츠로 인정받도록 하기 위해 국제올림픽위원회(IOC)와 협력하고 있으며, 일부 종합경기대회(예 아시안게임, 동남아시안게임, 세계무예마스터십)에서는 e스포츠가 종목으로 채택되어 있다는 점에서 전통적인 스포츠들과 함께할 수 있는 날이 올 것으로 예상된다. e스포츠가 올림픽 등 전통 스포츠 무대에 진출한다면, e스포츠가 더 많은 대중에게 다가갈 수 있는 기회를 얻고, 그 가치와 입지가 더욱 강화될 것이다.

이러한 e스포츠의 국제적인 변화 속에서 각국의 협회와 국제연맹이 노력해야 할 과제는 다음과 같다.

첫째, 먼저 법적 규제와 표준화다. e스포츠의 법적 지위가 각국에서 다르게 적용되고 있으며, 표준화된 규정이 필요하다. 특히 선수 계약, 상금 분배, 리그 운영 등과 관련된 법적 문제들이 아직 통일되지 않은 상태로 남아 있다. 예를 들어, 일부 국가에서는 e스포츠 선수의 노동권 보호나 상금 지급 문제에서 불투명한 부분이 있으며, 이를 해결하기 위해 국제적으로 표준화된 규제가 필요하다.

둘째, 선수 복지와 심리적 건강 관리 문제를 해결해야 한다. e스포츠 선수들은 높은 경쟁 압박과 긴 시간 동안의 훈련으로 인해 신체적·정신적 건강 문제에 직면할 수 있다. e스포츠 협회들은 이러한 문제를 해결하기 위해 선수들의 복지 및 심리적 지원 시스템을 강화해야 한다. 또한 선수들의 경력 단축 문제도 풀어야 할 과제다. 많은 e스포츠 선수들이 젊은 나이에 은퇴하는 경우가 많기 때문에, 은퇴 후의 커리어 개발에 대한 지원도 중요한 이슈가 되고 있다.

셋째, 세계 e스포츠 산업은 특정 국가에 집중되어 있어 경기력 불균형이 존재한다. 특히 한국, 중국, 미국 등 주요 국가가 e스포츠 시장을 주도하고 있으며, 일부 국가들은 리그 운영이나 선수 발굴에 어려움을 겪고 있다. 국제연맹과 e스포츠 협회들은 지역 간 불균형을 해소하기 위한 지원 프로그램을 개발하고, 국제대회를 통한 기회를 제공해야 한다. 이를 통해 신흥 시장에서도 경쟁력 있는 팀과 선수가 나올 수 있도록 해야 할 것이다.

넷째, 치팅(cheating), 해킹, 도핑 등의 문제가 e스포츠 대회에서 자주 발생하며, 이는 공정한 경기 운영을 방해하는 중요한 요소로 작용한다. 각국의 e스포츠 협회들은 이러한 문제에 대응하기 위한 안티-치팅 시스템을 강화하고, 기술적 보호 장치를 마련해야 한다. 특히 온라인 환경에서 열리는 대회에서는 이러한 문제들이 더욱 심각할 수 있으며, 국제적인 협력을 통해 e스포츠의 공정성과 투명성을 보장할 필요가 있다.

이상과 같이 각국의 e스포츠 협회들은 e스포츠 산업의 성장을 이끄는 중요한 역할을 하고 있으며, 앞으로도 더 많은 기회를 창출할 전망이다. 그러나 법적 표준화, 선수 복지, 지역 간 불균형, 치팅 문제 등의 과제에 직면해 있으며, 이러한 문제들을 해결하기 위해 협회 간의 협력과 국제적 규제 정립이 필요하다. e스포츠는 전통적인 스포츠와의 경계를 허물며 계속해서 성장하고 있으며, 전 세계적으로 더 큰 무대에서 활약할 가능성을 가지고 있다.

생각해 보기

1. 한국과 중국의 e스포츠 산업 발전 과정에서 나타난 공통점과 차이점을 비교하고, 각 국가의 성공 요인을 분석하시오.

2. 중동지역에서 e스포츠 산업을 육성하는 주요 배경과 이 산업이 가진 잠재력을 설명하시오.

3. 북미와 남미의 e스포츠 산업 구조를 비교하고, 두 지역이 직면한 주요 과제를 설명하시오.

4. 유럽지역에서 e스포츠와 전통 스포츠의 융합(예 축구 클럽의 e스포츠 팀 창단)이 미치는 영향을 설명하고, 그 장단점을 논의하시오.

5. 저개발국가의 e스포츠 산업 발전을 위한 정부의 역할과 정책적 지원 방안을 구체적으로 제시해 보시오.

CHAPTER

05 장애인e스포츠의 현황

장애인e스포츠는 장애인들이 기술을 발휘하고 사회적 참여를 촉진할 수 있는 기회를 제공한다. 단순한 오락을 넘어 자기 표현의 수단이자, 경쟁의 장이 될 수 있다. 이 때문에 장애인은 e스포츠를 통해 장애인들은 신체적 제약을 극복하고, 정신적으로 큰 성취감을 느낄 수 있다. 또한 e스포츠는 장애인들에게 사회적 통합의 기회를 제공하며, 장애인에 대한 편견을 불식시키는 데 중요한 역할을 하고 있다. e스포츠는 높은 기술적 수준을 요구하는 스포츠이므로, 장애인 선수들은 일반적인 스포츠와 마찬가지로 훈련과 노력을 통해 성과를 이룰 수 있다. 이것은 장애인들에게 평등한 경쟁의 장을 제공하며, 능력 중심의 사회를 이루는 데 기여할 수 있다. 여기에서는 장애인e스포츠 국내외 현황을 중심으로 살펴보았다.

1. 장애인e스포츠의 국내 현황

1) 시기별 배경 및 특징

대한민국 장애인 e스포츠 산업의 과거와 현재를 기반으로 역사적 현황을 확인하고 미래 비전을 제시하기 위해 이 절에서는 1998~2024년까지 26년간의 대표적 특징을 종합하였으며, 10년 단위로 도입기 - 시행기 - 정착기로 구분하였다.

(1) 도입기(1998~2009년)

도입기의 특징적인 산업 배경은 김대중 정부 '글로벌 IT 구축 사업'을 기반으로 우리 동네 초고속 인터넷망이 탑재된 PC방(당시 2만여 개)의 증가와 미국 비디오 게임대회의 인기가 증가하면서 최초 프로게이머가 등장한 것이었다. 2000년 초반 e스포츠 용어가 출현하였고 최초 장애인 사이버 게임대회가 개최되면서 장애인 e스포츠 메가 이벤트의 서막을 열었다. 부산 광안리 대첩(스타크래프트, 10만 관객)을 통해 '대한민국은 e스포츠의 종주국이다'라는 호평을 받았으며 국립특수교육원이 주최하는 장애 유형 기준의 청각장애인 스타대회가 탄생하였다. 이는 개인이 아닌 특수학교가 팀별로 참여(16개교)한 첫 사례이며 이후 연간 개최로 국내 장애인 e스포츠의 대중화를 마련한 전국 장애학생 e페스티벌(다양한 장애유형, 개인전과 팀전, 10개 종목 운영 중)의 초석이 되었다. 이후 대기업과 정부출연기관의 협조로 전국 규모 대회가 개최되었으며 제2회 전국장애청소년대회 시범종목으로 채택되어 클럽+생활체육+전문체육의 구조화를 완성하였다. 경기종목 단체의 출현으로 대한장애인체육회에 가맹하는 큰 업적을 남겼다.

(2) 시행기(2010~2020년)

시행기의 특징은 정부출연기관의 e스포츠 종목의 채택(장애인 기능대회)과 세계대회(제주 · 서울 세계대회) 개최 그리고 국제장애인e스포츠연맹(국제단체-문체부 소관 법인-14개 회원국) 활동이 눈에 띈다. 지방자치단체, 기업 후원으로 시 · 도 개최지 중심의 전국대회가 다수 개최되는 호기가 되었고 국내 장애인 e스포츠 산업 발전의 기틀을 구축하게 되었다. 단위 사업의 예산 선정 범주의 기준(기자재, 인력, 상금 등)이 모델링되는 시기이며 주관 기관에 따라 차이는 보이고 있으나 PC종목(게임전용 컴퓨터-카트 · 피파 · LOL)과 콘솔 종목(닌텐도 위-테니스 · 볼링)의 정식 · 시범종목을 공고하였다. 국제장애인e스포츠아카데미의 출연으로 심판 양성이 시작되었고 국내・외 전문인 양성을 위해 연수와 자격 과정이 마련되었다. 타 장애인 스포츠 종목과 달리 장애인 e스포츠는 장애 심판이 활동하는 사례를 보여주었으며 진로・취・창업 사업에도 영향을 미쳤다. 비장애인 메이저 대회의 시범종목과 이벤트 경기로 장애인 e스포츠 선수의 우수성을 알렸으며 장애인체육의 원천 목표인 통합체육 완성을 이룩하였다.

(3) 정착기(2021~2024년)

정착기는 미래 비전을 위한 전자스포츠 진흥 조례 제정(2024년 현재 전체 시도 완료)과 개정이 진행되었으며 학술・연구 용역(장애인 게임 접근성, 스포츠등급분류 등)과 포럼(한국e스포츠위원회, 한국e스포츠산업학회 등)의 세션으로 발전 방안을 논하였다. 세계화를 위한 한일 교류전, 국제종합대회(동남아시아장애인대회) 시범종목 채택과 장애인 e스포츠팀(전문팀 창단)과 전용 시설 사업단이 운영되었고 대학과의 전문성 역량 강화 전략으로 관련 학위 운영, 선수・지도자・심판 양성이 진행되었다.

2) 국내 운영 현황

(1) 대한장애인e스포츠연맹(KeSA, KPC)

대한장애인e스포츠연맹(KEAD : Korean e-Sports Association for the Disabled)은 2008년 설립된 장애인e스포츠 행정기구이자 경기단체로서, 장애인들이 e스포츠를 통해 자신들의 역량을 발휘하고, 사회적 통합을 이루며, 장애인e스포츠의 발전과 활성화를 위해 다양한 프로그램을 제공하며, 장애인 선수들에게 기회를 제공하고, 그들의 권리와 존엄성을 지키는 데 중요한 역할을 하고 있다.

대한장애인e스포츠연맹은 다양한 활동을 통해 장애인e스포츠의 발전을 도모하고 있으며, 주요 활동은 다음과 같다.

첫째, e스포츠 대회 개최로, 연맹은 장애인 선수들이 참여할 수 있는 공식

e스포츠 대회를 개최한다. 이를 통해 장애인들이 자신의 실력을 뽐내고, 경쟁하며 성취감을 느낄 수 있는 기회를 제공하고 있다.

둘째, 선수 발굴 및 훈련으로, 장애인e스포츠의 선수 발굴과 훈련 프로그램도 중요한 활동 중 하나이다. 연맹은 장애인들이 e스포츠를 통해 경쟁할 수 있도록 기술적, 정신적 지원을 하고 있다.

셋째, 홍보와 인식 개선으로, 장애인e스포츠의 인식을 개선하고, 사회적 인식을 높이기 위해 다양한 미디어와 협력하여 장애인들의 e스포츠 참여를 알리고, 그 중요성을 널리 알리는 활동을 하고 있다.

넷째, 국제 교류 및 협력으로, 대한장애인e스포츠연맹은 국제 장애인e스포츠 단체와 협력하여 글로벌 차원에서 장애인e스포츠의 발전을 이끌어 가고 있다. 해외 대회와의 연계, 국제적인 교류 프로그램 등도 중요한 활동이다.

(2) 국립특수교육원(NISE, 교육부 소속기관, 1994 설립)

국립특수교육원(NISE : National Institute of Special Education)은 장애학생들의 교육과 활동에 있어 e스포츠와 중요한 연관성을 가질 수 있는 교육적 지원 제공과 장애학생들이 사회적 상호작용을 증진하고 신체적・정신적 장애를 극복하는 데 도움을 줄 수 있는 국가 기구이다.

국립특수교육원에서는 2003년부터 '전국장애학생e페스티벌'을 한국콘텐츠진흥원과 넷마블 문화재단 등과 공동으로 개최하고 있다. 이 페스티벌은 장애학생의 정보화 역량 강화와 건전한 디지털 여가문화 확산을 목적으로 17개 시도교육청 예선 통과 장애학생(도대표), 교사, 관계자 등이 참가한다. 종목으로는 닌텐도스위치스포츠(배구・볼링), 오델로, 하스스톤, 마구마구리 마스터, 모두의 마블, LOL(팀파이트택틱스), 클래시로얄, 폴가이즈(시범), FC 온라인(시범) 등으로 10개 종목이다.

(3) 스페셜올림픽코리아(SOK, 문체부 소관 사단법인, 2008 설립)

스페셜올림픽코리아(SOK : Special Olympics Korea)는 지적 장애를 가진 사람들에게 스포츠를 통해 건강을 증진시키고, 자신감을 향상시키며, 사회적 통합을 촉진하는 목적으로 설립된 비영리단체이다. 이 단체는 전 세계적으로 진행되는 스페셜올림픽(Special Olympics)의 한국 지부로, 지적 장애를 가진 사람들이 스포츠를 통해 능력을 발휘하고, 사회적 인식 개선을 이루는 데 중요한 역할을 하고 있다.

스페셜올림픽코리아는 점차적으로 최신 기술을 활용하여 훈련과 대회 운영을 개선하고 있다. 예를 들어, 최신 스포츠 장비나 훈련 도구를 도입하여 선수들이 더욱 전문적인 환경에서 훈련할 수 있게 돕고 있다. 또한, 디지털 플랫폼을 활용한 온라인 훈련 프로그램이나 대회 중계를 통해 더 많은 사람들에게 장애인 스포츠의 중요성을 알리고 있다.

최근 몇 년간 스페셜올림픽과 e스포츠가 결합된 대회들이 시도되고 있다. 예를 들어, 스페셜올림픽의 e스포츠 프로그램은 장애인들이 전자 게임을 통해 경쟁하고, 실력을 겨룰 수 있는 기회를 제공하고 있으며, 전통적인 스포츠 외에도 e스포츠를 통해 장애인들의 스포츠 참여 기회를 넓히는 중요한 역할을 하고 있다. 국내에서는 2013년 평창 동계스페셜올림픽 문화행사로 e스포츠게임 체험을 상설행사를 한 바 있으며, 2022 서울 스페셜올림픽코리아 e스포츠대회, 2024 경기 스페셜올림픽코리아 e스포츠대회를 개최해 오고 있다.

(4) 사)한국지적발달장애인복지협회(KAIDD, 사단법인, 1968 설립)

한국지적발달장애인복지협회(KAIDD : Korean Association on Intellectual & Developmental Disabilities)는 지적 발달 장애를 가진 사람들의 권익을 보호하고, 이들이 사회에서 자립할 수 있도록 다양한 서비스를 제공하고 있다. 한국지적발달장애인복지협회도 지적 장애인들을 위한 e스포츠 프로그램을 개발하거나

e스포츠 관련 대회를 개최하는 등의 활동을 진행하고 있다. 예를 들어, PC용 FC 온라인 종목에 참여할 수 있는 발달장애인기능경기대회가 개최되고 있다. 이러한 활동은 장애인들에게 경쟁적인 환경을 제공하고, 그들의 능력을 발휘할 수 있는 기회를 주며, 일반 사회와의 소통을 도울 수 있다.

(5) 한국장애인고용공단(KEAD, 고용부산하 정부출연기관, 1990)

한국장애인고용공단(KEAD : Korea Employment Agency for the Disabled)은 장애인들의 직업적 자립을 촉진하고, 이들의 고용 기회를 확대하기 위해 설립된 정부 기관이다. 공단은 장애인들이 노동 시장에 적극적으로 참여할 수 있도록 다양한 서비스를 제공하며, 장애인 고용을 지원하고 관련 정책을 추진하는 중요한 역할을 하고 있다.

한국장애인고용공단 전국장애인기능대회는 장애인들의 직업적 기술을 발휘하고, 사회적 자립을 촉진하기 위한 중요한 대회이다. 이 대회는 장애인들이 자신의 기술을 경쟁적인 환경에서 선보이며, 그들의 직업적 능력을 향상시키고 사회와의 연결을 강화하는 중요한 역할을 하고 있다.

기술의 발전과 함께 대회에서도 혁신적인 기술 분야가 추가되고 있다. 예를 들어, 디지털 기술이나 로봇 공학 같은 새로운 산업 분야에서 장애인들이 활동할 수 있는 기회가 확대될 것으로 예상된다. 이러한 변화 속에서 e스포츠가 전국장애인기능경기대회 40개 직종 중 레저와 생활기술 경기 분야에 채택되어 있다.

이 종목에서는 중증장애인[장애인고용촉진 및 직업재활법 시행령 제4조(중증장애인의 기준)의 기준에 따름]으로 매년 도대표 선발전을 통해 본선에 진출하며, 입상자들은 2년간 해당 직종 국가기술자격 기능사 필기 및 실기시험 면제 혜택을 주며, 국제장애인기능올림픽대회 국가대표 선발전 참가 자격도 부여된다. 이처럼 전국장애인기능경기대회 e스포츠는 단순한 게임을 넘어, 장애인 선수들이 자신의 능력을 발휘할 수 있는 중요한 플랫폼으로 자리 잡고 있다. 선수들은 감독

관의 안내에 따라 다양한 게임을 진행하며, 그 과정에서 팀워크와 전략적 사고를 기를 수 있다.

2. 장애인e스포츠의 국외 현황

1) 국제장애인e스포츠연맹(IeSA)

국제장애인e스포츠연맹(IeSA : International Esports Federation for People with Disabilities)은 장애인들이 e스포츠에 참여할 수 있도록 지원하고, 전 세계적으로 장애인e스포츠의 발전을 촉진하기 위하여 2012년 대한민국 서울에서 설립된 국제 장애인e스포츠기구이다. 이 연맹은 세계 장애인들이 e스포츠의 세계에 참여하고 경쟁할 수 있는 기회를 제공하며, 장애인들에 대한 사회적 통합과 인식 개선을 위한 중요한 역할을 하고 있다.

이 연맹은 세계장애인e스포츠대회를 개최하고 있으며, 장애인들이 e스포츠에 참여할 수 있는 기회를 제공하고, 그들의 능력과 잠재력을 세계 무대에서 인정받을 수 있도록 돕고 있다. 특히 e스포츠를 통해 장애인들에게 자아 존중감을 높이고, 사회적 통합을 촉진하며, 장애에 대한 사회적 인식을 개선하는 데 중요한 역할을 하고 있으며, 기술 발전과 함께 장애인들이 e스포츠에 참여하는 기회를 확대하기 위해 노력하고 있다.

2) 아세안장애인스포츠연맹(APSF : ASEAN Para Sports Federation, 2001)

아세안장애인스포츠연맹(APSF)은 동남아시아 지역의 장애인 스포츠를 발전시키고 촉진하는 주요 기구이다. APSF는 동남아시아국가연합(ASEAN)에 속한 국가들이 장애인 스포츠 분야에서 협력하고, 상호 교류를 촉진할 수 있도록 지원하는 역할을 하며, 장애인 스포츠의 조직적 발전뿐만 아니라, 장애인 스포츠에 대한 인식을 개선하고 사회적 통합을 이루는 데 중요한 역할을 하고 있다. APSF는 전통적인 장애인 스포츠뿐만 아니라, e스포츠와 같은 새로운 형태의 장애인 스포츠에도 관심을 가지고 있다. 특히 2023년 캄보디아 프놈펜에서 개최된 ASEAN Para Games에서 e스포츠를 시범종목으로 채택해 e스포츠의 종합스포츠경기대회 진출에 희망을 주고 있다.

3) 스페셜올림픽(Special Olympics)

스페셜올림픽(Special Olympics)은 지적 및 발달 장애가 있는 사람들이 참여하는 국제적인 스포츠 대회이다. 1968년에 설립된 스페셜올림픽은 장애가 있는 사람들이 신체적 건강과 자아 존중감을 증진하고, 스포츠를 통해 사회적 통합을 이룰 수 있는 기회를 제공하고 있으며, 이 대회는 단순히 경쟁을 넘어서, 장애인들이 스포츠를 통해 능력을 발휘하고, 자신감과 사회적 지지를 얻을 수 있도록 돕는 중요한 행사로 자리 잡고 있다.

최근 스페셜올림픽은 디지털 참여에 적극적이다. 여러 국가에서는 스페셜올림픽 대회와 연계하여 e스포츠 대회를 개최하기도 했다. 이 대회에서는 장애인들이 팀을 이루거나 개인으로 참여하여 전략적인 게임을 통해 경쟁하고 있으며, 리그 오브 레전드(LoL), FIFA 같은 인기 게임들이 e스포츠 대회에 활용될 수 있다.

또한 e스포츠와 정신적 지원을 통해 장애인e스포츠는 경쟁적인 특성상 참여자들에게 정신적인 지원을 제공할 수 있는 기회를 만들 수 있다. 여기에는 정신적인 집중력, 스트레스 관리 능력, 감정 조절 등의 측면에서 훈련이 이루어지고, 이는 참가자들에게 긍정적인 영향을 미치고 있다.

3. 운영시설 및 선수단 현황

장애인e스포츠의 운영시설에는 경기장 및 훈련장, 특수장비, 헬프 데스크 및 지원팀으로 구분해 살펴볼 필요가 있다. 먼저 e스포츠 경기장 및 훈련 시설에는 장애인을 위한 e스포츠 경기장과 훈련 시설은 장애를 가진 선수들이 편리하게 이용할 수 있도록 설계되어 있다. 예를 들어, 휠체어나 보조 기기를 사용하는 선수들을 위한 접근성 좋은 시설과 특수 장비가 마련되어 있다. 그리고 특수장비는 장애인e스포츠에 맞는 맞춤형 하드웨어가 필요할 수 있다. 예를 들어, 손이나 팔에 제한이 있는 선수들은 특수 컨트롤러나 조이스틱을 사용하거나 음성 인식 기술을 활용할 수 있다. 이 외에도 장애인 선수들이 경기 중 발생할 수 있는 문제를 해결할 수 있도록 돕는 전문 인력이 배치되어 있는 헬프 데스크 및 지원팀을 구성해야 한다.

국내 장애인e스포츠의 운영시설을 살펴보면 다음 〈표 5-1〉과 같다.

〈표 5-1〉 국내 장애인e스포츠 운영시설 현황

시설명	설립일	운영기관	소재지	주요 업무
우석대학교 국제e스포츠 연수원	2022	우석대학교 산학협력단 (We-Sports)	충북	• e스포츠 융합 전공(장애인 중심) 4년제 체육학 복수 학위 과정 • 장애인e스포츠 지도사 · 심판 연수 및 전문가 양성
장애인 전용 e스포츠 경기장	2021	안산시청, 안산시장애인체육회	경기	• 선수 훈련장, 체험장, 교육 프로그램 운영 • 장애학생 체육대회 경기장
광양 장애인e스포츠 센터	2022	광양시장애인체육회	전남	• 선수 훈련장, 체험장, 교육 프로그램 운영
서울남부발달 장애인훈련센터	2021	서울남부발달장애인 훈련센터	서울	• e스포츠 체험관 및 VR 체험관 직업 체험 프로그램 운영
구립용산장애인 복지관	2023	용산장애인복지관	서울	• 장애인e스포츠 훈련, 대회 참가 및 개최

장애인e스포츠 팀은 게임종류별, 소속된 팀으로 구분할 수 있다. 특히 전문 팀들은 장애인 선수들이 소속된 e스포츠 팀들이 있으며, 이러한 팀은 장애를 가진 선수들이 모여 함께 훈련하고 대회에 참가하는 형태로 운영된다. 국내에서 장애인e스포츠팀은 빈약한 실정이지만, 그 현황을 살펴보면 다음 〈표 5-2〉와 같다.

〈표 5-2〉 국내 장애인e스포츠팀 현황

구 분	설립년도	운영기관	소재지	운영내용
광주 무등 장애인e스포츠팀	2023	광주장애인e스포츠단	광주	장애인e스포츠팀 운영
OHMC 장애인e스포츠팀	2024	서울용산장애인복지관	서울	프로 장애인e스포츠팀 운영
우석대학교 e스포츠팀	2024	우석대학교	충북	대학 장애인e스포츠팀 창단, 장애인e스포츠 융합 전공 연계
경기도 발달장애인 e스포츠 선수단	2024	경기도지적장애인자립지원센터	경기	훈련 및 대회 출전

4. 전문인 양성

1) 자격 유형

장애인e스포츠 전문 자격증은 자격기본법과 문화체육관광부 체육단체 자격 법령 준수 강조(2018)와 대한장애인e스포츠연맹 자격사업본부(2021) 설치를 근거로 하여, 2008년 대한장애인e스포츠연맹 창립 이후 대회 운영을 위한 자체 심판 자격 교육을 진행하였고 단체 명의의 자격증을 발행하고 있다. 이에 대한 정부출연기관의 자격 등록 현황은 〈표 5－3〉과 같다.

〈표 5-3〉 한국직업능력연구원(정부출연기관) 자격 등록 현황(2024. 10. 검색)

등록번호	자격명	관리기관	자격유형급수
2024-001225	E스포츠지도사	사)한국대학미래교육협회	1급
2023-005749	e스포츠심판자격	경기도e스포츠연맹	1급, 2급, 3급
2023-002184	e스포츠지도사	학사모평생교육원	1급, 2급
2022-005403	E스포츠지도사	사)한국이스포츠협회	A급, B급, C급
2022-001275	장애인e스포츠지도사	대한장애인e스포츠연맹	국제, 1급, 2급
2022-001273	장애인e스포츠심판	대한장애인e스포츠연맹	국제, 1급, 2급
2022-00008(	e스포츠심판자격	사)한국이스포츠협회	1급, 2급, 3급

※ 민간자격정보서비스(https://www.pqi.or.kr) 검색 결과 국내 7개의 e스포츠 자격증(지도사+심판)이 등록됨. 주무부처는 문화체육관광부이며 세부 민간 자격 인준 심사는 게임콘텐츠과의 엄중한 기준으로 평가함. 등록 이후 연간 지방세를 납부해야 하며 소비자 고발 피해·평가 과정상의 거짓 홍보 등 자격 운영에 문제 발생 시 자격 정지를 시행함.

장애인e스포츠는 대한장애인e스포츠연맹 자격사업본부에서 지도사와 심판 자격 등록을 진행하였으며 타 단체와 달리 국제 등급을 운영 진행하고 있다. 충북 진천에 소재한 우석대학교 국제e스포츠연수원을 대한장애인e스포츠연맹 지정 연수원으로 공고하고 2022년 12월 1차~2024년 4월 7차까지 500여 명이 응시하여 400여 명이 자격을 취득하였으며 연수 과정을 진행하고 필기, 실기, 구술로 구분하여 장애인스포츠지도사 자격제도와 유사한 형태의 검정 과정을 마련하였다.

2) 자격 취득과정

대한장애인e스포츠연맹 장애인e스포츠지도사와 심판 민간 자격(주무부처 : 문화체육관광부)은 국내 장애인e스포츠 자격증이 유일 민간 자격증으로 등록되어 해당 단체의 자격사업본부에서 운영 중인 사업을 중심으로 자격 연수에 관해 2022년 1차부터 2024년 현재까지 시행되고 있다.

자격 연수의 목표는 자격기본법에 의한 민간자격으로 정식 등록됨에 따라 전문가를 양성하는 연수제도를 마련하고 전문성 확보를 위해 관련 자격 과정을 체계화하기 위한 것이며, 경기규칙강습회(지도자 · 심판) 및 국가전문자격 장애인 스포츠지도사(e스포츠) 제정과 운영을 위하고 대한민국 종주국 위상 제고와 다각적 장애인 진로 탐색과 취 · 창업 증진을 목적으로 전문성이 확보된 장애인e스포츠 전문인 육성을 목표로 하고 있다.

5. 전략과 비전

장애인e스포츠는 장애를 가진 사람들에게 사회적 통합, 평등한 기회 제공, 그리고 스포츠 및 게임을 통한 자아 실현의 기회를 제공한다. 그리고 장애인들이 e스포츠라는 플랫폼을 통해 경쟁하고, 성장하며, 다양한 사회적 활동에 참여할 수 있는 기회를 확장할 수 있다.

장애인e스포츠의 비전은 "모두에게 열려 있는 평등한 경쟁의 장을 제공하고, 장애를 넘어서는 성과를 이루는 플랫폼으로서의 기능을 다하는 것"이다. 이것은 장애인을 위한 포용적인 e스포츠 환경 구축 : 장애인들이 차별 없이 경쟁할 수 있도록 e스포츠 환경을 장애인 친화적으로 만들어 가는 것이며, 사회적 통합과 인식 개선 : 장애인e스포츠가 장애를 가진 사람들의 사회적 참여와 자립을 돕고, 더 넓은 사회에서 장애에 대한 인식을 개선할 수 있도록 하는 것이다. 그리고 글로벌 e스포츠 커뮤니티와의 연결 : 국제적인 장애인e스포츠 대회와 리그를 통해 다양한 국가의 선수들이 경쟁하고 경험을 공유하는 장을 마련하는 것이다.

이것은 기술적 혁신과 접근성 개선을 통해 가능하다. 장애인들이 사용하는 다양한 특수 장비와 기술이 더욱 발전하여, 더 많은 선수들이 고수준의 경쟁에 참여할 수 있도록 하는 것이 필요하다.

또한 장애인e스포츠의 발전을 위한 전략은 여러 가지가 있으며, 이는 장애인 선수들의 경험을 개선하고, e스포츠의 전반적인 생태계를 구축하는 데 중요한 역할을 할 수 있다. 그 내용을 정리하면 다음과 같다.

1) 장애인 친화적인 경기 환경 조성

장애에 맞춘 특수 장비 개발 : 장애인 선수들이 쉽게 사용할 수 있도록, 맞춤형 컨트롤러, 음성 인식 기술, 장애 맞춤형 하드웨어 등을 개발해야 한다. 또한 경기장 및 온라인 플랫폼에서 장애인들이 물리적, 기술적 장벽 없이 접근할 수 있도록 개선 작업이 지속적으로 진행되어야 할 것이다.

2) 장애인 선수 발굴 및 교육

유소년 선수 발굴 : 장애인 중에서도 e스포츠에 관심이 있는 어린 선수들을 발굴하고, 체계적인 훈련 시스템을 제공하여 선수가 성장할 수 있는 환경을 마련해야 한다. 장애인 선수들에게 전문적인 코칭과 멘토링을 통해 기술적 역량을 향상시키고, 더 높은 경쟁력 있는 선수로 성장할 수 있도록 지원해야 한다.

3) 국제적 네트워크 및 협력

국제대회 참여 및 주최 : 장애인e스포츠의 글로벌화를 촉진하기 위해, 다양한 국가와 협력하여 국제 대회 및 리그를 개최한다. 예를 들어, 국제장애인e스포츠연맹(IeSF)과 같은 국제 기구와 협력하여 글로벌 대회 및 리그를 운영하며, 다른 국가의 장애인e스포츠 팀과의 교류를 통해 상호 학습하고, 세계적 수준의 대회를 통해 경험을 쌓을 수 있도록 하여야 한다.

4) 사회적 인식 변화

장애인e스포츠의 홍보와 인식 증진 : 장애인e스포츠의 성과와 가치를 널리 알리기 위한 캠페인과 홍보 활동을 강화하여, 사회 전반에서 장애인e스포츠에 대한 긍정적인 인식을 확산시켜야 한다. 장애인 선수들의 경기를 방송하거나 스트리밍하는 플랫폼을 활용하여 더 많은 사람들에게 장애인e스포츠의 중요성과 흥미로운 경기를 알리고, 팬층을 형성해야 한다.

5) 기술적 혁신

인공지능(AI) 및 가상 현실(VR)/증강 현실(AR) 기술을 활용하여 장애인 선수들이 좀 더 몰입감 있게 훈련하고 경기에 참여할 수 있도록 해야 한다. 예를 들어, 휠체어나 특정 신체 조건을 가진 선수들이 가상 환경에서 실제 경기에 가까운 경험을 쌓을 수 있도록 돕는다. 장애인 선수들이 게임을 제어하는 데 필요한 보조 기술을 지속적으로 개발하여, 장애 유형에 관계없이 선수들이 원활하게 게임을 플레이할 수 있도록 지원이 필요하다.

이상과 같이 장애인e스포츠의 비전과 전략은 장애를 가진 사람들에게도 평등한 경쟁 기회를 제공하고, 기술적 혁신을 통해 보다 접근성 있는 환경을 만들어 가는 것에 중점을 두어야 한다. 이를 통해 장애인 선수들이 스포츠와 게임을 통해 자신을 표현하고 사회에 긍정적인 영향을 미칠 수 있는 기회를 얻을 수 있도록 하는 것이 핵심 목표라 할 수 있다.

생각해 보기

1. 장애인e스포츠는 어떤 의미를 가지며, 일반 e스포츠와 어떻게 구분되는지 설명하시오.

2. 장애인e스포츠를 활성화하기 위해 필요한 주요 방안 세 가지를 제시하고, 각각의 방안이 어떤 효과를 가져올 수 있는지 설명하시오.

3. 장애인e스포츠가 사회에 기여할 수 있는 긍정적인 요인은 무엇이며, 이를 통해 어떤 사회적 변화를 기대할 수 있는지 설명하시오.

PART 03

e스포츠의 산업

CHAPTER

06 e스포츠 산업의 구조와 표적마케팅

1. e스포츠 산업의 구조

1) 산업의 틀

e스포츠 산업의 기본 구조는 선수, 구단, 기업(스폰서), 미디어, 관중(시청자) 등 일반적인 프로스포츠에 구축되어 있는 일반적인 구성요소들과 유사한 형태의 구조를 지니고 있다.

2) 산업구조

e스포츠 산업의 구조는 각 구성주체들의 상호작용에 의존하고 있다.

- 프로게임단, 프로게이머, 프로모터, 기업의 후원(연봉, 상금 등)을 통해 상품인 경기를 생산한다.
- 기업은 게임단 운영, 리그 후원 등의 형태로 자본을 투입하고 그 대가로 브랜드 홍보효과를 추구한다.
- 미디어(방송사, 언론)는 e스포츠 경기에 해설, 관련 정보 등을 덧붙여 고부가가치 콘텐츠로 재생산하고 시청료, 광고료, 협찬금 등의 수입을 획득한다.
- 관중(시청자)은 경기장 관전 또는 TV 시청 등을 통해 콘텐츠를 소비하거나 가정, PC방 등에서 체험한다.

- 한국e스포츠협회는 비전프로바이더(VP : Vision Provider) 지원자 역할을 한다.

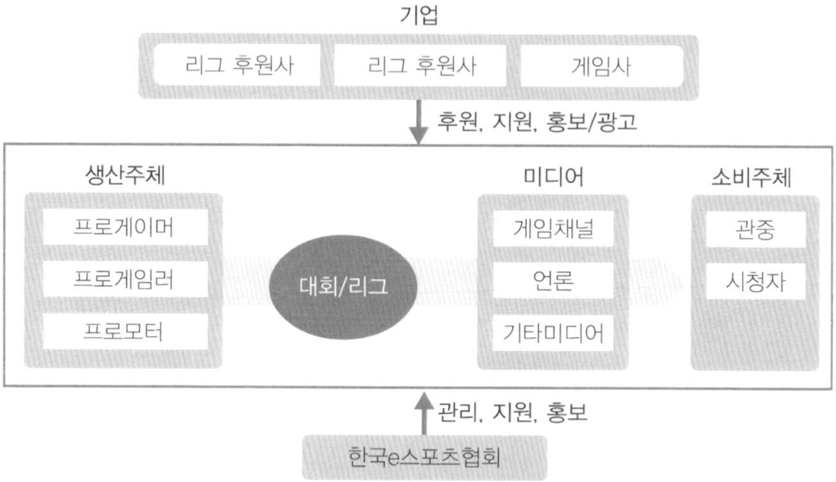

| 그림 6-1 | 국내 e스포츠 산업의 구조

3) 가치사슬과 생태계

가치사슬(value chain)이란 기업이 제품 또는 서비스를 생산하기 위해 원재료, 노동력, 자본 등의 자원을 결합하는 과정을 의미한다(Porter, 1985). 포터(Porter, 1985)에 의하면 이런 가치사슬은 본원적 활동과 지원활동으로 구분된다. 예를 들어, 전통산업에서 본원적 활동은 개발, 포장, 유통, 소비 등으로 구성된 연속된 과정이 보편적인 사슬의 형태이며, 지원활동은 인력자원관리, 기술개발 등의 활동이다. 그러나 새로운 기술과 매체들의 등장은 생산, 유통, 소비에서 아주 다양한 주체들이 개입되어 복잡한 양상을 보이며 가치사슬의 변화를 가져온다. 예를 들면, 과거 콘솔게임이 전통적인 가치사슬 모델에 부합했다면 현대의 모바일 게임은 개발사, 배급사(publisher), 다양한 플랫폼을 통한 소비 등으로 보편적인 연속성을 이루며 가치가 생산된다. 이런 변화로 나타난 것이 복잡한 가치사슬이 어떻게 서로 교류하면서 생태계를 구성하는지에 대한 모델이다.

게임산업의 가치사슬은 크게 기획·개발, 배급, 유통·서비스, 소비 단계로 구분된다. 개발사로부터 제작된 게임은 퍼블리셔를 통해 다양한 형태로 유통된다. 개발사와 판권 계약을 맺은 퍼블리셔는 게임 출시 전 비즈니스 모델을 수립하고 판매 및 마케팅 전략을 구체화하고 게임이 출시된 이후 서비스의 운영을 담당한다. 게임은 개발된 형태에 따라 애플리케이션, PC포털, 모바일 메신저 등 적합한 유통 플랫폼을 통해 서비스화되고 이를 소비자가 이용하는 구조이다.

최근에는 가치사슬 단계별로 개발사, 퍼블리셔, 플랫폼 운영자가 별도로 존재하기보다는 운영 효율성을 높이기 위해 퍼블리셔가 게임 개발 및 플랫폼 사업자의 역할까지 직접 담당하거나, 개발사가 퍼블리싱 업무까지 직접 수행하는 형태로 발전하고 있다. 게임의 생애주기(PLC : Product Life Cycle)가 짧아짐에 따라, 퍼블리셔는 개발사와 개발 초기 단계부터 함께 방향성을 설정하며 개발하고 있으며 동시에 자체적인 플랫폼 경쟁력을 확보하기 위해 힘쓰고 있다.

4) e스포츠 가치사슬

e스포츠 가치사슬의 구성은 크게 본원적 활동과 지원활동으로 구분된다. 본원적 활동으로는 'e스포츠 종목(게임) 서비스'와 '리그/선수/팀', '방송/스트리밍(streaming)', '팬/시청자'로 이어지는 것이 일반적이고, 지원활동은 '선수 및 전문 인력 육성·관리', '경기장/장비 등 인프라', '후원/광고 유치' 등이 있다.

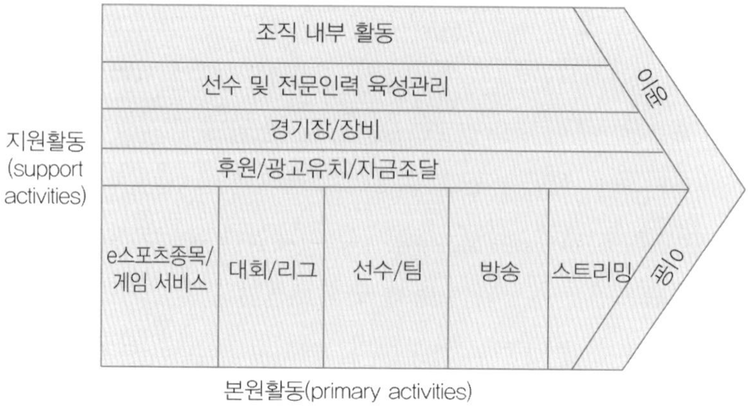

【그림 6-2】 e스포츠 가치사슬 기본 구조

e스포츠 종목 서비스는 전통적인 게임산업 가치사슬에서 최근에 파생되어 나타났다. 특히 e스포츠 종목게임이 온라인화되면서 e스포츠 리그와 스타 선수의 발굴은 게임의 라이프 사이클을 크게 늘렸다. 그다음으로 '리그/대회'는 e스포츠 가치사슬에서 게임과 e스포츠를 분리시켜 주는 본원적 활동이라고 할 수 있다. 스포츠와 마찬가지로 e스포츠 선수와 경기가 소비되는 주요한 활동은 미디어에서 이루어진다. 가치사슬의 마지막 단계로 팬과 시청자들이 있다. 관람객들은 e스포츠를 주로 경기장이나 미디어를 통해 소비하며, e스포츠의 흥행이 글로벌 차원으로 이루어지기에 유명 선수와 리그를 찾는 해외 관광객 역시 중요한 경제적 가치뿐 아니라 무형의 외교적 가치를 만든다. 마지막으로 미디어를 통해 e스포츠를 시청하는 이들은 시청 과정에서 후원이나 기부를 통해 가치에 기여한다.

본원적 활동이 원활하게 이루어지기 위한 지원활동은 다음과 같다.

첫째, 선수 육성으로 대표적으로 아마추어 리그, e스포츠 아카데미, 부트 캠프 등이 있다. 아마추어 리그는 종목사나 동호회 혹은 지방자치단체, 학교 등이 대회를 주최/주관하는 경우가 많으며 주로 온라인상에서 이루어지거나 오프라인상에서 소규모의 상금으로 이루어지는 것이 일반적이다.

둘째, e스포츠 시장이 확산되면서 전용경기장에 대한 필요성이 증대되고 있다. 우리나라에서는 상암동 이스타디움이 2016년 개관하였다. 이후 2018년 LoL전용경기장 '롤파크'가 개관하였고 2020년 아프리카 콜로세움, 레벨업 스튜디오, V.SPACE, 부산과 광주 e스포츠 상설경기장이 새로 개관하여 총 11개 경기장에서 경기 진행이 가능하며, 충청남도도 2025년 상설경기장이 개원 예정이다. e스포츠 경기장은 티켓과 상품 판매를 통해 수익을 올릴 수 있을 뿐 아니라 관람객으로 인한 집객 및 체류 효과를 발생시켜 주변 상권 및 지역 활성화에도 기여할 것으로 기대된다. 향후 등장하게 될 전용경기장 관리를 위한 전문인력(촬영, 편집, 조명, 음향, 무대장치 등)의 수요로 인한 전문인력 고용 효과가 기대된다.

셋째, e스포츠 경기가 전문화되고 기술이 고도화되면서 장비에 대한 수요도 증가하고 있다. 마우스, 키보드, 모니터, 의자 등 게이밍 장비는 물론 AR, VR, 5G 등 새롭게 등장하는 기술을 e스포츠에 접목하고자 하는 노력도 증가하고 있다.

넷째, 마지막으로 광고와 후원은 e스포츠의 비즈니스에서 가장 큰 매출 비중을 차지한다. 2023년 전 세계 e스포츠 시장 매출 기준 후원이 40%, 광고가 19%로 거의 60%를 차지한다. 브랜드는 e스포츠 시청자의 연령이 낮다는 점에서 이들의 관심을 잡고 싶어 한다. 인텔, 마이크로소프트, 엔비디아처럼 게이밍과 밀접한 기업부터 코카콜라, 레드불, 비자카드와 같은 대중적인 브랜드까지 다양하다.

e스포츠 팀을 창단하거나 후원하는 또 다른 영역은 전통 스포츠팀이다. 2015년 터키 축구 클럽 베식타스가 리그 오브 레전드 팀을 창단해 터키 리그(TCL)에 참가하면서 시작된 전통 축구팀의 e스포츠 진출은 독일 볼프스부르크, 영국 웨스트햄 유나이티드 등이 가세하면서 지속되고 있다. 이런 움직임은 축구를 넘어 미식축구, 아이스하키, 농구, 자동차경주 F1까지 확산되고 있다. 그들의 관심을 사로잡고 이런 관심을 전통 스포츠로 유입하기 위한 e스포츠에 대한 투자는 지속될 것으로 예측된다.

5) e스포츠 생태계

가치사슬이 e스포츠를 포함한 디지털 콘텐츠의 유통과 소비의 패턴을 파악하는 데는 한계를 보여 왔다. 최근 이용자는 수동적 소비자가 아니며 새로운 콘텐츠의 가치를 만들어 내는 공동창작자(co-creator)로 인식되고 있다(문상현, 2017). 또한 가치는 다양한 업종과 기술이 융합될 때 더 증폭될 수 있기 때문에 가치사슬이 아닌 가치 네트워크(network)라는 개념으로 변화하였다. 가치사슬로 표현하기 어려운 이런 시장은 변화 생태계라는 개념으로 접근한다.

e스포츠의 생태계 핵심, 즉 핵심 가치가 만들어지는 곳, 전 세계 e스포츠 팬들이 열광하는 핵심은 최고의 게이머들이 경쟁을 펼치는 프로게이밍 시장이다. 이 시장에 개입되는 요소들은 각 종목의 선수와 팀, 그리고 이들이 경기를 펼치는 리그/대회, 이들 대회의 허가, 주최/주관 혹은 후원, 그리고 자금, 기술 지원 등의 역할을 담당하는 종목사가 있다. 이들 요소들이 어우러져 만들어 내는 가치는 제작 및 중계 미디어를 통해 확장된다.

대회를 후원하거나 PC와 스마트폰을 통해 관람하는 시청자들을 대상으로 자사의 브랜드나 제품을 광고/홍보하고자 하는 스폰서 및 광고기업들(예를 들면, 코카콜라, 레드불, 질레트, 펩시, 아우디 등)은 e스포츠 시장을 움직이게 만들어 주는 연료의 역할을 한다.

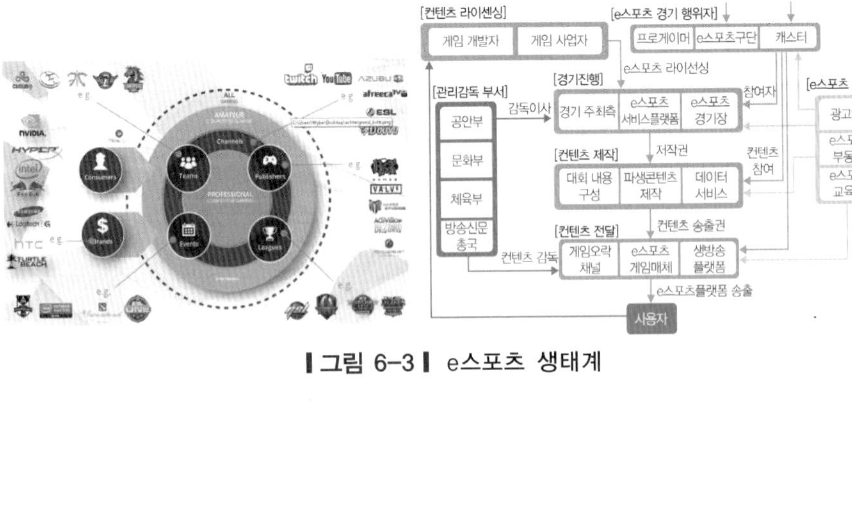

▌그림 6-3▐ e스포츠 생태계

e스포츠 종목을 직접 즐기거나 다양한 매체를 통해 시청하는 것뿐 아니라 1인 미디어 방송을 통해 선수나 팀에게 후원·기부하는 e스포츠 팬들의 충성도와 규모는 e스포츠 시장의 성패를 좌우하는 핵심요소이다.

자연 생태계가 환경에 따라 변화하듯 e스포츠 생태계도 새로운 기술의 도입과 발전에 따라 급변한다. 단계를 구분하면 다음과 같다.

첫 번째는 1990년대 후반에서 2000년대 초반까지의 시기에 해당하는데, 과거 e스포츠 탄생 초기에 생태계는 인기 게임(e스포츠) 종목들을 대상으로 아마추어 선수들을 모으고 후원과 방송을 유치하여 대회를 만들고 운영하던 대회 조직자(organizer)들이 주도하던 시기이다. 일명 '리그사'라 불리던 이들의 대표적인 사례는 한국의 WCG, 유럽 중심의 ESWC, 북미의 CPL 등이다. 전 세계에 e스포츠 신생 대회들이 많이 생겨나면서 경쟁이 격화되고, 인기 종목들이 지속되지 못한 이유 등으로 대회 조직자들은 생태계에서 위상이 약화되었다.

두 번째로 2000년대 중반에서 2010년 안팎까지의 시기로, 이때 이들을 대체해서 등장한 e스포츠 생태계 수노사는 미디어이다. 지속적으로 인기 콘텐츠가 필요한 미디어에게 e스포츠는 매력적인 콘텐츠 공급원이었다. 그리고 미디어는 이미 광고와 후원 등의 영업 능력을 보유하고 있었기에 자연스럽게 대회 조직자와 콘텐츠 제작자의 역할을 수행하였다.

세 번째 단계인 생태계에서 '종목사'가 주도하는 양상이 2010년대 중반에서 현재까지 나타나고 있다. 대표적인 사례는 'LoL 월드 챔피언십 리그', '오버워치 리그' 등이다. 이들 리그는 종목사 주도로 프랜차이즈화가 진행되고 있다. 생태계는 균형이 중요하다. 그러나 현재 e스포츠 시장은 이런 균형이 무너지고 있다는 우려가 제기되고 있다. 국내의 예를 들자면 종목사 주도의 e스포츠 생태계로의 급격한 변화는 e스포츠 콘텐츠 제작을 담당하던 e스포츠 전문방송사의 경영난으로 이어졌다. 방송사의 위기는 일개 기업의 문제라기보다는 생태계의 측면에서 바라볼 필요가 있다. e스포츠 생태계를 안정시키기 위해서는 각 분야의 전문인력들이 자리를 잡고 서로 협력과 경쟁이 원활하게 이루어져야 한다.

2. e스포츠 시장

시장은 대상에 따라 그 범위를 달리하기 때문에 개념상 차이가 있을 수 있다. 이러한 시장은 소비자만을 포함하여 개념적으로 정의하기도 한다(Kotler, P., & Amstrong, G., 1991). 하지만 소비자들이 필요로 하는 제품을 생산하는 공급자와 이러한 제품의 소비를 통해 욕구를 충족하는 수요자인 소비자가 함께 포함되는 이차원적 개념으로 볼 수 있다. e스포츠 시장은 e스포츠 제품 및 서비스 등을 소비자의 욕구를 충족시켜 주기 위한 모든 교환활동을 의미한다고 볼 수 있다.

1) 세계 e스포츠 시장 규모

2022년 기준 전 세계 e스포츠 시장의 규모는 약 13.8억 달러가 조금 넘는 가치로 평가되었다. 그리고 향후 지속적인 성장이 이루어질 것으로 판단되고 있다. 즉, 전 세계 e스포츠 시장은 2025년 약 18.7억 달러에 이를 것이라 전망되고 있다. 현재 북미와 아시아가 전 세계 e스포츠 시장에서 큰 비중을 차지하고 있다.

(단위 : 백만 달러)

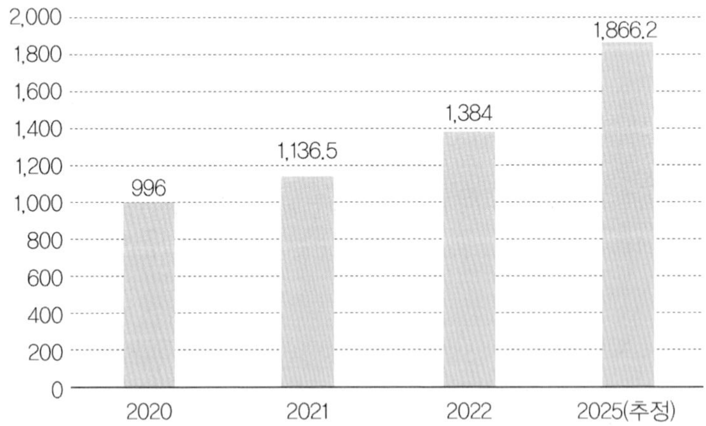

┃그림 6-4┃ 2020~2025년 글로벌 e스포츠 시장 수익

출처 : Newzoo.

2022년 전 세계 e스포츠 시장 가치는 16억 4천만 달러였으며, 이러한 전 세계 e스포츠의 시장 규모는 2032년까지 100억 달러 이상의 규모에 도달할 것으로 예상되고 있다. 이 기간 동안 전 세계 e스포츠 시장의 성장률은 연평균 약 21% 정도에 달할 것으로 예상되고 있다.

북미의 e스포츠 시장은 중국에 이어 두 번째로 규모가 큰 시장으로 글로벌 e스포츠 시장에 큰 영향력을 보유한 지역이다. 중국은 단일국가 세계 최대 e스포츠 시장으로 2022년 e스포츠 시청자 수가 4억 8,800만 명을 넘어서면서 항저우 아시안게임의 열기를 지속적으로 이어 나갈 것으로 판단된다.

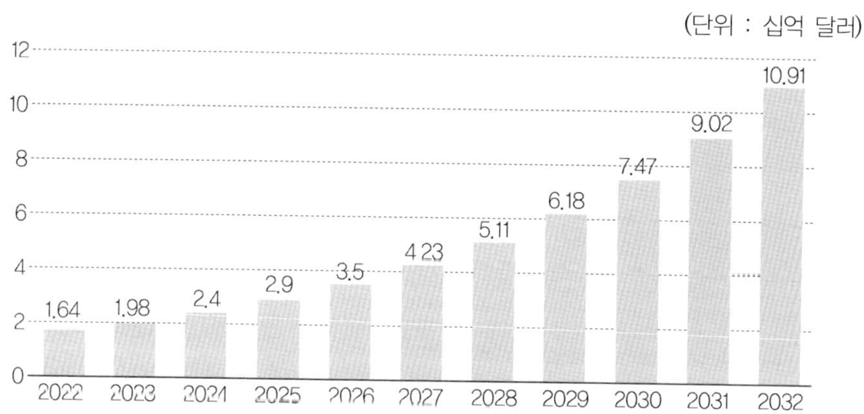

▌그림 6-5▐ 2022~2032년 글로벌 e스포츠 시장 규모

출처 : Market.us

2) 국내 e스포츠 시장 규모 및 현황

국내 e스포츠 시장의 규모는 산업의 규모를 통해서 알아볼 수 있다. 국내 e스포츠 산업의 규모는 상당히 보수적으로 파악되고 있다고 할 수 있는데, 이는 e스포츠 산업 중 게임단 예산 스트리밍 상금 규모만으로 그 산업의 규모를 파악하고 있기 때문이다. e스포츠 산업의 발전을 위해 산업의 구조의 체계화와 구분 등의 다양한 과정이 진행되어야 할 것이다. 국내 e스포츠 산업 및 시장의 전체 규모를 살펴보면 다음의 ▌그림 6-6▐과 같다.

국내 e스포츠 산업의 규모는 2022년 기준 1,514억 4천만 원으로 나타났다. 세부 항목별로 살펴보면 게임단 예산이 963억 원으로 전체 산업 규모의 63.6%를 차지하여 e스포츠 산업 내 가장 비중이 높은 것으로 나타났다. 다음으로 스트리밍 매출 335억 원(22.1%), 상금 216억 4천만 원(14.3%) 순으로 나타났다.

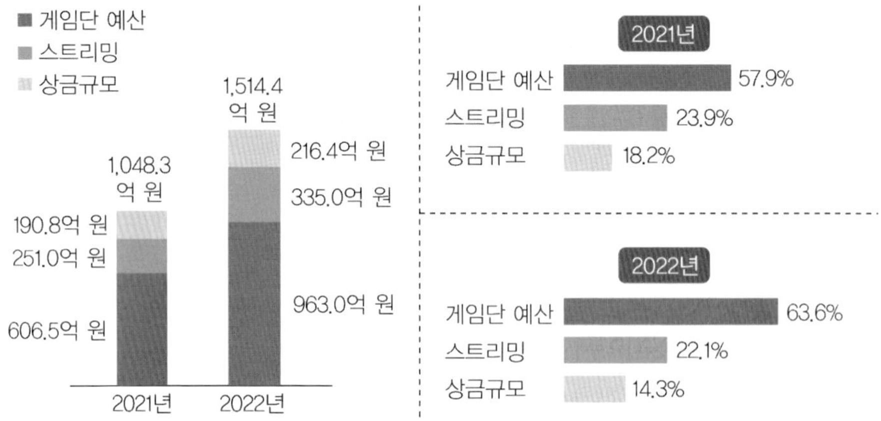

국내 e스포츠 산업 규모　　　　국내 e스포츠 산업 구성항목별 비중

▎그림 6-6▎ 2022년 기준 국내 e스포츠 산업 규모

출처 : 한국콘텐츠진흥원(2023). 2023 e스포츠 산업 실태조사.

2022년 전체 e스포츠 산업 규모는 전년 대비 44.5% 증가한 것으로 나타났다. 세부 항목별로 살펴보면 게임단 예산은 963억 원으로 58.8% 증가하였으며, 스트리밍 분야는 335억 원으로 33.5% 증가, 상금 규모는 216억 4천만 원으로 13.4% 증가한 것으로 나타났다.

국내 e스포츠 산업 규모를 2015년부터 살펴보면 2019년까지 연평균 약 16.0% 정도의 성장을 보여왔으나, 코로나19로 인해 2020년부터 규모가 감소하였고 2022년은 2021년 대비 44.5% 상승한 것으로 나타났다.

국내 e스포츠 산업은 코로나19 시기를 제외하면 지속적인 성장을 보이고 있으며, 코로나19로 인한 산업규모의 감소 부분을 해소할 만큼의 성장을 보이며 많은 관심을 받고 있다. 따라서 국내 e스포츠 시장의 규모 또한 지속적인 성장이 진행되고 있다고 판단할 수 있다.

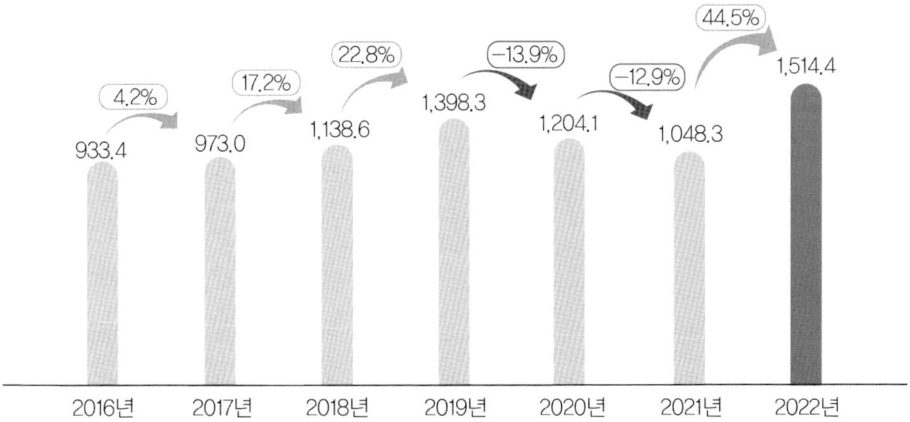

▌그림 6-7▐ 국내 e스포츠 산업 규모의 변화

출처 : 한국콘텐츠진흥원(2023). 2023 e스포츠 산업 실태조사.

이러한 e스포츠 시장에서 체계적이고 일관성 있는 마케팅을 진행하기 위해서는 우선 전략수립을 효과적으로 하는 것이 중요하다. 따라서 e스포츠시장에 효과적인 마케팅의 추진을 위해 표적마케팅, 즉 STP 전략을 중요하게 인식하고 시장의 소비자에게 접근하는 것이 필요하다고 볼 수 있다.

3. 표적마케팅

표적마케팅은 전략적 마케팅의 핵심인 세분화(segmentation), 표적화(targeting)와 위치화(positioning)의 과정을 통합한 개념이다. e스포츠 시장에서 표적마케팅은 소비자의 다양한 욕구 모두를 충족시킬 수 없다는 한계를 극복하기 위한 전략적인 방법이다. e스포츠 소비자의 욕구는 매우 다양하기 때문에 e스포츠 시장 내에서 이루어지는 교환활동은 매우 다양하게 진행된다. 즉, e스포츠 시장은 그 안에 여러 개의 다양한 이질적인 시장이 존재한다고 볼 수 있으며, 이 안에 있는 소비자들 모두의 욕구를 충족시켜 줄 수는 없다. 따라서 유사한 욕구를 지닌 e스포츠 소비자들을 동질적인 시장으로 세분화하여 표적 소비자의 욕구를 만족시킬 필요성이 있다.

세분화는 하나의 큰 시장을 구매에 영향을 미치는 요인을 통해 여러 개의 세분시장으로 구분하는 과정이다. 각각의 세분시장에 위치한 소비자들은 서로 다른 특성을 가지고 있으며, 여러 개의 세분시장 중 하나의 세분시장 내에 위치한 소비자들은 동질적인 특성을 지니고 있다. 따라서 e스포츠 제품이나 서비스를 생산 및 제공하는 조직은 하나 또는 몇 개의 세분시장을 표적시장으로 선정하고 선정된 각 표적시장에 대해 적합한 마케팅 의사결정을 통해 표적 소비자들에게 마케팅 전략을 도출하고 실행하기 위한 의사결정을 내리는 과정을 거치게 된다. 이러한 과정이 세분화, 표적화와 위치화이다. 이러한 과정을 통해 소비자들이 원하는 제품 및 서비스를 개발하여 소비자에게 제공하게 되는 것이다.

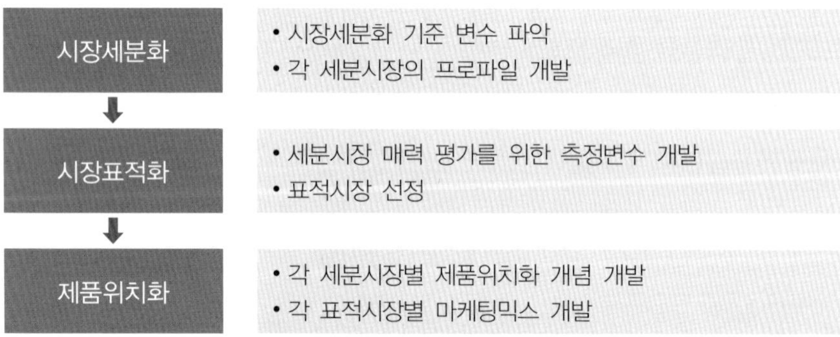

▌그림 6-8 ▌ 표적마케팅의 과정

출처 : 김용만(2012). 스포츠마케팅 커뮤니케이션.

1) 시장세분화

e스포츠 마케팅을 일관성 있고 체계적으로 추진하기 위해서는 효과적인 전략의 수립이 먼저 진행되어야 한다. e스포츠 마케팅에 있어서 소비자의 욕구를 충족시키는 것은 매우 중요한 부분으로 볼 수 있으나 소비자들의 욕구는 갈수록 다양해지고 있기 때문에 모든 소비자의 욕구를 충족시키는 것은 사실상 불가능에 가깝다. 따라서 다수의 소비자 만족을 이끌어 내기 위해서 전체 e스포츠 시장에서 공통적인 요인을 중심으로 시장세분화가 이루어져야 한다. 이러한 시장세분화는 e스포츠 마케팅의 핵심이라고 볼 수 있다.

시장세분화란 이질적인 하나의 시장을 여러 개의 비교적 동질적 세분시장으로 구분하는 과정이며, 해당 기업이나 조직 등이 자신이 지닌 제품 및 서비스 역량 등의 효과적이고 효율적인 마케팅을 위해 특정 세분시장을 선정하여 마케팅믹스를 투입하고자 하는 것이 목적이다. 따라서 e스포츠 시장에서 효과적인 마케팅 전략을 수립하고 실행하기 위해서는, 모든 소비자의 다양한 욕구를 충족시킨다는 것은 사실상 불가능하기 때문에 다수의 만족을 위해서 소비자들이 공통적으로 지니고 있는 요인을 파악하여 시장을 세분화해야 한다.

다양한 소비자의 욕구를 파악하고 대응하여 적질하고 효과적인 추진활동을 전개할 수 있는 전략수립 방법 중 하나가 시장세분화이다. 표적시장을 선정하기 위해서 소비자의 특성별로 분류하고, 그 분류한 소비자 집단에 대해서 차별화된 마케팅믹스를 개발 및 투입하여 소비자들의 e스포츠 제품 및 서비스에 대한 구매행동을 이끌어 내고 만족을 극대화하기 위한 것이다. 즉, e스포츠 관련 기업 및 조직은 e스포츠 시장에서 효과적으로 목적을 달성하기 위해서 각기 다른 소비자들의 욕구를 세분화한 뒤 해당 기업 및 조직의 e스포츠 제품만이 가지고 있는 차별성을 활용하여 마케팅 활동을 펼쳐야 할 것이다.

(1) 시장세분화의 기준

이질적인 여러 개의 e스포츠 시장 가운데 동질적인 시장을 찾는 것은 매우 중요한 부분이다. 이는 표적시장을 선정하는 데 직결되는 문제로 시장세분화에 있어 중요한 부분이다. 시장을 세분화하는 데 중요한 것은 그 기준을 타당하게 설정하는 것이다. e스포츠 시장을 목표 시장에 맞게 세분화하기에 가장 일반적인 기준들을 살펴보면 인구통계학적 기준, 지리적 기준, 행동분석적 기준, 심리묘사적 기준 등을 대표로 꼽을 수 있다.

① 인구통계학적 기준

인구통계학적 세분화는 e스포츠 분야뿐만 아니라 경영학, 스포츠 등 다양한 분야에서 가장 일반적으로 많이 사용하는 세분화 요인 중에 하나이다. 인구통계학적 특성은 연령, 성별, 소득, 직업, 학력, 종교와 인종 등과 같은 기준을 이용하여 시장을 세분화하는 것이다.

② 지리적 기준

지리적 세분화는 소비자의 욕구와 반응 등이 지역적으로 차이가 있다는 가정에 따라 세분화하는 방법이다. 즉, 국가, 지역 도시의 규모, 인구밀도나 기후 등의 지리적 차이에 따라 시장을 세분화하게 된다. 국내에서도 소비자들은 거주하는 지역에 따라 소비 경향 및 선호도 등이 상이한 경향이 나타나기도 한다. e스포츠와 관련해서 예를 들어 살펴보면, ❙그림 6-9❙와 같이 미국을 중심으로 한 미주 지역과 아시아 그리고 유럽에서 선호하는 종목에서 차이가 나타난다는 것을 알 수 있다.

| 그림 6-9 | 지역별 e스포츠 선호 장르

③ 행동분석적 기준

행동분석적 세뷰화는 특정 e스포츠 제품에 대한 소비자들의 행동적 기준을 활용해서 e스포츠 시장을 세분화하는 것이다. e스포츠 소비자들이 e스포츠 제품이나 서비스 등에 대한 인지 여부(고관여/저관여)와 참여 정도(빈도수), 애호 성도, 사용 여부 등의 행동에 따라 세분화하는 방법으로 일반적으로 마케팅 전략에서 활발하게 사용하고 있는 요인이다. 그리고 참여시간이나 참여유지 시간 등으로도 세분화가 가능하기 때문에 소비자들에게서 나타나는 다양한 행위로 세분화가 가능하다는 장점을 가지고 있다.

④ 심리묘사적 기준

심리묘사적 세분화는 소비자의 관심, 동기나 태도 등과 같이 비교적 무형적 변수로 구성된 심리묘사적 특성을 기준으로 시장을 세분화하는 방법이다. 심리묘사적 세분화에 사용되는 요인으로는 사회계층, 라이프스타일과 개성 등이 있다.

(2) 시장세분화의 고려사항

① 시장의 측정 가능성

e스포츠 전체 시장의 규모를 정확하게 파악하는 것에는 어려움이 있겠지만 제품(서비스)을 판매하기 위해서는 목표 시장의 규모와 구매력이 측정될 수 있어야 한다. 시장 내에서 잠재적 소비자가 얼마나 되는지를 측정할 수 있어야 한다. e스포츠 에이전트 시장은 크지 않기 때문에 비교적 객관적인 측정이 가능할 것이다.

② 접근 가능성

세분시장은 해당 제품이나 서비스에 대한 수요가 있어야 하며, 실질적으로 제품전달과 구매력이 있어야 한다. 잠재적인 소비자들이 원하는 제품이나 서비스를 공급하여 소비자들의 욕구를 충족시켜 줄 수 있는 시장이어야 한다.

③ 시장규모의 적정성

세분시장은 수익성이 보장되고 마케팅 활동을 실행할 수 있을 만큼 충분한 크기여야 한다. 마케팅의 최종 목적과도 같은 맥락이지만 수익성이 확보되고 투자할 만큼의 충분한 가치가 있어야 한다. 즉, 하나의 e스포츠 시장으로 구성되어 있고 그 시장의 규모가 작다면 아무리 좋은 제품과 서비스가 있다고 하여도 그 시장을 세분화하는 것은 불가능하다.

④ 실행 가능성

e스포츠 시장이 아무리 전망이 좋고 산업적 발전 가능성이 무한대라 하여도 조직이 수행할 수 있는 능력과 자원을 보유하고 있어야 실행 가능성이 높아지는 것이다. 기업이 활용할 수 있는 인적 및 물적 자원이 부족하거나 동원할 수 없다면 아무리 좋은 상품이어도 시장세분화는 의미가 없기 때문에 e스포츠 시장을 세분화하는 조건으로 고려해야 할 것이다.

⑤ 신뢰성

세분시장은 일정 기간 동안 일관성이 유지되어야 한다. e스포츠 기업 및 조직의 내적 상황이 적절하고 세분시장으로의 가치가 있는 시장이라고 할지라도 단기간에 형성되었다가 사라지는 지속적이지 못한 시장은 세분시장으로의 가치가 없다고 할 수 있다. e스포츠 에이전트 시장이 접근 가능하더라도 관련 규정이 수시로 변하고 불규칙하다면 신뢰성이 없는 시장이라고 볼 수 있다.

2) 시장표적화

e스포츠 마케팅을 일관성 있고 체계적으로 추진하기 위해서는 효과적인 전략의 수립이 먼저 진행되어야 한다. 먼저 e스포츠 시장에 대한 세분화가 진행되었다면 다음 단계에는 e스포츠 소비자들을 집중적으로 공략하기 위해 목표시장을 선정해야 한다. 이는 표적시장을 선정하는 과정으로 시장표적화를 의미한다.

시장세분화가 완료되면 몇 개의 세분시장을 어떻게 공략할 것인지 조직의 상황을 고려하여 결정해야 한다. 표적시장의 정확한 선정은 e스포츠 기업이나 조직이 직면한 실질적인 각 세분시장 내에서의 치열한 경쟁 속에서 효과적인 돌파구를 찾을 수 있는 전략을 수립할 수 있게 한다. 표적시장을 선정하기 위해서는 e스포츠 기업이나 조직의 내·외적 환경요인을 철저하게 분석해야 한다. 표적시장을 선정하기 위한 접근방법으로는 일반적으로 다음과 같은 세 가지 방법을 활용한다.

(1) 비차별적 마케팅 전략

비차별적 마케팅 전략은 전체시장에서 각 세분시장 간의 차이를 무시하고 한 가지 제품이나 서비스로 접근하는 방법이다. 이 전략은 시장 내에서의 소비자 욕구 차이보다는 소비자의 공동적인 특성을 파악하여 잠재적인 소비자들을 설득할 수 있는 제품이나 서비스 등과 함께 마케팅 전략을 설정하는 방법이다. 대량의 유통구조와 광고에 의존하는 기업이나 조직에 적합한 방법이다. 이는 전체시장 또는 가장 큰 세분시장을 목표로 하는 제품을 개발하여 공급하는 데 적합한 전략으로 소비자들의 마음속에 강력한 이미지를 형성할 수 있도록 하는 전략이 필요하다. 규모가 크고 자금이 많은 기업이 다양한 종목의 e스포츠 구단을 운영하면서 e스포츠 시장을 목표로 한다면 이러한 전략으로 볼 수 있다.

(2) 차별적 마케팅 전략

차별적 마케팅 전략은 전체시장 중 목표로 하는 각각의 세분시장에 각각의 차별화된 제품이나 서비스를 공급하는 방법이다. 각각의 세분시장에 적합한 제품을 차별화하여 생산하고 그 세분시장에 적합한 가격으로 공급함으로써 각 세분시장 안에서 강력한 시장지위를 얻으며, 많은 매출액을 획득하기 위한 전략이다. 이는 각각의 세분시장의 특성을 파악하고 마케팅을 진행하기 위해 많은 비용과 인력이 필요하다. 비차별적 마케팅에 비해 보다 많은 매출의 증대를 이룰 수 있으나 먼저 비용증가에 따른 매출액 증가를 비교하여 검토가 이루어져야 한다.

(3) 집중적 마케팅 전략

집중적 마케팅 전략은 기업이 제한된 자원을 활용하여 그 범위 안에서 차별적 또는 비차별적 마케팅 전략이 아닌 다른 전략을 펼치는 것이다. 큰 시장에서 낮은 점유율을 유지하는 것보다는 하나 또는 몇 개의 세분시장을 선택하여 그 세분시장에서 더 높은 점유율을 확보하기 위해 수행되는 전략이다. 단일세분시장, 선택적 전문화, 제품전문화, 시장전문화 등의 전략을 취할 수 있다.

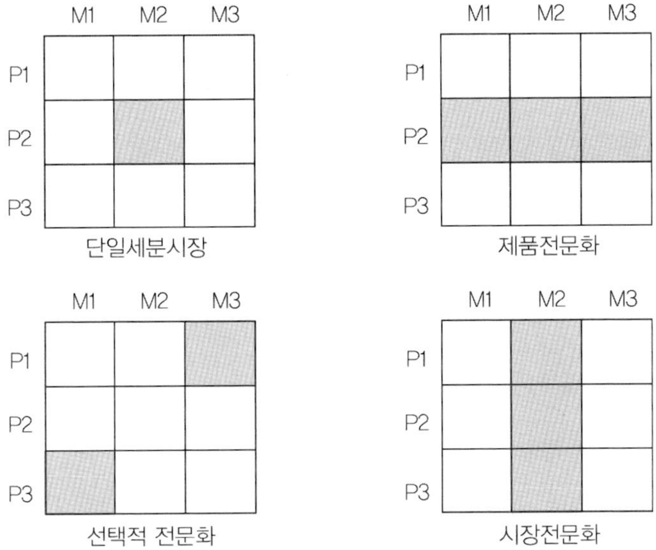

❙그림 6-10❙ 집중적 마케팅 전략 방법

출처 : 김용만(2012). 스포츠마케팅 커뮤니케이션.

(4) 표적시장의 선정 조건

표적시장을 선정하기 위해서는 기본적으로 고려해야 할 다음과 같은 조건들이 있다.

① 시장의 매력성

목표시장으로 해당 세분시장을 선택할 만큼의 매력이 있는 시장이어야 한다. 현재의 기업 상황을 고려하여 매출액, 수익률과 성장속도 등을 고려하여 해당 시장의 전망이 좋다는 평가가 앞서야 한다.

② 성공 가능성

세분시장은 시장 안에서 해당 조직이나 기업이 성공할 수 있는 강점이 있어야 한다. 객관적으로 평가했을 때 해당 시장이 매력적이라고 할지라도 꼭 성공할 수 있는 것은 아니다. 해당 시장에서 성공하기 위해서는 그만큼의 강점을 확보하고 있어야만 한다.

③ 시장경쟁

표적시장으로 선정하려는 세분시장 내의 타 기업이나 조직 등과의 경쟁 정도를 고려해야 한다. 해당 제품 내에서의 경쟁과 함께 향후 진출 가능성이 있는 기업이나 조직에 대해서도 고려해야 한다.

3) 제품위치화

제품위치화는 세분화한 여러 세분시장에서 마케팅 담당자가 표적시장을 선정하고, 그 시장 안에 있는 소비자들에게 자사의 제품이나 서비스가 경쟁사의 제품이나 서비스보다 좋다고 인지하도록 하는 일련의 과정을 의미한다(김용만, 2012). 즉, 소비자들의 마음속에 자사의 제품이 인지된 위치를 의미한다. 하지만 소비자들은 다양한 매체를 통해 다양한 기업의 제품과 서비스 등에 대한 정보를 얻고 있어 자사의 제품이나 서비스를 소비자들에게 위치화시키는 것은 결코 쉬운 일이 아니다.

소비자들은 제품을 구매할 때 구매과정을 단순화시키고 재평가하지 않는 경향이 있다. 소비자에게는 기존에 지니고 있는 해당 제품이나 브랜드에 대한 위치가 형성되어 있기 때문이다. 이는 소비자들에게 해당 제품이나 기업의 긍정적인 이미지가 형성되어 있기 때문일 것이다. e스포츠 종목 중 하나의 종목을 선택해 시청 또는 관람하는 관중이 있다면, 그 소비자에게는 해당 e스포츠 종목이 긍정적인 이미지로 위치화되어 있을 것이다.

(1) 제품위치화의 유형

① 제품속성 위치화

제품속성에 의한 위치화는 경쟁사의 제품이나 서비스와 비교했을 때 자사의 제품이 차별적이거나 특징적인 속성을 가지고 있어 경쟁사와는 차별화된 혜택을 제공한다는 인식을 심어주는 전략이다. 따라서 제품속성에 따른 위치화를 위해서는 제품이 지닌 강점을 중심으로 전략을 구상해야 한다.

② 이미지 위치화

이미지 위치화는 제품이 지니고 있는 추상적인 혜택인, 즉 소비자에게 제품의 긍정적인 이미지를 형성하도록 하는 방법이다. 소비자들이 제품에 대해 갖는 긍정적인 이미지를 파악하고 이를 더 강화할 수 있는 전략이다.

③ 경쟁제품 위치화

경쟁제품 위치화는 소비자가 경쟁사의 제품과 비교함으로써 형성되는 자사제품의 강점을 부각시키는 전략이다. 이 방법은 경쟁사의 단점을 자사제품의 강점과 비교하여 소비자들이 그 차이를 발견하게 함으로써 자사의 제품을 강점을 더욱 부각시키도록 하는 방법이다.

(2) 제품위치회 전략

① 가치 위치화

가치는 개인욕구의 표현으로, 인생에서 성취하고자 하는 궁극적인 존재 상태나 그 상태에 도달하기 위한 행동양식이다. 소비자 개인의 이러한 가치에 대한 성취를 통한 위치화가 가치 위치화(value positioning)이다.

② 상표 개성 위치화

개별 상표들의 개성을 확립시키는 것이 상표 개성 위치화(brand personality positioning)이다. 상표이미지와 같은 개념으로 상표의 개성이 사용될 수 있다. 첫 번째 단계가 소비자 가치추구가 목적이라면 두 번째 상표 개성 위치화 단계에서는 공동의 가치추구 목표에 상표가 가지고 있는 이미지를 겹치게 함으로써 차별화된 개성으로 인식시키는 것이다.

③ 혜택 위치화

3단계는 혜택 위치화(benefit positioning)이다. 소비자에게 제공할 수 있는 제품의 혜택이 소비자가 구매 의사결정을 할 때 영향을 미치게 되는 것이다. 따라서 소비자가 제품을 선택할 때 무엇보다 중요한 것이 제품의 구매를 통해 얻을 수 있는 혜택인 것이다. 즉, 가치를 제공하고 독특한 상표 개성을 확립하더라도 보다 좋은 혜택을 제공할 수 없다면 실패하게 된다.

생각해 보기

1. e스포츠 가치사슬의 원활한 본원활동을 위한 지원활동에는 어떠한 것들이 있을까?

2. 관심 있는 e스포츠 기업 또는 브랜드 등을 선정하여 시장세분화, 시장표적화와 제품위치화를 통한 표적마케팅 전략을 제시해 보시오.

CHAPTER

07 e스포츠 산업의 수요와 공급

1. 경쟁환경에서 기업행동 : 소비자

1) 시장분석

스포츠 산업론에서는 경쟁환경에서의 기업행동에 대하여 경영전략, STP, 4Ps 등 많은 연구가 이루어져 있고, 다양한 분석 결과가 있다. 이는 100년 이상의 역사를 가진 스포츠 산업에 있어서 변화하는 시장 현상을 토대로 분석하였던 것이다. 시장분석의 일반적인 정의는 특수 산업 내 특수 시장의 매력과 역동성을 연구하는 것이다. 이에 시장분석은 산업 내 시장의 역사가 오래될수록 더 많은 연구와 발전을 이루었다고 볼 수 있다.

그러나 e스포츠 시장의 탄생은 아무리 빨리 본다 해도 1999년으로 약 25년밖에 되지 않았다. 초창기 시장은 e스포츠를 단순한 문화 현상으로만 판단하여 시장에 대한 연구나 조사가 충분히 이루어지지 않았다. 실제로 e스포츠 시장에 대한 연구가 시작된 시기는 2000년대 중반부터이며 2000년대 후반부터 기업들이 e스포츠에 투자하고 광고를 적극적으로 진행하면서 e스포츠 산업을 본격적으로 연구하기 시작하였다. 따라서 e스포츠 시장을 체계적으로 측정하고 분석했던 시기는 2010년 초반 즈음이며, 이후로 e스포츠는 급속하게 성장하였다.

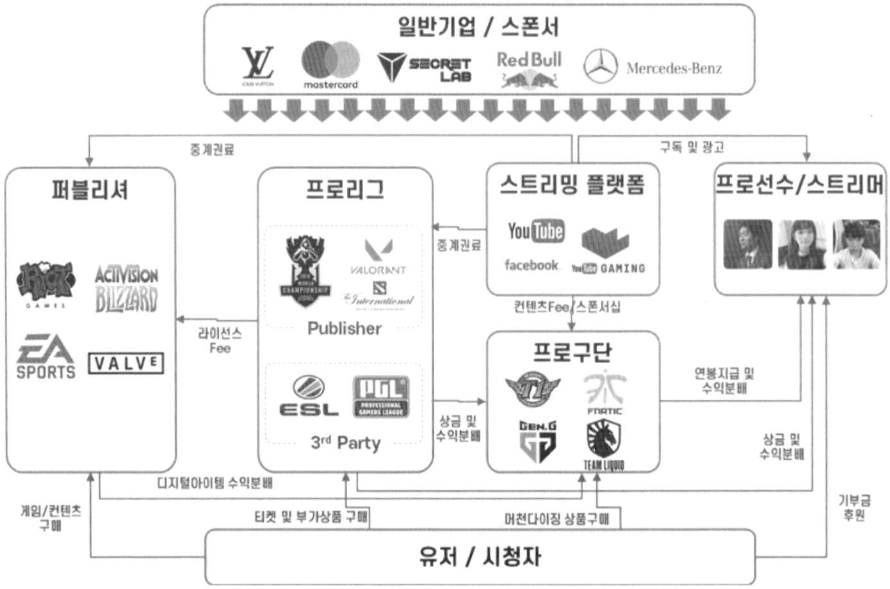

▌그림 7-1▐ e스포츠 산업 가치사슬

e스포츠 산업의 주요 플레이어는 지적재산권을 보유한 퍼블리셔(게임사), 프로리그, 프로구단, 스트리밍 플랫폼, 프로선수가 있다. 이들은 산업에서 직접 공급자의 역할을 하고 있으며, 유저 및 시청자들, 즉 e스포츠 팬들이 소비자의 역할을 하고 있다. e스포츠 시장에서 직접적인 플레이어는 아니지만 e스포츠 시장을 지속가능하게 만들어 주는 스폰서 기업들이 있으며 이들은 e스포츠 팬들에게 간접 공급자의 역할을 하고 있다.

e스포츠 시장은 게임에 대한 부정적인 인식으로 출발하여, 현재 6억 명 이상의 e스포츠 팬층을 보유한 것으로 알려진 것에 비하면 상대적으로 작은 시장을 형성하고 있다. 그러나 e스포츠 팬들은 2020년 약 4억 4천만 명에 비해 2025년 약 6억 4천만 명으로 5년간 약 69% 증가할 것으로 예측된다. 이는 게임 및 e스포츠 데이터 통계 분석 회사인 Newzoo가 2015년 미국 샌프란시스코에서 개최된 Esports Conference에서 발표한 The Esports Industry to Date의 보고 자료로, 2015년 2억 3천만 명이었던 e스포츠 팬층에 비해 10년간 약 2.8배 증가한 수치이다.

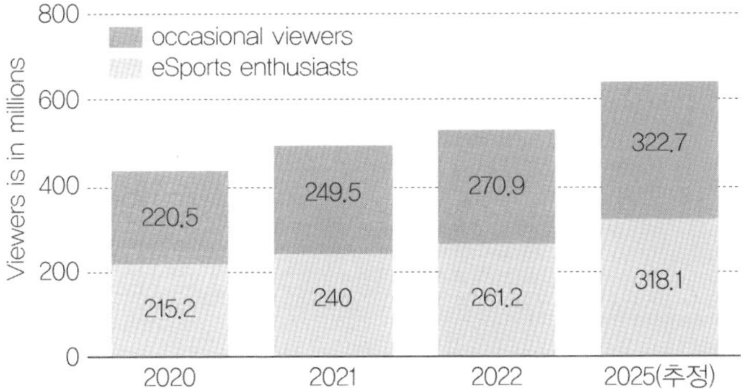

┃그림 7-2┃ e스포츠 글로벌 팬 규모

출처 : Worldwide; Newzoo : 2020 to 2022.

또한 글로벌 e스포츠 시장은 2017년부터 향후 2029년까지 지속적으로 성장할 것으로 예상되며, e스포츠에 대한 인식이 점차 개선되고 있기 때문에, 시장에 대한 호감도 또한 상승한다면 메이저 스포츠 시장보다 더 큰 시장으로 발전할 가능성을 가지고 있다. 더욱이 20대가 주요 소비자인 e스포츠의 특성을 고려할 때, 30~50대가 주요 소비층인 메이저 스포츠 소비자에 비해 시장의 미래가 밝아 보이는 것은 사실이다. 글로벌 디지털 마켓 조사 플랫폼인 Statista에 의하면, 글로벌 e스포츠 시장 규모는 2024년에 18억 달러가 될 것으로 예측하였으며, 2029년에는 25억 달러 규모로, 2019년 9억 달러에 비해 10년간 2.8배 성장할 것으로 예측하였다.

이러한 e스포츠 시장 규모는 e스포츠 베팅을 제외한 산업 규모를 나타낸 것이다. 현재 베팅 산업은 국내 및 여러 국가에서 불법으로 규정하고 있기 때문에 시장 규모에 포함하지 않았으나, 일부 베팅 사업이 합법인 국가들을 포함한 전체 e스포츠 시장 규모를 측정하면 e스포츠 시장 규모는 현재의 2배 이상으로 증가한다. 이는 e스포츠 팬층 규모가 거대하다는 방증이다. 2024년 현재 e스포츠 베팅을 뺀 시장 규모는 약 18억 달러로 추산되지만 e스포츠 배팅을 포함하면 e스포츠 시장 규모는 43억 달러에 달한다. 이는 현재 e스포츠 베팅 규모가 e스포츠 중계권, 티켓 수익, 스폰서십 수익, 스트리밍 수익 등 모든 e

스포츠 수익 구조를 모두 더한 것보다 큼을 보여준다. 일반적으로 스포츠 베팅 사업 규모가 스포츠 팬층의 수와 팬 충성도에 비례하는 것으로 판단할 때, e스포츠 팬 규모와 충성도가 높다는 것을 예측할 수 있다.

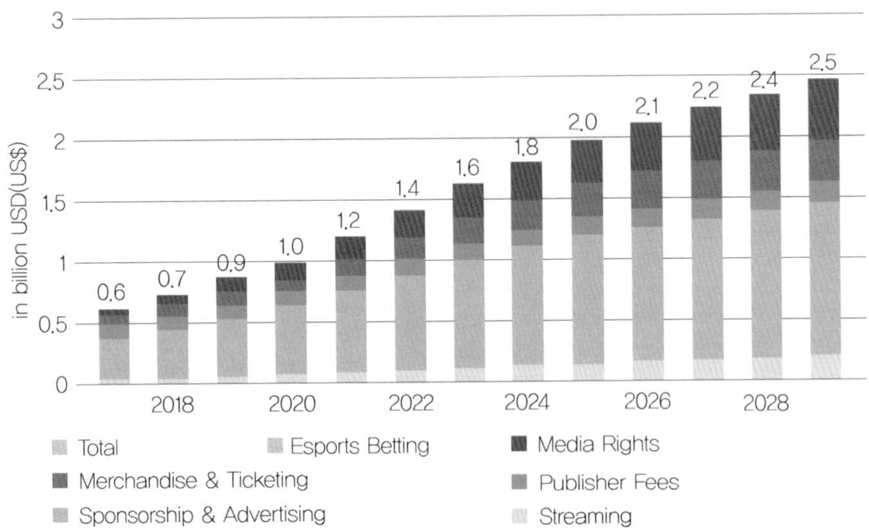

| 그림 7-3 | Esports Revenue by Market

출처 : Statista.

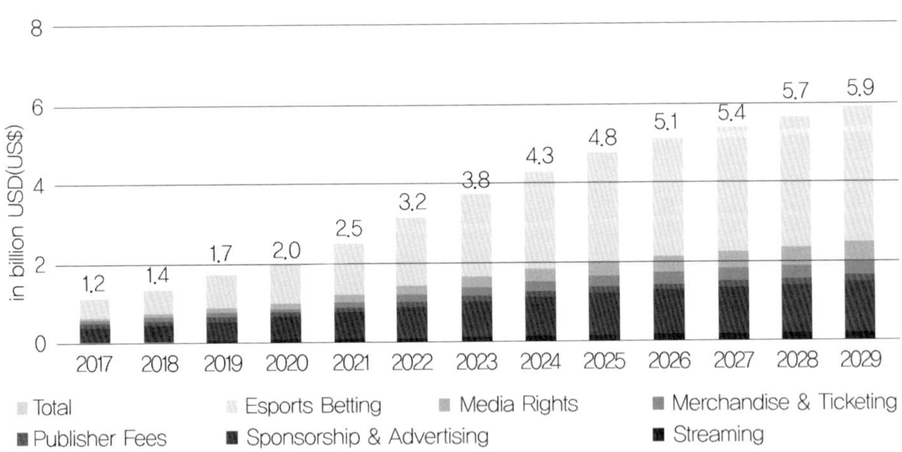

| 그림 7-4 | Esports Revenue by Market including Esports betting

출처 : Statista.

2024년 현재 e스포츠 수익 구조를 분석해 보면, 중계권이 3억 달러, 티켓 및 MD 산업이 2억 달러, 라이선스 사용료가 1억 달러, 스폰서십 및 광고가 10억 달러, 스트리밍 1억 달러로 총 17억 달러를 구성하고 있다. 스폰서십 및 광고가 58.8%로 대부분을 차지하고 있으며, 중계권 수익은 17.7%로 두 번째 수익 구조를 형성하고 있다. 2028년 예상 수익 구조를 보면 중계권 5억 달러, 티켓 및 MD 산업 3억 달러, 라이선스 사용료 2억 달러, 스폰서십 및 광고 12억 달러, 스트리밍이 2억 달러로 여전히 스폰서십 및 광고가 50%를 차지하고 있으나, 중계권 수익이 20.9%로 상승할 것으로 예상되고 있다.

〈표 7-1〉 전 세계 e스포츠 시장 수익 구조

수익 구조	2024		2028	
	수익(십억 달러)	비중(%)	수익(십억 달러)	비중(%)
중계권	0.3	17.7	0.5	20.9
티켓 및 MD	0.2	11.7	0.3	12.5
라이선스 Fee	0.1	5.9	0.2	8.3
스폰서십/광고	1	58.8	1.2	50.0
스트리밍	0.1	5.9	0.2	8.3

출처 : Statista.

이러한 e스포츠의 수익 구조는 다른 메이저 스포츠의 수익 구조와 비교할 때 중계권 수익의 비중에서 확연한 차이가 있다. 일반적으로 메이저 스포츠는 대형 경기장을 건설하여 많은 관객들을 유치하기 때문에 티켓 및 MD 수익의 비중이 높은 편이다. 그러나 티켓 및 MD 수익보다 더 큰 비중은 중계권 수익이다. 미국에서 인기 높은 메이저 스포츠인 메이저리그 야구 및 미식축구의 수익 구조만 보더라도 중계권의 의미를 충분히 알 수 있다. 포브스가 2020년에 발표한 2019년 메이저리그 전체 수익 구조를 보면, 중계권 수익은 총 수익 105억 달러 중 53억 달러로 그 비중은 50.5%에 달한다. 이는 전국 중계 수익 32억 달러와 지역 중계 수익 21억 달러를 포함한 비중이다. 또한 e스포츠에서는 가장 큰 비중을 차지하는 스폰서십 및 광고 수익은 11억 달러로 10.5%에 지나지 않는다. 미국에서 가장 인기 있는 스포츠인 미식축구 또한 2022년 포브스에서 발표한 자료를 보면, 2022년 미식축구 구단별 수익 구조에서 중계권이 61.3%를 차지하였으며, 스폰서십 및 광고는 10.1%에 불과했다.

〈표 7-2〉 MLB 및 NFL 수익 구조

수익 구조	MLB(2019)		NFL(2022)	
	수익(십억 달러)	비중(%)	수익(십억 달러)	비중(%)
중계권	5.3	50.5	11.6	61.3
티켓 및 MD	4.1	39.0	5.5	28.6
스폰서십/광고	1.1	10.5	1.9	10.1

출처 : Forbes.

e스포츠가 '보는 스포츠'로서 시장에서 성장하는 열쇠는 중계권이지만, 향후 5년 이내에 중계권의 비중은 스폰서십 및 광고 수익 비중을 따라잡지 못할 것으로 보인다. 이는 e스포츠의 태생 자체가 게임이라는 부정적인 인식을 받으며 탄생하였고, e스포츠 산업계는 이러한 부정적인 인식 안에서 e스포츠 산업을 활성화하기 위하여 e스포츠 콘텐츠 다량 배포를 목적으로 콘텐츠를 무료로 제공했기 때문이다. e스포츠 시청자 사이에서도 누가 e스포츠 콘텐츠를 돈 주고 보느냐라는 시각이 팽배하기 때문에 중계권 시장의 규모는 시청자 수에 비해 현저하게 낮다. 현재까지도 e스포츠 콘텐츠의 가격이 저평가되어 있기 때문에 이러한 인식이 개선될 때까지 e스포츠 산업의 수익은 스폰서십 및 광고에 의존할 수밖에 없을 것으로 판단되며, e스포츠 콘텐츠 수익에 대한 업계에 다양한 논의가 필요할 것으로 보인다.

e스포츠 중계권 수익에 대해서 앞서 비관적으로 이야기한 것과 달리 희망적인 부분도 있다. 그것은 바로 e스포츠 최대 동시 시청자 수이다. 2021년 한국에서 개최된 리그 오브 레전드 월드챔피언십 결승전 경기의 동시 시청자 수는

7,386만 명으로 집계되었다. 이는 FIFA월드컵이 2018년 결승전에서 기록한 5억 1,700만 명, 미식축구 NFL이 2015년 슈퍼볼 결승전에서 기록한 1억 1,400만 명 이래 다른 모든 메이저 스포츠 종목을 통틀어 최대 동시 시청자 수이다. 2021년에 기록한 누적 시청자 수만 해도 4억 명을 돌파했으며, 2025년의 누적 시청자 수는 6억 4천 명으로 예측되고 있다. 메이저리그 야구 MLB의 2016년 월드시리즈 7차전 경기 시청자 수가 4,000만 명을 기록하고, 이후 동시 시청자 수가 1,500만 명인 것을 고려할 때, 산술적으로 평가하면 e스포츠의 중계권 수익은 MLB와 같거나 높아야 한다. 그러나 2024년 e스포츠 중계권의 수익은 3억 달러이며, 2019년 MLB의 중계권 수익은 53억 달러로 e스포츠 중계권 수익의 약 18배에 달한다. 이는 e스포츠 중계권 수익이 낮다는 것을 비관하는 것이 아니라 수치상으로 보이는 데이터를 통해 e스포츠 중계권 수익이 잠정적으로 가치가 높아질 수 있다는 것을 기대하게 한다.

〈표 7-3〉 메이저 스포츠와 리그 오브 레전드 최고 시청률 비교

종 목	대회(이벤트)	연 도	최고 동시 시청자 수
NFL(미식축구)	슈퍼볼	2015	1억 1,400만 명
FIFA 월드컵(축구)	결승전	2018	5억 1,700만 명
MLB(야구)	월드시리즈 7차전	2016	4,000만 명
NBA(농구)	파이널 7차전	2016	3,100만 명
NHL(아이스하키)	스탠리컵 파이널	2019	890만 명
LOL(리그 오브 레전드)	월드챔피언십 결승	2021	7,486만 명
		2023	누적 시청자 약 6억 명

출처 : 각종 기사자료.

e스포츠 산업계는 전통적으로 PC 및 콘솔 플랫폼 종목들이 업계를 이끌어가고 있다. 그러나 최근 6~7년 사이에 모바일 하드웨어 플랫폼의 성능이 PC나 콘솔만큼 발전되면서, 모바일 게임 e스포츠 시장이 급격하게 발전하고 있다. 특히 동남아시아나 인도같이 지형상 PC 인터넷 인프라를 갖추기 어렵거

나 인구가 많아 인터넷 인프라를 갖추기 어려운 나라들이 접근성이 높은 모바일 게임 e스포츠를 적극적으로 도입하고 있기 때문에 모바일 게임 e스포츠는 향후 지속적으로 발전될 것으로 예상된다. 또한 가상현실 및 증강현실 같은 XR 신기술 플랫폼이 발전을 거듭하면서 e스포츠 시장은 지속적으로 변모할 것으로 보인다. 그러나 XR 기술은 아직 헤드마운트디스플레이(HMD) 같은 불편한 하드웨어의 개선이 급선무이며, 이를 해결하게 된다면 e스포츠 시장에도 새로운 파급력이 예상된다.

최근 전 세계를 강타하고 있는 인공지능(Artificial Intelligence) 또한 향후 e스포츠에 대한 파급력이 예상된다. e스포츠 선수와 인공지능의 대결은 2017년으로 거슬러 올라간다. 현재 ChatGPT를 개발한 OPEN AI는 유명 e스포츠 게임인 도타 2에서 프로선수와 인공지능의 대결을 성사시켰다. 당시 참가한 프로게이머는 2011년 도타 2 세계 대회인 The International 2011에서 우승 경력이 있는 Dendi(Danil Ishutin)과 1대1 대결을 하였다. 당시 Dendi는 우크라이나 e스포츠 프로팀인 Natus Vincere(Na'Vi)에서 활동 중이었으며, 도타 2 종목에서는 유명 프로선수 중 하나였다. 프로선수와 인공지능의 대결을 널리 알리기 위해 밸브코퍼레이션은 도타 2 세계 대회인 The International 2017 무대에서 이들의 경기를 진행했다. 이 경기에서 인공지능이 2대0으로 승리하였으며, 인공지능과 프로선수가 대결하기 위하여 여러 가지 규정에 제한을 둔 것도 있지만, 피지컬 면에서는 인간이 인공지능을 넘어서지 못한다는 것을 확인한 계기였다. 2018년에는 도타 2 5대5 대결을 진행하였는데, 경기에 참여한 프로팀은 브라질 e스포츠 프로팀인 PaiN Gaming이었다. PaiN Gaming은 남미 최고의 도타 2 프로팀이었으나, The International 2018에서는 17위를 한 세계 최고 탑티어는 아니었다. 이 경기 또한 많은 사람들이 인공지능이 프로선수들을 압도할 것이라고 생각했다. 그러나 상황은 반대였다. 인공지능의 피지컬과 전술 실행 능력만큼은 프로선수를 압도하였으나, 전략을 세우는 수준은 매우 낮아 상대가 되지 않았으며, 다음 날 중국 베테랑 프로선수들로 이루어진 Team Big God과의 경기에서도 OPEN AI는 패했다.

2019년 OPEN AI는 전년도의 참패를 만회하기 위해 유럽 도타 2 프로게임 팀인 OG와 이벤트 매치를 진행했다. OG는 2018년 The International 2018의 우승팀이었으며, 당시 세계 최고의 도타 2 팀이었다. 이 경기에서 OPEN AI는 2:0으로 승리하였다. 이후 OPEN AI는 일반 게이머들에게 인공지능을 공개하여 인간 대 인공지능의 매치가 가능했으며, 인공지능은 7,257전 7,215승 42패로 승률 99.4%를 기록하였다. 이는 인공지능이 바둑과 같이 완벽한 확률 정보를 가지고 플레이하는 것 이외에 불완전한 확률 정보를 가지고 플레이하는 것에도 인간을 압도할 수 있다는 것을 보여준 사례이다. 그러나 인공지능은 42패 중 10패를 한 팀에게만 당했으며, 일반적으로 인간이 하지 않는 어이없는 플레이를 하는 모습을 보이기도 하여 아직 완벽하게 인공지능이 e스포츠를 압도할 수 있다고 말할 수는 없다. 이처럼 인공지능은 e스포츠에 활용되어 현재에는 한국전파통신연구원에서 개발한 e스포츠 승부 예측 플랫폼에 사용되고 있으며, 승부 예측 정확도가 84%에 달하여 인공지능을 통하여 e스포츠 교육 및 산업에 다양하게 활용될 것으로 기대된다.

2) e스포츠 소비자

Newzoo에 따르면 e스포츠 소비자는 e스포츠 고관여자(Esports Enthusiasts)와 저관여자(Occassional Viewers)로 나뉜다. e스포츠 종주국이라고 불리는 대한민국의 경우, e스포츠에 입문하게 되는 경로를 알기 위해서는 1999년으로 돌아가야 한다. 당시 한국은 스타크래프트로 처음 e스포츠를 접한 사람들이 대부분이었다. 많은 e스포츠 팬들은 본인이 직접 게임 유저로서 관심을 가지다가 1세대 스타크래프트 유명 선수인 임요한, 홍진호, 변성철, 강도경, 박태민 등 스타크래프트 유닛 콘트롤 및 전략에 획을 긋는 선수들을 보면서 e스포츠에 입문하게 된 경우가 많다. 이들은 게임 유저 자신이 직접 할 수 없는 프로

선수들의 슈퍼플레이에 열광하며 1세대 프로게이머의 팬이 되어갔다. 초기 e스포츠 소비자들은 본인이 게임 유저이자 e스포츠 관람자였던 것이다. 이들 초창기 e스포츠 소비자들은 구전을 통하여 주변 사람들과 e스포츠에 대한 대화를 나누었으며, 이들의 주변 지인들은 구전을 통하여 e스포츠 소비자가 된 경우가 많다. 구전을 통하여 e스포츠 소비자가 된 사람들은 본인이 게임 유저가 되는 경우도 있었지만, 1세대 스타크래프트 선수들의 경기를 관람만 하는 소비자도 생긴 것이다. 특히 여성 소비자의 경우는 관람으로만 e스포츠 소비자가 된 사람들이 많으며, 프로선수의 팬덤 또한 남성에 비해 강했다. 이 부분에서 e스포츠는 게임을 플레이하는 문화에서 게임을 보는 문화로 e스포츠 소비자 특성이 발현된 것이다.

e스포츠 시장도 스포츠 시장과 유사하게 종목 선호도가 존재한다. 예를 들어 F1 Racing의 경우, 전통적으로 유럽과 미주에서 인기가 많은 편이나, 일본을 제외하고 한국을 비롯하여 아시아권 국가들에게는 인기가 낮은 편이다. e스포츠 또한 종목과 장르 그리고 게임 플랫폼에 따라 대륙별로 선호도가 다르다. 일반적으로 아시아 지역은 실시간 전략 게임(RTS), 멀티플레이어 온라인 배틀 아레나(MOBA/AOS), 슈팅게임(FPS)을 선호하고, 미주 지역은 스포츠, 슈팅게임(FPS), 멀티플레이어 온라인 배틀 아레나(MOBA/AOS), 슈팅게임(FPS) 및 격투 장르를 선호하며, 유럽 및 오세아니아는 미주와 비슷하게 스포츠, 멀티플레이어 온라인 배틀 아레나(MOBA/AOS) 및 슈팅게임(FPS)을 선호한다.

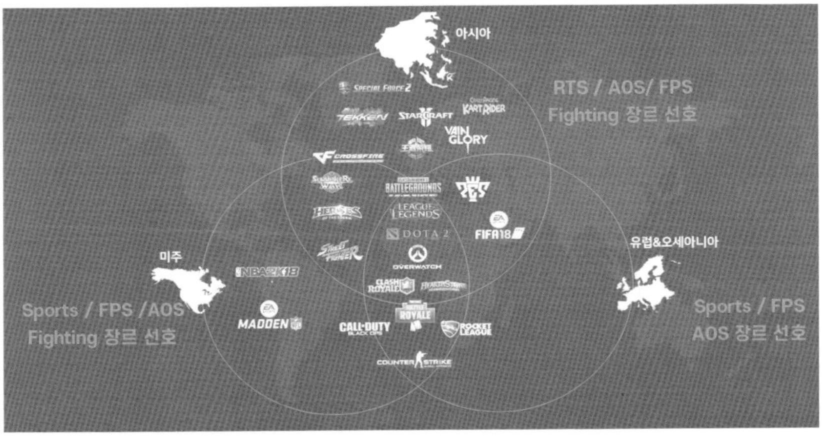

▎그림 7-5▎ 글로벌 e스포츠 종목 선호도

e스포츠 산업에서 기업의 성공적인 진출과 사업을 영위하기 위해서는 e스포츠 산업에서 수요자와 공급자에 대한 분석이 필요하며, 이를 위해 e스포츠 산업 분야에 있는 플레이어들에 대한 분석이 필요하다. 특히 e스포츠 소비자의 경우, 일반 산업에서의 소비자보다 젊고, 독특하며, 다양성을 보유하고 있기 때문에 이를 깊숙이 들여다볼 필요성이 있다.

2022년 오산대학교 e스포츠과에서 e스포츠과 신입생 37명을 대상으로 e스포츠 게임을 최초 접한 시기를 조사했다. e스포츠과 학생들은 e스포츠 고관여 소비자이기도 하며, 향후 e스포츠의 공급자가 될 수 있는 집단이다. 이 조사에서는 51.4%가 초등학교 시절에 e스포츠 게임을 접했다고 답하였으며, 초등학교 1학년 때 접했다는 응답이 21.6%나 되었다. 이는 e스포츠 인기 종목인 리그 오브 레전드 이용 가능 연령이 만 12세인 점을 감안하고, 발로란트의 이용 가능 연령인 만 15세보다 한참 빨리 e스포츠 게임을 접한다는 이야기다. 물론 FC 온라인 및 카트라이더 등 전체 연령 가능의 종목으로 e스포츠 종목을 접했을 수 있으나, 그렇지 않은 경우도 많이 있었다. 그런 경우, 부모의 동의에 따라 이용한 것으로 답변하였으며, 부모가 별로 상관하지 않았다는 답변도 있었다.

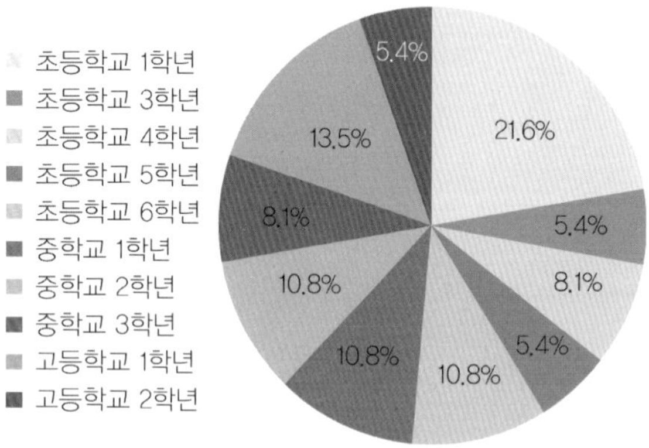

응답	응답수	백분율
초등학교 1학년	8	21.6%
초등학교 3학년	2	5.4%
초등학교 4학년	3	8.1%
초등학교 5학년	2	5.4%
초등학교 6학년	4	10.8%
중학교 1학년	4	10.8%
중학교 2학년	4	10.8%
중학교 3학년	3	8.1%
고등학교 1학년	5	13.5%
고등학교 2학년	2	5.4%

❙그림 7-6❙ e스포츠과 신입생 e스포츠 종목 최초 입문 시기

옥덕경(2020)의 e스포츠와 스포츠 소비자 비교 연구에 따르면, 김민수와 권형일(2010)은 Milne와 Mcdonald(1999)가 고안한 스포츠 소비 동기(Motivation of Sport Consumption)를 스포츠 비디오 게임의 상황에 맞게 수정 및 보완하여 스포츠 비디오 게임 소비 동기를 파악하였다. MSC(Motivation of Sport Consumption)는 스포츠 관중, 참여자를 모두 소비자로 간주하여 이들의 소비동기를 측정할 수 있는 도구이다. 김민수와 권형일(2010)은 MSC에서 대부분의 항목을 채용하고 이용·충족 이론(Sherry & Lucas, 2003)에서 일부 항목을 채용하여 스포츠 비디오 게임의 이용 동기 8가지를 발견하였다. e스포츠 참가자들의 동기와 욕구 역시 이 이론을 통해 설명할 수 있다. 박현욱 등(2010)의 연구에 의하면 이들은 다양한 개인의 동기와 욕구에 의해 온라인 게임을 이용하며 온라인 게임 속 그들만의 독특한 문화를 창출하고 있다. 김정기(2004)는 매체적 특성을 지닌 인터넷, 게임을 연구하는 데 있어 이용과 충족 이론은 유용한 이론적 배경으로 활용된다고 하였다. 이용과 충족 이론은 미디어를 가용성이 높은 제품이며 청중은 주어진 요구를 충족하고 지식, 휴식, 사회적 상호작용/동반자 관계, 기분 전환을 하기 위해 미디어를 선택한다는 것이다. 따라서 김민수와 권형일(2010)이 밝힌 8가지 스포츠 비디오 게임 참여 동기는 스포츠 상황의 참여 동기 요인인 동시에 비디오 게임의 매체적 특성이 고려된 요인이다. 김민수와 권형일(2010)은 오락성(Entertainment), 심미성(Aesthetics), 공격성(Aggression), 극적 상황(Drama), 경쟁(Competition), 도전(Challenge), 환상(Fantasy), 사회적 상호작용(Social interaction)을 스포츠 비디오 게임 참여 동기로 밝혔다. 김민수와 권형일(2010)의 연구는 '스포츠 비디오 게임'의 소비 동기만을 밝힌 것이지만, Pizzo 등(2018)은 '스포츠 테마의 e스포츠 게임'과 '전략 시뮬레이션 장르의 e스포츠 게임'의 소비자가 유사한 소비행동을 가지고 있다고 밝혔다. 또한 각종 온라인 게임을 대상으로 한 참여동기 연구에서 제시한 참여동기 요소와 김민수와 권형일(2010)이 제시한 참여동기 요소의 공통된 요소가 많다는 점에서 e스포츠 장르에 따른 참여 동기의 차이는 크게 다르지 않음을 유추해 볼 수 있다.

3) 경쟁 분석

e스포츠 시장 내의 경쟁은 IP 홀더인 e스포츠 게임사들의 경쟁, 프로팀 간의 경쟁, e스포츠 대회 브랜드 간의 경쟁, e스포츠 방송 콘텐츠 배포자 간의 경쟁이 있다. 이 중 e스포츠 시장 경쟁에 있어서 가장 큰 영향을 주는 것은 e스포츠 게임사들의 경쟁이다. 이들의 경쟁의 시작은 게임 장르에서 시작된다고 할 수 있다. 게임 장르는 소비자의 선호도와 연관되어 있는 부분이며, 같은 e스포츠 게임사라고 할지라도 게임 장르가 다르다면 일반적으로 직접 경쟁이라고 생각하지 않는다.

장르적인 경쟁 관점에서 e스포츠 시장을 주도하는 것은 전략시뮬레이션게임(RTS), 멀티플레이어 온라인 배틀 아레나(MOBA), 슈팅 게임(FPS), 배틀로얄 방식이다. 지역적으로는 스포츠나 레이싱 장르의 게임이 e스포츠 시장을 주도하는 경우도 있지만, 글로벌 e스포츠 지형으로 본다면 e스포츠 시장에서 경쟁은 상기 기술한 4개의 장르가 현재 주류를 이루고 있다. 전략시뮬레이션 게임의 대표 게임은 스타크래프트로 볼 수 있으며, 멀티플레이어 온라인 배틀 아레나의 대표 게임은 리그 오브 레전드와 도타 2이다. 슈팅 게임의 대표 게임은 카운터 스크라이크 2, 발로란트, 레인보우식스 시즈, 오버워치가 있으며, 배틀로얄 방식의 게임은 배틀그라운드, 포트나이트, 에이펙스레전드가 있다.

〈표 7-4〉 장르별 주요 e스포츠 게임

장 르	게임명	플랫폼	출시연도	개발사(유통사)
RTS	스타크래프트	PC	1998	블리자드엔터테인먼트
	워크래프트 3	PC	2002	블리자드엔터테인먼트
MOBA	리그 오브 레전드	PC	2009	라이엇게임즈
	도타 2	PC	2013	밸브코퍼레이션
	Honor of Kings	모바일	2015	텐센트/티미 스튜디오
FPS	카운터 스트라이크	PC/콘솔	2000	밸브코퍼레이션
	발로란트	PC/콘솔/모바일	2020	라이엇게임즈
	레인보우식스 시즈	PC/콘솔	2015	유비소프트
	오버워치	PC/콘솔	2016	블리자드엔터테인먼트
	콜오브듀티 시리즈	PC/콘솔	2003	액티비전
	서든어택	PC	2005	넥슨
	크로스파이어	PC	2007	스마일게이트
배틀로얄	배틀그라운드	PC/콘솔/모바일	2017	크래프톤
	포트나이트	PC/콘솔/모바일	2017	에픽게임즈
	Free Fire	모바일	2017	가레나
	이터널 리턴	PC	2020	님블뉴런
	에이펙스레전드	PC/콘솔	2019	EA

격투	철권시리즈	PC/콘솔	1994	남코반다이
	스트리트 파이터 시리즈	PC/콘솔	1987	캡콤
	스매시브라더스 시리즈	콘솔	1999	닌텐도
스포츠	FC Online	PC/콘솔	2018	EA/넥슨
	NBA 2K	PC/콘솔	1999	Take 2
	로켓리그	PC/콘솔	2015	에픽게임즈/Psyonix
	메든 NFL	PC/콘솔	2007	EA
	PES	PC/콘솔/모바일	1995	코나미
레이싱	포르자 모터스포츠	PC/콘솔	2005	Turn 10 스튜디오
	카트라이더	PC/모바일	2004	넥슨
CCG	서머너즈워 : 천공의 아레나	모바일	2014	컴투스
	하스스톤	PC/모바일	2014	블리자드엔터테인먼트

e스포츠 프로팀은 전 세계 수백 개의 팀이 경쟁하고 있으며, 각 팀별로 수익 경쟁 구도가 치열하다. e스포츠 프로팀은 초창기 대기업의 마케팅 툴로서 활용되어 수익 구조 창출에 대한 부담이 적었으며, 경쟁 또한 모기업의 기업 마케팅(Corporation Marketing)이나 제품 마케팅(Product Marketing)으로서 경쟁하였다. 그러나 e스포츠 시장이 점점 성장하고 대기업들이 프로팀을 매각하면서 프로팀의 수익 구조 창출이 중요한 요소가 되었으며, 이에 따른 스폰서 유치 및 광고, 구단 MD 상품, 미디어 권리와 콘텐츠 제작, 대회 상금 등 다양한 수익 구조 창출을 가져왔다.

국내 최고의 프로팀인 T1은 Nike, 벤츠와 브랜드 파트너십을 체결하였으며, 공식 온라인 스토어와 Tmall에서 굿즈와 팀 유니폼을 판매하고 있다. 또한 강남에 위치한 T1 트레이닝 센터와 같은 오프라인 공간에서 팬들과 팀이 직접 교류할 수 있는 마케팅 활동을 이어가고 있다. T1의 라이벌이라고 할 수 있는 젠지는 LG전자 및 시디즈와 파트너십을 체결하였으며, 글로벌 스포츠 마케팅 회사인 SPORTFIVE와 전략적 제휴를 맺어 상업적인 파트너십을 강화하고 글로벌 시장에서 영향력을 확대해 가고 있다. 또한 젠지는 젠지 글로벌 아카데미를 통해 차세대 e스포츠 인재를 육성하는 교육 프로그램을 운영하고 있으며, 미국, 한국, 중국 등 주요 e스포츠 시장에서 팬층을 넓혀가고 있다. 현재 e스포츠 프로팀 중 가장 가치를 높게 평가받고 있는 Team Solo Mid(TSM)은 미국 제너럴 모터스 및 Jersey Mike's와 파트너십을 맺었으며, 레드불과 브랜드 협업을 통하여 다양한 콘텐츠를 제작하고 있다. 이를 통하여 TSM은 브랜드 이미지를 강화하고 e스포츠 커뮤니티와 깊은 유대감을 형성하고 있다. 2022년 포브스에서 발표한 10개의 가장 가치 있는 e스포츠 프로팀에는 국내에서는 T1와 젠지가 포함되어 있으며, 미국 6개 팀, 유럽 2개 팀이 선정되었다.

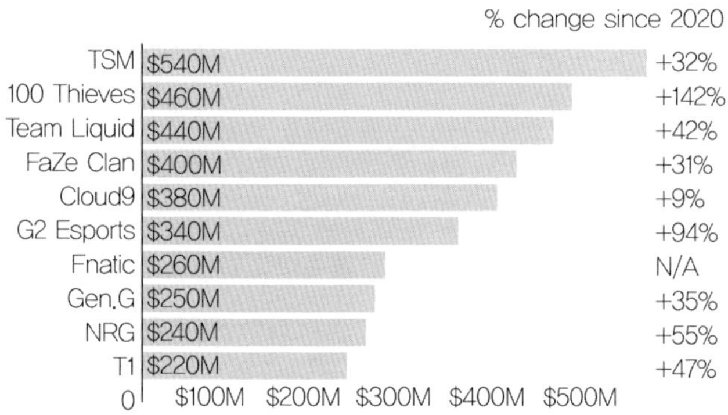

| 그림 7-7 | Top 10 Most Valuable Esports Companies

출처 : Forbes(2022).

e스포츠 시장 경쟁에서 또 다른 요소는 플랫폼이다. e스포츠 플랫폼은 최초 PC가 주류였으며, 콘솔이 그 다음을 따랐다. 2000년 후반부터 급속하게 발전한 모바일 플랫폼으로 인하여 현재 플랫폼 경쟁에서는 PC, 콘솔, 모바일의 3자 구도가 형성되어 있다. PC 플랫폼은 과거 많은 대기업 및 중소 제조사들이 경쟁하였으나, 치열한 PC 시장의 경쟁 구도와 중국의 등장으로 인한 가격 경쟁력으로 인하여 글로벌 대기업 제조사 5개와 다수의 컨셉 PC 제조사들로 재편되었다. e스포츠 시장은 PC 시장의 성능 개선 경쟁을 향상시키는 데 일조하였다. e스포츠 시장 초기 FPS 게임들의 요구 사항들이 비디오 해상도를 높이

는 것이었기 때문에 PC 제조사들은 그 요구 사항에 따라 CPU, RAM 및 비디오카드의 성능을 높이는 데 심혈을 기울였다. 또한 2010년 스타크래프트 2의 출시로 인하여 e스포츠 시장에는 고사양 PC의 요구가 높아지기도 했다. 이후 PC 업계는 게이밍 PC라는 용어를 통하여 고사양 경쟁을 하였으며, 모바일 플랫폼 발전으로 인해 수요가 적어지는 PC 시장에 새로운 활력을 넣어주기도 했다. 또한 2017년 배틀그라운드의 출시로 인하여 PC 사양이 더욱 높아지는 계기가 되었으며, 모니터 주사율 또한 배틀그라운드 e스포츠 경기에서 중요한 사항이었기 때문에 고성능 모니터 시장에도 영향을 주었다.

그러나 e스포츠 시장에서 PC 사양의 발전이 PC e스포츠 게임의 인기를 저하시키는 데 영향을 주기도 했다. 한 가지 예로 배틀그라운드 PC 대회의 경우, 최적 PC 사양의 구매 가격이 300만 원 선이기 때문에 PC 임대 회사들이 80대를 구매하는 데 2억 원이 넘는 비용이 소요된다. 이에 대회 PC 임대 비용이 높아졌으며, 개발사인 크래프톤 또는 지방자치단체의 e스포츠 대회 지원이 없이는 자발적으로 e스포츠 대회를 개최하기가 어려웠다. 이는 배틀그라운드 PC e스포츠 대회 수가 적어지고, 경쟁 e스포츠 게임들의 등장으로 국내 인기가 점점 낮아지는 결과로 이어졌다.

〈표 7-5〉 2021~2022년 글로벌 PC 출하량 및 시장 점유율

업체명	2021		2022	
	출하량(만 대)	시장 점유율(%)	출하량(만 대)	시장 점유율(%)
레노버	8,214	24.1	7,264	24.4
HP	7,407	21.7	6,768	22.7
델	5,930	17.4	5,027	16.9
애플	2,895	8.5	2,257	7.6
에이서	2,438	7.1	2,002	6.7
기타	7,219	21.2	6,443	21.6
총계	**34,103**	**100.0**	**29,761**	**100.0**

출처 : 카날리스.

e스포츠 시장에서 콘솔 시장은 미주, 유럽 및 일본에서 성장하여 스포츠 장르 및 격투 장르의 e스포츠로 시작하게 되었다. 특히 일본 소니의 플레이스테이션, 미국 마이크로소프트의 Xbox를 양대 축으로 하여 후발주자인 닌텐도가 e스포츠에 합류하였다. 초창기 콘솔 시장은 인터넷 연결 없이 CD나 DVD를 통해 게임을 설치하는 방식이었기 때문에 PC 기반의 e스포츠보다 확산 속도가 느렸다. 2013년 Xbox ONE이 인터넷을 지원하기 시작하면서 PC 기반의 e스포츠와 같은 상황에 놓였으나, PC는 1가구 1PC 수준으로 필수적으로 보유하는 인식이 있는 반면, 콘솔 기기는 게임을 하기 위하여 추가적으로 구매하는 상황이었기 때문에 경제적 여유와 함께 시간적 여유가 필요했기에 여전히 e스포츠에서는 보급 속도가 느렸다. 2022년 콘솔 시장 점유율은 소니의 플레이스테이션이 매출 규모 244억 달러로 전체 시장의 46%를 차지하고 있으며, 마이크로소프트 Xbox는 156억 달러로 29%, 닌텐도는 126억 달러로 27%의 점유율을 보유하고 있다.

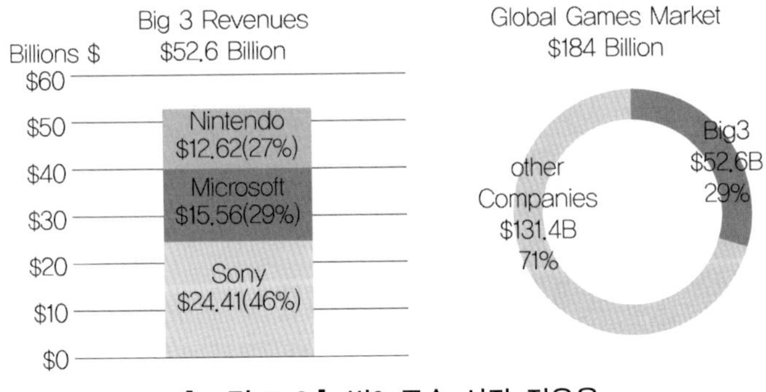

▌그림 7-8▐ 빅3 콘솔 시장 점유율

출처 : Newzoo Global Game Market Report 2022.

e스포츠의 모바일 플랫폼은 모바일 기기 제조사들이 경쟁하고 있는 분야이다. 삼성전자는 2008년부터 WCG 삼성 모바일 챌린지라는 타이틀로 모바일 e스포츠에 뛰어들었다.

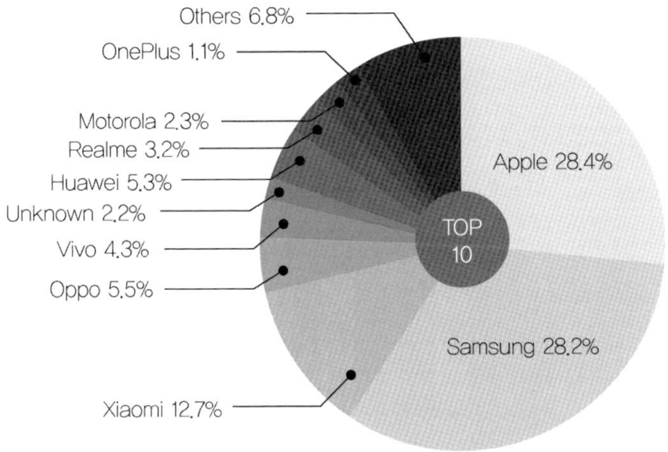

❙그림 7-9❙ T10 Mobile Phone Brand in Past 12 Months

출처 : Statcounter Global Stats 2023.

WCG는 World Cyber Game의 약자로 삼성전자가 2000년에 설립한 e스포츠 자회사이다. 삼성전자는 WCG를 통하여 자사의 모바일폰인 갤럭시 시리즈를 e스포츠 대회를 통하여 홍보하였으며, WCG 스타크래프트 우승 상금보다 더 많은 4만 달러의 우승자 상금을 제공하였다.

최근 개최된 항저우 아시안게임에서도 중국 모바일 기기 제조사인 Vivo의 하위 브랜드인 iQOO가 주요 스폰서로 참여했으며, 아시안게임 모바일 e스포츠 모바일폰 파트너로 참여하였다. 중국의 스마트폰 제조사 Honor는 사우디아라비아에서 펼쳐지는 2024년 e스포츠 월드컵(EWC)에서 공식 모바일폰 파트너로 참여하여 e스포츠 모바일 플랫폼 시장에 참여하였다. 이 외에도 Xiomi, Huawei 등 글로벌 모바일폰 제조사들이 모바일 e스포츠에 직간접적으로 참여하여 e스포츠 모바일 플랫폼에서 경쟁 중이나, 2023년 글로벌 1위의 모바일폰 시장 점유율을 보유한 애플은 지금까지 e스포츠 모바일 플랫폼 경쟁에 참여하고 있지 않다. 마찬가지로 삼성전자 또한 초기 배틀그라운드 모바일대회에 후원을 했으나, 이후 모바일 e스포츠 대회에는 참여하고 있지 않은 것으로 보인다.

| 그림 7-10 | WCG 2009 삼성 모바일 챌린지 대회 사진

출처 : 보드나라(2009. 11. 5).

게이밍 PC와 함께 게이밍 모니터 시장 또한 글로벌 IT 업체 간에 경쟁이 치열하다. e스포츠 시장에서 게이밍 모니터는 순발력이 중요한 승부 요소인 종목일수록 그 역할이 중요하다. 한 예로 배틀그라운드의 출시는 게이밍 모니터의 발전에 불을 당겼다. 배틀그라운드의 경우 '높은 PC스펙을 모니터가 얼마만큼 잘 구현해 줄 수 있는가?'가 관건이다. 대부분의 FPS게임이 순발력을 요구하는 종목들이 많기 때문에 FPS게임에서 게이밍 모니터의 성능은 중요한 부분 중 하나이다. 일반적으로 사무용 PC는 주사율 60Hz의 모니터를 사용해도 사무에 큰 영향이 없다. 주사율이란 1초 동안 얼마나 많은 장면을 표시할 수 있는 가치를 말한다. 60Hz의 경우, 1초에 60장면을 보여줄 수 있다는 의미이다. 게이밍 모니터의 주사율 기준은 최소 120Hz 이상이다. 일반적으로 120Hz만 되어도 대부분의 게임을 하는 문제가 없다고 판단되기 때문이다. 그러나 게이밍 모니터 경쟁사들은 주사율을 높이는 경쟁을 하고 있다. 이는 높은 주사율을 통해 e스포츠 소비자들에게 고성능 모니터를 통한 경기력 향상을 이룰 수 있음을 홍보하기 위함이다. 현재 가장 높은 주사율을 가지고 있는 게이밍 모니터는 540Hz를 지원하고 있으며, 배틀그라운드나 FPS 종목의 일반적인 대회 진행용 게이밍 모니터의 주사율은 144~240Hz를 사용하고 있다. 2023년 게이밍 모니터 시장 규모는 약 98억 달러이며, 2033년까지 184억 달러로 약 2배 정도 성장할 것으로 예측하고 있다. 또한 e스포츠 선수들에게 더 나은 경험을 제공하기 위하여 양자점 및 4K 게이밍 모니터 등 새로운 기술을 출시할 것으로 보인다.

〈표 7-6〉 2023~2033년 게이밍 모니터 예상 성장률

연 도	시장 규모(억 달러)	연간 성장률(%)	비 고
2020	82.2	6.0	
2024	105.4	6.7	예측치
2028	136.6	6.5	
2030	154.3	6.2	
2033	184	5.4	

출처 : Future Market Insight.

e스포츠 산업에서 PC, 모니터, 모바일, 콘솔 기기 이외에도 키보드, 마우스, 헤드셋은 선수의 경기력에 영향을 주는 주요 기기이다. 키보드는 e스포츠 PC 종목에서 마우스와 함께 호불호가 많이 갈리는 기기이다. 먼저 키보드를 살펴보면, 키배열에 따른 키보드로 일명 텐키리스라고 불리는 67~87키 키보드는 숫자키를 제거하여 휴대성 및 기능성을 강조한다. 이보다 더 작은 66키 이하의 키보드도 있으며, 88~103키, 104~107키, 108키 이상을 가진 키보드도 있다. 특히 텐키리스의 점유율은 지속적으로 늘어가고 있으며, e스포츠 선수들이 많이 이용한다. 이 외 키보드의 접점 유형별 구분을 보면 기계식, 멤브레인, 펜타그래프, 정전용량 무접점, 청축 무접점으로 나뉜다. 기계식은 접점부를 물리적으로 눌러주는 방식으로 깔끔한 키감을 제공한다. 멤브레인은 키보드 아래에 기판을 두고 키를 눌렀을 때 기판과 접촉을 통해 인식하는 방법이다. 펜타그래프는 멤브레인 방식과 비슷하지만, 키를 누르는 축이 X자로 생긴 점이 다르다. 정전용량 무접점 키보드는 스프링에 가해지는 압력을 측정하여 특정 압력 이상이 되었을 때 센서를 통해 인식되는 방식이다. 마지막으로 청축 무접점은 기판에 지속적으로 적외선이 지나가고 이 적외선을 슬라이

더로 가로막았을 때 신호가 입력되는 방식이다. e스포츠 선수 및 게임용으로는 물리적인 방식인 기계식이 많이 사용되고 있으며, 기계식의 점유율은 68.3%나 된다.

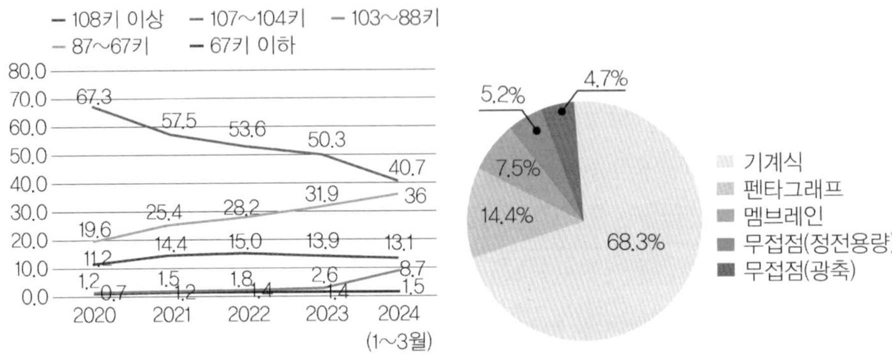

▌그림 7-11▐ 키보드 배열별/텐키리스 키보드 접점 유형별 점유율

출처 : 다나와 리서치.

마우스는 게이머에게 있어서 콘트롤에 가장 중요한 기기 중 하나이다. 특히 게이밍 마우스에서는 IPS(Inch Per Second)가 가장 중요한 스펙으로, 흔히 추적률이라 불린다. IPS는 초당 마우스가 움직인 거리를 얼마나 인식할 수 있는지를 나타내며, 100IPS라고 적혀있다면, 1초에 100인치 움직임을 인식한다는 의미이다. 로지텍의 조사 결과 최대 IPS는 196.85IPS로 200IPS면 무한대로 움직임 추적이 가능하다고 여긴다. DPI(Dot Per Inch)는 마우스를 1인치 움직였을 때 커서가 화면상에서 몇 픽셀을 움직이느냐에 대한 수치이다. 이는 민감도라고도 표현하며, 이 민감도는 프로선수들 사이에서는 천차만별이다. 국내 최고의 리그 오브 레전드 프로선수로 일컬어지는 Faker 이상혁은 1,800DPI로 설정하고 사용하는 것으로 알려져 있으며, 같은 종목 Fenix 김재훈 선수는 3,600 DIP로 설정하여 사용하는 것으로 알려져 있다. 그러나 종목 및 선수들에 따라 민감도가 제각각이며, 500~5,000DPI까지 설정해서 사용한다. 국내 게이밍 마우스의 제조사별 점유율은 로지텍이 2022년 판매량 기준으로 73%로 과점하고 있으며, 그 뒤를 RAZER가 따르고 있다. Roccat, ASUS, Maxtill

은 신제품 출시에 따라 점유율 변동이 있으며, 2020년 10위를 기록했던 ASUS도 매년 성장하고 있다.

브랜드명	2020		2021		2022
logitech	1위 65%	▲7%	1위 72%	▲1%	1위 73%
RAZER	2위 15%	▲1%	2위 16%	▲5%	2위 21%
ROCCAT	4위 8%	▼4%	4위 4%	▼1.8%	3위 2.2%
ASUS	10위 1%	▲0.8%	7위 1.8%	▲0.3%	4위 2.1%
MAXTILL	3위 9%	▼4%	3위 5%	▼3%	5위 2%

❙그림 7-12❙ 브랜드별 게이밍 마우스 점유율 변화

출처 : 다나와 리서치.

게이밍 헤드셋 시장은 온라인 게임의 인기와 함께 성장하고 있는 시장이다. 연결성에 따라 유선과 무선으로 구분되고, 사용 목적에 따라 상업용과 개인용으로 분류하기도 한다. 최첨단 기술과 몰입형 경험의 결합은 e스포츠 선수 및 업계 전문가를 위한 게임 환경을 변화시키고 있다. 게임과 게이머를 대상으로 고급 헤드셋, 휴대전화, 컴퓨터 및 게임 콘솔의 가용성이 빠르게 증가했다. 특히 e스포츠 대회에 사용하기 위하여 외부 소음을 차단하는 특수 소음 제거 헤드셋을 개발하고 출시 중이다. 헤드셋도 유형별로 인이어 방식(귀에 삽입하는 형태)와 오버이어 방식(귀를 덮는 형태)이 있다.

2023년 글로벌 게이밍 헤드셋의 시장규모는 21억 9천만 달러이며, 2029년까지 41억 4천만 달러로 약 1.9배 성장할 것으로 예상되며, 2023년 글로벌 게이밍 헤드폰 시장은 3억 4천만 달러이며, 2029년까지 5억 3천만 달러로 약 1.6배 성장할 것으로 예상된다.

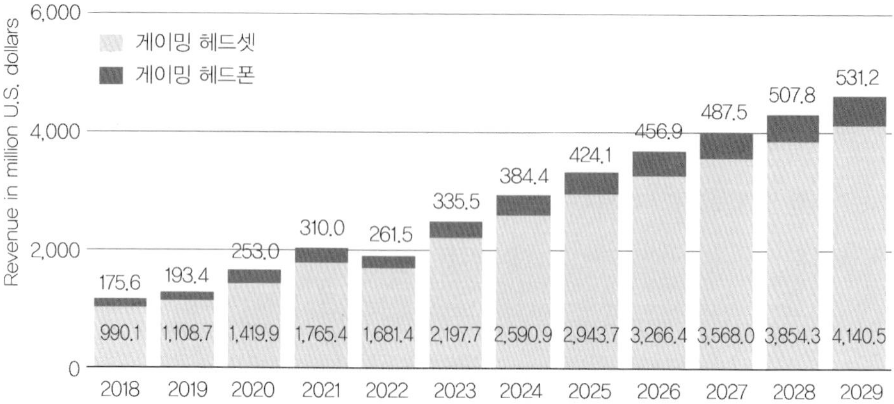

| 그림 7-13 | 게이밍 헤드셋 및 헤드셋 글로벌 시장 규모

출처 : Statista.

e스포츠 시장 소비자들의 주요 연령층은 10대에서 30대로 2000년 초반에 비해 연령층이 넓어지고 평균 연령도 높아졌다. 초창기 명품 브랜드나 자동차 브랜드들은 PC나 게이밍 기어처럼 주요 소비자와 직접적인 연관이 없고, 구매력이 떨어지는 e스포츠 소비자에게 관심이 없었다. 이에 초창기에는 삼성전자, LG전자, 에일리언웨어, RAZER 같은 직접적인 연관이 있는 기업들이 e스포츠 시장에서 경쟁을 하였다. 그러나 최근 e스포츠의 영향력을 실감한 명품 기업 및 자동차 브랜드 등 e스포츠와 직접적인 영향이 없는 기업들이 e스포츠 시장에서 경쟁을 하고 있다.

| 그림 7-14 | 페이커 헌정 모델 벤츠 AMG SL 63 4Matic+

출처 : 오토헤럴드.

우선, 자동차 브랜드에서는 2023년부터 리그 오브 레전드 월드챔피언십의 메인 스폰서로 정통의 명차 브랜드인 벤츠가 후원을 하고 있다. 이 외에 BMW는 리그 오브 레전드 유명 프로팀인 T1, Cloud 9, Fnatic 같은 팀들과 "United in Rivalry" 캠페인을 통해 다수의 국제대회에서 활발히 후원 중이다. 포르쉐는 "Overwatch Championship Series Major(OWCS)"의 공식 자동차 파트너가 되어 대회 MVP에게 특별한 포르쉐 시계를 수여하며 이벤트를 지원했다. 또한 DreamHack Dallas에서 전기차 모델을 선보이는 등 현장 마케팅 활동을 하였다. KIA 자동차는 리그 오브 레전드 유럽 프로리그인 LEC와 로켓리그 챔피언십 시리즈 메이저를 후원하며 밀접하게 협력해 왔다. 또한 국내 유명 e스포츠 프로팀인 디플러스에 후원하여 디플러스 기아로 네이밍 스폰서를 하고 있다. 일본 자동차 브랜드 혼다는 리그 오브 레전드 북미 프로리그인 LCS에 공식 파트너로 참여했고, Team Liquid와 협력하여 브랜드 인지도를 높여왔으며, LCS Scouting Grounds 대회도 후원하여 선수 발굴 및 육성에 기여하고 있다.

| 그림 7-15 | BMW "United in Rivalry"

출처 : BMW 보도자료.

명품 브랜드들도 e스포츠 시장에 합류하고 있다. 명품의 대명사인 루이비통은 2019년부터 리그 오브 레전드 월드 챔피언십과 파트너십을 맺고, 특별한 인게임 스킨과 트로피 케이스를 디자인하였다. 주얼리 명품 브랜드인 티파니

앤코도 2020년부터 리그 오브 레전드 월드챔피언십 트로피인 소환사 컵을 제작했다. 소환사 컵은 리그 오브 레전드 월드챔피언십 우승컵으로 정교한 디자인과 고급 소재를 사용해 277시간에 걸쳐 제작되었으며, 명품 브랜드와 e스포츠의 성공적인 협력 사례로 꼽힌다. 랄프로렌은 2021년 G2 e스포츠 팀과 협력하여 팀의 공식 패션 파트너로 활동하며 글로벌 캠페인과 이벤트를 함께 진행하였다. 이 파트너십은 명품 브랜드가 e스포츠 문화를 받아들이며 새로운 마케팅 채널을 탐색한 대표적인 사례이다. 이탈리아 명품 브랜드 구찌는 유럽 e스포츠 팀인 프나틱과 협력하여 한정판 "구찌 다이브" 시계를 출시했다.

▍그림 7-16▍ 루이비통 리그 오브 레전드로 e스포츠 시장에 진출

출처 : Fashion Networks.

금융업계 또한 젊은 e스포츠 소비자를 잡기 위해 e스포츠 시장에 진출해 왔다. 초창기 국내 스타크래프트 리그에 국민은행이 타이틀 스폰서로 참여한 것을 시작으로 하나은행은 프로게임팀인 T1과 파트너십을 체결하였고, 우리은행은 리그 오브 레전드 한국 프로리그인 LCK에 타이틀 스폰서로 후원해 왔다. 마스터카드는 2018년부터 리그 오브 레전드 월드 챔피언십에 글로벌 스폰서로 참여하고 있으며, 대회에 인게임 광고를 진행하고 있다. e스포츠 특성상 방송에서 많이 노출되는 것은 유니폼이나, 방송 스팟이 아닌 게임 내 화면이라는 것을 파악하고 이를 적절히 이용하기 위하여 인게임 브랜딩을 선택한 것이며, 이는 e스포츠 특성을 잘 파악한 홍보 활동으로 보인다.

▎그림 7-17 ▎ 마스터카드 리그 오브 레전드 인게임 브랜딩

출처 : The Loadout.

에너지 드링크 시장도 e스포츠 시장에 많은 관심을 보이고 있다. 글로벌 에너지 드링크 선두 업체인 레드불은 e스포츠 시장에서 다양한 활동을 진행 중이다. 레드불은 T1과 파트너십을 맺고 팀의 다양한 종목 선수들과 콘텐츠 협업을 진행 중이다. 또한 리그 오브 레전드 국내 프로 리그인 LCK에서 바론 파워 플레이라는 가상 광고를 후원하고 있다. 이는 앞서 이야기한 e스포츠 인게임 브랜딩과 비슷하게 e스포츠 콘텐츠가 유니폼과 방송 스팟보다는 인게임에서 노출되는 것이 더 효과적이라고 판단하기 때문이다. 에너지 드링크 시장의 두 번째 수자인 몬스터 에너지는 북미 프로팀인 Evil Geniuses, Team Liquid와 파트너십을 유지하고 있으며, ESL Pro Tour와 같은 주요 e스포츠 대회를 후원하며, 카운터 스트라이크, 도타 2 리그에도 파트너십을 진행하였다. 국내에는 롯데칠성 에너지 드링크 브랜드인 핫식스가 배틀그라운드 코리아 리그에 메인 스폰서로 참여하였으며, 배틀그라운드와 연계된 다양한 마케팅 캠페인을 진행하였고, 국내 프로게임팀을 보유한 광동제약은 보유팀의 선수들을 활용하여 새롭게 출시한 에너지 드링크 브랜드인 광동 온 더 게임을 광고 홍보하였다. 이 외에 Rockstar, G Fuel, Tornado Energy 등 다양한 에너지 드링크 브랜드가 e스포츠 시장에서 경쟁하고 있으며, 점차 세력을 넓혀가고 있다.

┃그림 7-18┃ 바론 파워플레이

출처 : Twich.

2. 경쟁환경에서 소비자 행동

1) e스포츠 소비자 구매결정 과정

e스포츠 소비자 구매결정 과정은 현재까지 연구된 자료들이 많지 않기 때문에, 스포츠 소비자 구매결정 과정을 통해 e스포츠 소비자 구매 결정에 대한 과정을 바라보아야 할 것으로 보인다. 스포츠 소비자행동론의 블랙박스 이론에서는, 투입(input)과 산출(output)은 명확하나, 그 배경이 되는 과정 또는 구조(underlying process or structure)가 불분명하다고 주장한다. 이는 스포츠 소비자의 구매동기와 의사결정은 명확하나, 그 의사결정 과정은 불분명하다고 보는 것이다. 일반적인 구매 의사결정 과정에 있어서 스포츠 소비자는 욕구인식, 정보탐색, 대안평가, 구매결정, 구매 후 평가의 5단계를 거친다. 이러한 의사결정 과정에서 사회적 요인, 개인적 요인, 상황적 요인, 심리적 요인 및 마케팅 믹스가 영향을 미치고 있는데, 사회적 요인으로는 문화, 사회계층, 준거집단, 가족에 따른 영향을 받으며, 개인적인 요인에서는 성별, 연령, 라이프스타일, 가족 생활 주기에 따라 영향을 받는다. 상황적 요인에서는 소비자 무드, 쇼핑 환경, 시간이 영향을 미치며, 심리적 요인에서는 지각, 동기, 학습, 신념,

태도, 개성, 자기 개념이 영향을 준다. 마지막으로 마케팅 믹스에서 4P로 알려진 제품(Product), 가격(Price), 유통(Place), 촉진(Promotion)이 소비자 구매행동에 영향을 미친다.

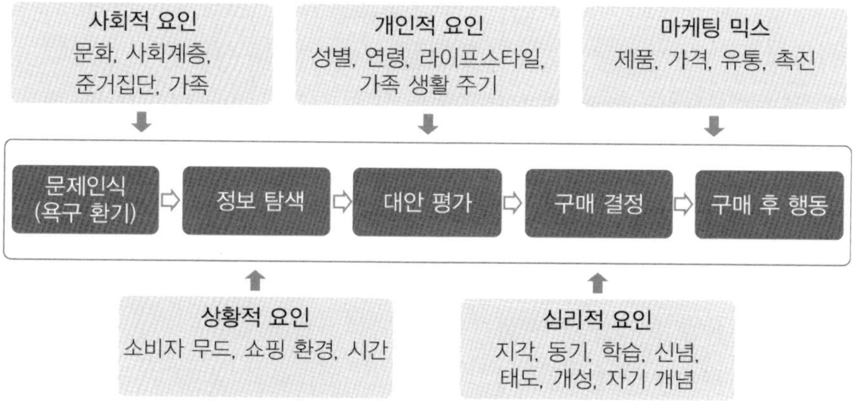

| 그림 7-19 | 스포츠 소비자의 구매 행동 모델

출처 : 박종오 · 권오영 · 전해수(2012). 마케팅.

욕구인식은 소비자가 특성 내상 또는 제품에 대해 인시하는 것으로 소비자 구매 결정과정의 첫 단계이다. e스포츠에서는 게임관람을 통한 즐거움에 대한 욕구, 비슷한 연령층과 공통 관심사를 공유하려 하는 커뮤니티 소속감에 대한 욕구, 게임 실력 향상에 대한 욕구, e스포츠 산업 동향이나 게임 전략 및 베타에 대한 지식 욕구, 최신 장비나 기어에 대한 구매 욕구, e스포츠 관련 상품 구매를 통한 수집 욕구, 가상 세계 몰입 경험을 통한 도피 욕구, e스포츠 관련 콘텐츠 제작이나 커스터마이징을 통한 창의적 욕구 등을 말할 수 있다. 이는 다음과 같은 9가지 욕구로 정리할 수 있다.

〈표 7-7〉 e스포츠 소비자의 욕구인식

욕 구	내 용
엔터테인먼트 욕구	• e스포츠 경기 관람을 통한 즐거움을 추구 • 여가시간을 보내기 위한 새로운 형태의 오락 필요성 인식
사회적 욕구	• 커뮤니티 소속감에 대한 욕구 • 동년배 집단과의 공통 관심사 공유의 필요성
성취 욕구	• 게임 실력 향상에 대한 욕구 • 프로선수들의 플레이를 통한 간접 경험 욕구
정보 욕구	• 최신 e스포츠 게임의 전략이나 메타 정보에 대한 탐구 욕구 • e스포츠 산업 동향에 대한 지식 갈망
자아실현 욕구	• 자신의 게임 실력을 인정받고 싶어 하는 욕구 • e스포츠 관련 직업이나 진로에 대한 관심
기술적 욕구	• 최신 게임 장비나 기어에 대한 욕구 • 더 나은 게임 경험을 위한 하드웨어 구매 욕구
경제적 욕구	• e스포츠 관련 상품 구매들 통한 수집 욕구 • e스포츠 베팅이나 판타지 리그 참여를 통한 수익창출 욕구
도피 욕구	• 가상 세계에서 몰입 경험 추구 • 현실의 스트레스나 문제로부터의 일시적 탈출 욕구
창의적 욕구	• e스포츠 영상 콘텐츠 제작 욕구 • 게임 내 캐릭터나 아이템 커스터마이징 욕구

e소비자는 e스포츠 용품 구입이라는 욕구인지 단계를 거치면 해당 e스포츠 용품의 특성에 관한 정보를 수집하는 정보탐색(information search) 과정을 거친다. e스포츠 팬들은 YouTube, Twitch나 Discord 같은 온라인 커뮤니티와 스트리밍 플랫폼에서 활발히 소통하며, 정보와 의견을 나눈다. 특히 스트리머와 선수들이 직접 경험을 공유하기 때문에 신뢰할 만한 정보로 활용된다. 또한 커뮤니티에서는 게임이나 상품에 대한 구전 마케팅이 진행된다. 소비자들은 자신의 경험을 바탕으로 리뷰를 작성하거나 타인에게 추천하는 경우가 많으며, 이는 구매 의사결정에 큰 영향을 미친다.

〈표 7-8〉 소비자의 정보탐색 요인

요 인	내 용
개인적 요인	소비자의 지식 수준, 경험, 성격 및 학습 능력
사회적 요인	가족, 친구, 커뮤니티 같은 사회적 관계
심리적 요인	태도, 동기, 인지적 편향 및 감정
경제적 요인	가격 및 비용, 시간 제약 등
기술적 요인	인터넷 및 모바일 기술의 발전이 정보 탐색 방법을 변화시키고 접근성과 편리성을 높임

일반적으로 소비자 행동론에서는 정보 탐색의 영향요인을 개인적 요인, 사회적 요인, 심리적 요인, 경제적 요인, 기술적 요인으로 분류한다. e스포츠에 있어서 개인적 요인은 소비자가 이전에 특정 e스포츠 제품에 추가 정보 탐색을 줄일 가능성이 높다는 것이다. 사회적 요인은 친구가 특정 게임이나 브랜드를 추천할 경우 이에 대한 추가 정보를 찾을 가능성이 높다. 심리적 요인에서는 소비자가 할인 제품에 대해 긍정적인 감정을 느끼면 해당 제품에 대한 정보를 많이 찾을 가능성이 높다. 경제적 요인은 가격이 비싸거나 구매에 큰 비용이 들 경우 소비자는 더 많은 정보 탐색을 수행한다. 기술적 요인은 소비자가 YouTube, Twitch 등 플랫폼을 통해 더 쉽게 제품 리뷰를 확인하게 된다는 것이다.

소비자가 구매 결정을 내리기 전에 소비자가 여러 선택지를 비교하고 평가하는 과정을 대안 평가(alternative evaluation)라고 한다. 대안 평가와 관련한 주요 모형은 다속성 태도 모형, 보완적 모델과 비보완적 모델, 결합 모형과 분리 모형, 의사결정 트리 모형이 있다.

- **다속성 태도 모형**(Multi-Attribute Attitude Model)

  Fishbein 모델로도 알려진 이 모형은 소비자가 여러 대안을 평가할 때 속성(attribute)에 따라 가치를 부여한다고 가정한다. 각 대안에 대해 소비자는 여러 속성, 예를 들어 가격, 품질, 디자인 등에 점수를 매기고 이를 종합해 최종 결정을 내린다. 공식은 다음과 같다.

$$A_o = \sum(b_i \cdot e_i)$$

A_o : 특정 제품에 대한 소비자의 태도
b_i : 해당 속성에 대한 신념
e_i : 해당 속성의 중요도

예를 들어, 모바일폰을 구매한다고 가정할 때 가격을 30%, 배터리 수명을 40%, 디자인을 30% 비율로 평가하고, 각 제품의 점수를 합산해 최종 구매를 결정한다.

- **보완적 모델과 비보완적 모델**(Compensatory and Non-Compensatory Models)

  보완적 모델은 하나의 속성이 부족하더라도 다른 속성이 이를 보완할 수 있다고 가정하는 것이다. 예를 들어, 가격이 비싸더라도 품질이 좋다면 구매를 결정할 수 있다. 비보완적 모델은 특정 기준을 충족하지 못하면 그 대안을 배제하는 것이다. 예를 들어, 가격이 예산을 초과하면 다른 속성이 좋아도 구매하지 않는다.

- **결합 모형**(Conjunction Model)**과 분리 모형**(Disjunction Model)

  결합 모형은 모든 속성이 최소 기준을 충족하는 것으로 그렇지 않으면 해당 대안을 배제하는 모형이다. 예를 들어, 모니터를 구매할 때, 모니터의 가격과 주사율의 최소 기준이 40만 원과 144Hz라고 할 때, 이 최소 기준에 미달하는 제품은 구매하지 않는다. 분리 모형은 하나 이상의 중요한 속성이 기준을 충족하면 선택한다. 예를 들어, 모바일폰 카메라 화소가 1억 화소 이상이면 구매한다.

- **의사결정 트리 모형**(Decision Tree Model)

  소비자는 단계별로 선택을 좁혀가며 결정을 내리는 것이다. 이 과정에서 각 단계는 속성에 따라 정해지며, 각 단계에서 선택이 배제되면 그 대인은 최종 결정을 위해 고려되지 않는다. 예를 들어, 먼저 가격 범위 설정 후, 해당 가격대 내에서 브랜드와 품질을 기준으로 평가하는 것이다.

대안 평가에 따라 소비자는 해당 제품을 구매할 것인가 말 것인가의 의사 결정을 위한 구매 결정 단계에 들어간다. 구매행위 단계는 구매 의사의 결정, 구매 방식의 결정 및 구매 실행의 3단계를 가진다. 구매 의사 결정 단계에서는 가격, 브랜드 인지도, 품질, 프로모션 등이 결정에 영향을 미치는 요소들이다. 구매 방식의 결정에서는 온라인 또는 오프라인 구매에 대한 결정을 하게 되며 편리성, 경험 및 시간이 영향을 미치는 요소들이다. 마지막으로 구매 실행 단계에서는 결제 수단이 선택되고, 재고 상태와 배송 옵션, 환불 정책 등이 결제 시점에서 영향을 미친다.

구매 후 평가(Post-Purchase Evaluation)는 소비자가 제품이나 서비스를 사용한 후 만족 여부를 판단하는 과정이다. 이는 중요한 단계로, 소비자의 재구매 의도와 브랜드 충성도에 큰 영향을 미친다. 이 단계에서 소비자는 자신의 기대와 실제 경험을 비교하여 만족(satisfaction) 또는 불만족(dissatisfaction)을 느끼게 된다. 만족하면 긍정적인 구전(word of mouth)과 재구매로 이어질 가능성이 높지만, 불만족할 경우 환불 요청이나 부정적 구전으로 이어질 수 있다. 특히 불만족할 때 소비자는 Leon Festinger의 인지 부조화 이론에 따라 선택에 대한 심리적 불편감을 경험한다. 인지 부조화를 해소하기 위해 자신이 구매한 제품의 가치를 정당화하거나, 긍정적인 정보를 추가로 찾으려 한다. 기업은 이러한 부조화를 줄이고 고객 만족을 높이기 위해 환불・교환 정책, 사후 서비스(AS), 고객 피드백 수집 등을 적극 활용해야 한다. 또한 구매 후 설문조사나 고객 맞춤형 메시지를 통해 소비자의 긍정적 인식을 강화할 수 있다. 이 단계에서의 성공적인 관리가 향후 고객 충성도와 장기적인 매출 증대로 이어진다.

2) 소비자 충성도

소비자 충성도(consumer loyalty)는 특정 제품이나 브랜드에 대한 소비자의 지속적인 구매 의도와 긍정적인 태도를 의미한다. 충성도 높은 소비자는 반복 구매를 할 뿐만 아니라, 브랜드를 다른 사람에게 적극적으로 추천하기도 한다. 이는 기업에 매출 증대, 안정적인 수익 구조, 그리고 경쟁 우위 확보라는 긍정적인 결과를 가져다준다. 소비자 충성도는 단순한 반복 구매 이상의 의미를 가지며, 장기적인 고객 관계를 유지하고 기업의 성장에 중요한 역할을 한다. 소비자 충성도는 단순히 브랜드에 대한 선호를 넘어서 심리적 애착과 신뢰로 이어지는 경우가 많다. 브랜드에 대한 감정적 연결을 느끼는 소비자는 경쟁 브랜드의 유혹에도 불구하고 지속적으로 특정 브랜드를 선택할 가능성이 높다. 따라서 소비자 충성도를 높이기 위해서는 제품의 품질뿐만 아니라 고객 경험 전반에 걸쳐 소비자가 긍정적인 감정을 느끼게 해야 한다.

- **행동적 충성도**(Behavioral Loyalty)

  행동적 충성도는 소비자가 특정 브랜드를 반복적으로 구매하는 행동에 초점을 맞춘다. 이는 소비자가 제품을 지속적으로 구매하는 빈도나 횟수로 측정할 수 있다. 그러나 이 유형의 충성도는 제품 대체 가능성이나 외부 요인에 의해 쉽게 변화할 수 있다. 예를 들어, 가격 할인이나 프로모션에 따라 다른 브랜드로 쉽게 옮겨갈 수 있는 소비자라면, 행동적 충성도는 높지만 정서적 연결은 약할 수 있다.

- **태도적 충성도**(Attitudinal Loyalty)

  태도적 충성도는 특정 브랜드에 대한 소비자의 긍정적인 태도와 애착을 의미한다. 이 유형의 충성도는 브랜드에 대한 높은 호감도, 신뢰, 그리고 강한 추천 의지로 나타난다. 태도적 충성도를 가진 소비자는 브랜드에 대한 심리적 유대감을 형성하고, 경쟁 브랜드로 쉽게 옮겨가지 않는다. 이는 브랜드가 소비자에게 차별화된 가치를 제공하고, 소비자의 정서적 필요를 충족시켰을 때 형성된다.

- 인지적 충성도(Cognitive Loyalty)

  인지적 충성도는 소비자가 특정 브랜드에 대한 이성적 평가를 통해 형성되는 충성도이다. 예를 들어, 가격 대비 품질이 우수하거나, 특정 브랜드가 다른 브랜드보다 더 많은 편익을 제공한다고 믿을 때 형성된다. 인지적 충성도는 소비자의 합리적인 선택에 기반하므로, 제품의 품질, 가격, 기능 등 객관적인 요소가 중요한 역할을 한다.

1991년 배크먼과 크롬프턴은 소비자 충성도를 소비자의 구매행동과 구매동기의 심리적 상태를 결합하여 유형화한 모형을 제시했다. 이 모형은 소비자의 행동적 측면과 심리적 동기 모두를 고려하여 충성도를 구분함으로써, 다차원적인 접근을 제공한다. 이 모델은 소비자의 충성도가 심리적 애착과 행동적 반복성에 따라 달라질 수 있음을 강조하며, 다양한 충성도 유형을 통해 소비자와 브랜드 간 관계를 보다 체계적으로 이해할 수 있도록 돕는다. 배크먼과 크롬프턴은 소비자 충성도를 두 가지 축으로 구분했다.

〈표 7-9〉 배크먼 크롬프턴의 소비자 충성도의 두 가지 축

요 인	내 용
구매 행동의 빈도	소비자가 특정 브랜드를 얼마나 자주 반복 구매하는지에 대한 행동적 측면
심리적 애착(동기)	특정 브랜드에 대한 소비자의 감정적 유대감이나 태도적 충성도

이 두 축을 바탕으로 소비자 충성도를 네 가지 유형으로 구분하면 다음과 같다.

충성 고객(loyal customers)은 높은 구매 빈도와 강한 심리적 애착을 가진 소비자이다. 이들은 브랜드에 대해 깊은 감정적 유대감을 형성하고 있으며, 브랜드를 적극 추천하는 등 옹호자(advocates) 역할을 수행한다. 이 유형의 소비자는 브랜드의 핵심 자산으로, 기업이 장기적으로 유지하기 위해 적극적인 관계 마케팅을 펼쳐야 한다.

습관적 구매자(habitual buyers)는 높은 구매 빈도를 보이지만, 심리적 애착이 약한 소비자이다. 이들은 단순히 습관에 의해 반복 구매를 하고 있으며, 브랜드에 대한 특별한 감정적 애착이 없다. 주로 편리성, 가성비, 또는 특정 상황적 요인 때문에 동일 브랜드를 선택하는 경우가 많다. 이들은 경쟁 브랜드의 유혹에 비교적 쉽게 흔들릴 수 있으므로, 심리적 애착을 높이기 위한 고객 맞춤형 서비스와 가치 제안이 필요하다.

변덕스러운 충성 고객(latent loyalists)은 심리적 애착은 강하지만, 구매 빈도가 낮은 소비자이다. 이들은 브랜드를 좋아하고 지지하는 마음이 있지만, 구매의 제약 조건(예 가격, 접근성 등) 때문에 자주 구매하지는 못한다. 기업은 이들이 더 자주 브랜드를 구매할 수 있도록 가격 할인, 구매 접근성 향상 등의 전략을 통해 장벽을 낮추는 것이 필요하다.

무충성 고객(switchers or low loyals)은 구매 빈도와 심리적 애착 모두 낮은 소비자이다. 이들은 특정 브랜드에 대한 충성도 없이 주로 가격, 프로모션 등의 요인에 의해 구매를 결정한다. 이러한 소비자는 브랜드 전환이 빈번하며, 충성도를 높이기 위한 특별한 전략적 접근이 필요하다.

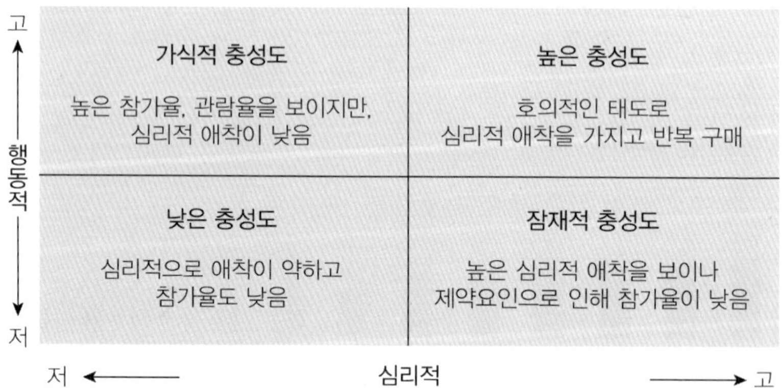

그림 7-20 스포츠 소비자 충성도 모형

출처 : 배크먼 · 크롬프턴(1991).

이 외에도 소비자 충성도는 다양한 이론적 모델을 통해 설명할 수 있다. 그 중 대표적인 이론으로 다중 속성 모델, 지각된 가치 이론 그리고 관계 마케팅 이론이 있다.

- **다중 속성 모델**(Multi-Attribute Model)
  다중 속성 모델은 소비자가 제품이나 브랜드를 평가할 때 여러 가지 속성(attribute)을 고려하며, 각 속성의 중요도와 제품의 속성에 대한 평가가 소비자 충성도를 결정한다고 설명한다. 예를 들어, 스마트폰을 선택할 때 소비자는 성능, 디자인, 가격, 애프터서비스 등 여러 요소를 종합적으로 평가하며, 이러한 요소들이 긍정적으로 작용할 때 높은 충성도가 형성된다.
- **지각된 가치 이론**(Perceived Value Theory)
  지각된 가치는 소비자가 제품이나 서비스에서 얻는 편익(benefits)과 그에 대한 비용(cost)을 비교하여 느끼는 가치를 의미한다. 지각된 가치가 높을수록 소비자는 해당 브랜드에 대해 더 높은 충성도를 가지게 된다. 이 이론에 따르면, 소비자가 제품을 사용할 때 기대 이상의 가치를 느끼게 되면 그 브랜드에 대한 만족과 충성도가 높아지며, 이는 향후 재구매와 긍정적 구전 효과로 이어진다.
- **관계 마케팅 이론**(Relationship Marketing Theory)
  관계 마케팅 이론은 기업이 소비자와의 장기적인 관계를 형성하고 유지하는 것이 소비자 충성도를 높이는 데 핵심적이라는 점을 강조한다. 신뢰(trust)와 몰입(commitment)이 주요 요소로 작용하며, 이러한 정서적 연결이 충성도로 이어진다. 관계 마케팅 전략은 고객 맞춤형 서비스, 개인화된 소통, 지속적인 사후 관리 등을 통해 고객 만족을 높이고, 이를 통해 충성도를 강화한다.

소비자 충성도의 효과는 기업에 다양한 긍정적 효과를 가져다준다. 충성도 높은 고객은 반복 구매를 통해 안정적인 수익을 제공하며, 새로운 고객 유치를 위한 마케팅 비용 절감 효과를 가져온다. 또한 충성도 높은 소비자는 긍정적인 구전 마케팅을 통해 자발적으로 브랜드를 홍보하며, 이는 브랜드 인지도와 이미지를 높이는 데 기여한다. 충성도 높은 고객은 가격 변화에 덜 민감하며, 경쟁 브랜드로 쉽게 이동하지 않기 때문에 기업의 경쟁 우위 확보에도 중요한 역할을 한다. 이러한 충성도의 효과는 기업이 장기적인 고객 가치를 창출하고, 지속가능한 성장을 이루는 데 필수적이다.

3) 소비자 관여도

소비자 관여도(consumer involvement)는 소비자가 제품이나 서비스를 구매하는 과정에서 얼마나 깊이 관여하고 관심을 가지는지를 나타내는 심리적 상태를 의미한다. 이는 소비자가 구매를 위해 정보를 수집하고 평가하는 정도를 결정하는 중요한 요소이다. 관여도는 제품이나 서비스에 대한 소비자의 관심, 중요성, 위험 인식 등에 따라 달라지며, 관여도가 높을수록 소비자는 더 많은 시간과 노력을 들여 의사결정을 하게 된다.

소비자 관여도의 유형으로는 크게 고관여(high involvement)와 저관여(low involvement)로 나눌 수 있다. 고관여 제품은 소비자에게 중요도가 높거나 위험이 큰 제품으로, 소비자가 신중하게 의사결정을 내리는 경우이다. 예를 들어, 자동차, 집, 고가의 전자제품과 같은 고가의 제품은 소비자에게 경제적·심리적 부담이 크기 때문에 의사결정 과정에서 많은 시간과 노력이 필요하다. 소비자는 제품의 성능, 브랜드, 품질, 후기 등을 비교하고, 정보를 철저히 수집한다. 저관여 제품은 소비자에게 중요도가 낮고, 위험이 거의 없는 제품으로, 주로 일상에서 자주 구매하는 제품이다. 예를 들어, 식료품, 세제, 개인용품 등은 소비자가 별다른 고민 없이 습관적으로 구매하는 경우가 많다. 이러한 제품은 구매 결정이 빠르게 이루어지며, 소비자는 브랜드 충성도나 할인, 편의성 등의 요인에 의해 선택한다.

소비자의 구매 행동은 제품 차별화와 관여도에 따라 크게 네 가지로 분류할 수 있다. 제품이 얼마나 차별화되어 있는지와 소비자가 해당 제품에 얼마나 관심과 노력을 기울이는지에 따라 각기 다른 구매 행동 패턴이 나타난다. 다음에서는 제품 차별화와 소비자 관여도에 따라 소비자 구매 행동을 네 가지 유형으로 정리하였다.

- **복잡한 구매 행동**(Complex Buying Behavior)
  소비자가 높은 관여도를 보이며, 제품 간 차별화가 큰 경우 발생한다. 이 유형의 구매 행동은 주로 고가의 제품이나 고위험 제품에서 나타난다. 소비자는 해당 제품의 품질, 성능, 기능 등을 비교하고, 다양한 대안을 고려한 후 구매 결정을 내린다. 예를 들어, e스포츠 소비자는 PC 구매나 모바일폰 구매 시 복잡한 구매 행동을 취할 수 있다. e스포츠 게임의 경우 고사양의 PC 또는 모바일폰을 요구하기 때문에 고사양에 따른 가격의 부담으로 다양한 대안을 가지고 구매 결정을 하는 경우가 많다.
- **부조화 감소 구매 행동**(Dissonance-Reducing Buying Behavior)
  소비자가 높은 관여도를 보이지만, 제품 간 차별화가 크지 않은 경우 발생한다. 소비자는 제품의 선택이 중요하다고 느끼지만, 각 대안이 비슷해 선택에 대한 어려움이 있다. 구매 후 선택에 대해 인지 부조화(후회나 불안)를 느낄 수 있으며, 이를 줄이기 위해 다양한 정보나 지인 의견을 참고한다. e스포츠에서는 고가의 게이밍 기어가 부조화 감소 구매 행동을 보일 수 있는 경우가 많을 것으로 판단된다. 게이밍 기어의 경우, 개인마다 기기의 사용에 대한 편안함과 조작성 등을 고려하기 때문에 이러한 구매 행동을 보일 것으로 예상된다.

- 습관적 구매 행동(Habitual Buying Behavior)

  소비자가 낮은 관여도를 보이며, 제품 간 차별화도 크지 않은 경우 발생한다. 이 유형의 구매 행동은 주로 일상적인 소비재에서 나타나며, 소비자는 깊이 생각하지 않고 반복적으로 같은 제품을 구매한다. 브랜드에 대해 특별한 애착이나 충성도가 없을 수도 있으며, 구매 결정이 빠르고 습관적이다. e스포츠의 경우 에너지 드링크가 습관적 구매 행동으로 표현될 수 있을 것이다. 에너지 음료 브랜드들은 e스포츠 시장에 이미 여러 브랜드가 경쟁하고 있고, 특별하게 브랜드 충성도가 없는 경우 습관적 구매 행동을 보일 수 있다.

- 다양성 추구 구매 행동(Variety-Seeking Buying Behavior)

  소비자가 낮은 관여도를 보이지만, 제품 간 차별화가 큰 경우 발생한다. 소비자는 특정 브랜드에 대한 강한 애착이 없으며, 새로운 것을 시도해 보려는 경향이 있다. 주로 다양성을 추구하거나 새로운 경험을 원하는 경우에 이러한 구매 행동을 보인다. 제품에 대해 큰 관심을 기울이지 않지만, 종종 다른 브랜드를 시도해 보며 차이를 느끼려 한다. e스포츠의 경우, 새로운 e스포츠 게임에 대한 구매가 다양성 추구 구매 행동으로 보일 수 있다. 예를 들어 오버워치 게이머들의 경우, 발로란트 출시 이후 보이는 구매 행동은 오버워치에 비해 관심은 없지만, 새로운 게임을 시도하는 것을 두려워하지 않는다. 이에 오버워치 선수들 중 발로란트의 매력에 빠져 발로란트로 게임을 갈아타는 선수들도 많았으며, 반대로 오버워치에 대한 충성도와 익숙함에 의해 경험 후 발로란트를 접는 경우도 많이 있었다.

〈표 7-10〉 소비자 관여도에 영향을 미치는 요인

요 인	내 용
개인적 요인	• 욕구와 동기 : 특정 제품이 소비자의 욕구를 충족시킬 가능성이 클수록 관여도가 높아진다. • 자아 이미지 : 특정 제품이 자신의 자아 이미지를 표현한다고 느낄 때, 소비자는 그 제품에 대한 관여도가 높아진다.
제품의 특성	• 가격과 위험 : 가격이 높거나 경제적, 심리적 위험이 큰 제품일수록 소비자는 더 신중하게 관여하게 된다. 고가의 제품은 구매 실패에 따른 부담이 크기 때문에 관여도가 높아진다. • 복잡성 : 제품의 사용법이 복잡하거나 다양한 기능이 있을 경우, 소비자는 더 많은 정보를 필요로 하며, 이로 인해 관여도가 높아진다.
상황적 요인	• 구매 상황 : 구매 시점에서의 상황적 요소도 관여도에 영향을 준다. • 사회적 영향 : 주변 사람들의 의견이나 사회적 기대도 관여도에 영향을 미친다. 친구나 가족의 추천은 소비자가 특정 제품에 대한 관심을 높이도록 만든다.

소비자 관여도는 소비자의 의사결정 과정에서 매우 중요한 역할을 하며, 기업은 이를 바탕으로 소비자가 필요로 하는 정보를 제공하고, 구매를 촉진하는 전략을 수립해야 한다. 고관여 제품의 경우, 소비자가 신뢰할 수 있는 정보를 제공하여 신중한 의사결정을 돕는 것이 중요하며, 저관여 제품의 경우에는 소비자가 쉽고 빠르게 구매할 수 있도록 편리성을 강조해야 한다. 소비자 관여도를 잘 이해하고 활용하는 것은 효과적인 마케팅 전략 수립의 핵심 요소이다.

생각해 보기

1. e스포츠 소비자의 관여도에 따라 나타나는 구매행동에 대해서 설명해 보시오.

2. 본인이 e스포츠 제품 중 하나를 구매한다는 가정을 하여 구매결정 과정이 어떻게 진행될 것인지 설명해 보시오.

3. e스포츠 수익구조에서, 스포츠에서 가장 높게 나타나는 중계권료가 e스포츠에서는 낮게 형성되는 이유와 이로 인해 나타나는 문제점 등을 생각해 보고, e스포츠의 중계권료를 높이기 위해 어떠한 전략이 필요한지 생각해 보시오.

CHAPTER 08 e스포츠 산업 육성 정책과 법

1. e스포츠 정책의 제도적 기초

e스포츠[1]를 연구하는 데 법이 왜 필요한가라는 질문이 있을 수 있을 것이다. 사람들은 항상 선하게 살아가지 않으며, 나와 같은 마음으로 나를 대하지 않는다. 그리고 생각이 다르면 분쟁이 발생한다. 그러기에 사람들은 살아가면서 서로 간의 규칙을 만들어 질서를 유지하였다. 아주 옛날에는 상도의라고 하여 상업 활동에서 지켜야 할 도덕규범이 있었고 이로 인해 국가의 강제력이 없이도 상인들의 질서가 유지되곤 하였다.

그러나 현재와 같이 복잡한 사회에서 상도의만으로는 산업의 질서가 유지되기 어렵고, 상도의는 상인들 간의 자치법규이므로 그것을 어기더라도 사회적 비난 외에 어떠한 제재가 없다. 또한 상도의를 근거로 국가가 어떠한 분야를 지원하기도 현실적으로 어렵다. 현대 국가들은 법치주의국가로서 개인 간의 관계뿐만 아니라 국가의 국민에 대한 개입을 법으로 규정하고 있다. 법이란 국가권력에 의하여 강제되는 사회규범으로, 법을 통하여 공공질서가 유지되고 사회가 원활하게 유지된다. 그리고 법치주의국가에서는 근본적으로 어떠한 분야에 대한 법적인 근거가 있어야 정부가 그 분야를 육성하는 정책을 세우고 예산을 마련하여 재정적 지원을 할 수 있다.

e스포츠 및 e스포츠 산업은 2000년대를 전후한 스타크래프트의 국내 유행

1) '이스포츠'와 'e스포츠'를 혼용하되, 주로 법률(법안)과 관련된 부분을 원용하는 경우 원문대로 '이스포츠'를 사용하였다.

과 함께 발전하였다. 2012년까지는 e스포츠와 관련한 독자적인 법이 없었고, 시행 중이던 「스포츠산업에 관한 법률」(이하 '스포츠산업법')이나 「게임산업진흥에 관한 법률」(이하 '게임산업법'), 「국민체육진흥법」 등에 e스포츠를 부수적으로 적용하여 e스포츠와 관련된 정부의 정책이 시행되었다. 그러던 중 2012년 2월 17일 「이스포츠(전자스포츠) 진흥에 관한 법률」(이하 '이스포츠법')이 제정되고 2012년 8월 18일부터 시행됨으로써 e스포츠가 독자적인 스포츠의 분야이자 산업의 분야로 발돋움하게 되었다.

이에 본 장에서는 우선, 이스포츠법이 어떻게 구성되어 있는지를 설명하고 스포츠산업법과 국민체육진흥법을 비교해 보며, 둘째, 조세특례제한법에서 e스포츠에 대한 조세특례를 살펴본 후, 셋째, 이스포츠법에 근거한 정부의 e스포츠 정책이 어떻게 수립되어 있는지 살펴보고, 넷째, 정부의 정책을 집행하기 위해 예산이 어떻게 집행되는지를 살피고, 다섯째, 이스포츠법과 관련된 정부의 구조를 평가해 보기로 한다. 마지막으로, 최근 국회에서 발의된 이스포츠법 개정안이 무엇인지 살펴본다. 이러한 내용은 정책을 수립하고 집행과정을 설명하는 것이다. 즉, 정책을 수립하기 위해 근거가 되는 법은 어떠한 것이 있고, 법에 근거한 구체적인 정책은 무엇이며, 정책수행을 위한 자금인 예산은 어떻게 구성되고 있느냐를 보는 것으로 되어 있다. 마지막으로 이러한 정책 수립을 위한 거버넌스가 어떻게 구성되어야 하는지 살펴본다.

2. 이스포츠(전자스포츠) 진흥에 관한 법률(이스포츠법)

1) 이스포츠법의 제정 경위

이스포츠법은 2009년 5월 13일 "이스포츠 진흥에 관한 법률안"이 발의되었고 2년 이상의 논의를 거쳐 「이스포츠(전자스포츠) 진흥에 관한 법률」로 2012

년 2월 17일에 국회를 통과하게 되었다. 이스포츠법안의 제안 이유는 "정보화 시대에 신(新)문화로 부각되고 있는 이스포츠(e-Sports)의 선도국이자 선진국으로서 우리나라의 이스포츠는 성장잠재력이 매우 큰 고부가가치의 문화산업이지만 이를 지원할 수 있는 법적 · 제도적 근거가 미비하여 보다 장기적이고 체계적인 이스포츠 진흥정책을 수행하는 데 어려움이 있음. 이에 「이스포츠 진흥에 관한 법률」을 제정하여 이스포츠 및 이스포츠 산업기반의 조성과 경쟁력 강화 및 진흥을 촉진함으로써 국민의 건전한 여가문화 조성과 여가 활용을 촉진하고 이스포츠를 고부가가치의 문화산업으로 육성하여 국민경제의 발전과 정보화시대에 문화강국으로 도약하는 데 이바지하도록 하려는 것임"으로 되어 있어 e스포츠를 고부가가치의 문화산업으로 육성한다는 것이 그 입법목적이 하나로 되어 있어 이스포츠법에 근거하여 정부는 e스포츠 산업 육성을 위한 정책을 펼치고 있다. 이스포츠법의 주요 내용을 도식화하면 다음과 같다.

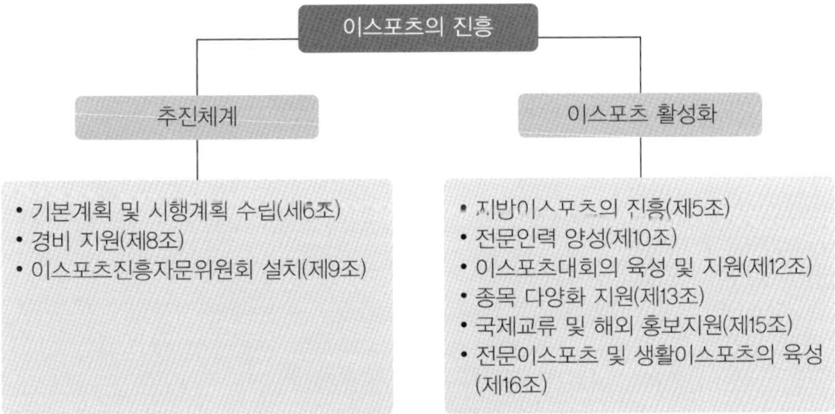

┃그림 8-1┃ 법률안의 주요 내용

출처 : 최민수(2009), p. 6.

2) 이스포츠법의 내용

이스포츠법은 총 18개의 조문으로 되어 있으며, 주요 내용은 법의 목적, 법에서 사용되는 용어의 정의, 이스포츠 진흥을 위한 국가와 지방자치단체의 책임, 지방 이스포츠의 진출, 정부의 이스포츠 진흥에 관한 중기·장기 기본계획 수립의무 및 실태조사, 정부의 이스포츠 용역 관련 표준계약서 작성 및 보급의무, 국가와 지방자치단체의 이스포츠 산업을 위한 자금지원, 이스포츠 관련 전문인력의 양성, 이스포츠대회의 육성·지원, 종목의 다양화 지원, 이스포츠산업지원센터의 지정 등, 국제교류 및 해외 홍보지원, 전문 이스포츠 및 생활 이스포츠의 육성 등이다. 이스포츠법의 전문은 다음과 같다(법률 제18778호).

〈표 8-1〉 이스포츠(전자스포츠) 진흥에 관한 법률

제1조(목적) 이 법은 이스포츠의 진흥에 필요한 사항을 규정함으로써 이스포츠의 문화와 산업의 기반조성 및 경쟁력 강화를 도모하고 이스포츠를 통하여 국민의 여가선용 기회 확대와 국민경제의 건전한 발전에 이바지함을 목적으로 한다.

제2조(정의) 이 법에서 사용하는 용어의 뜻은 다음과 같다.

1. "이스포츠"란 「게임산업진흥에 관한 법률」 제2조 제1호에 따른 게임물을 매개(媒介)로 하여 사람과 사람 간에 기록 또는 승부를 겨루는 경기 및 부대활동을 말한다.
2. "전문 이스포츠"란 이스포츠 선수들이 행하는 이스포츠 경기 활동을 말한다.
3. "생활 이스포츠"란 여가와 친목도모를 위하여 행하는 자발적이고 일상적인 이스포츠 활동을 말한다.
4. "이스포츠산업"이란 이스포츠와 관련된 재화와 서비스를 통하여 부가가치를 창출하는 산업을 말한다.
5. "이스포츠시설"이란 이스포츠와 관련된 경기 및 관람, 중계 등의 부대활동을 할 수 있는 시설을 말한다.
6. "이스포츠 선수"란 이스포츠 단체의 정하여진 바에 따라 등록된 사람을 말한다.
7. "이스포츠 단체"란 이스포츠에 관한 활동이나 사업을 목적으로 설립된 법인이나 단체를 말한다.

제3조(다른 법률과의 관계) 이스포츠의 진흥에 관하여 다른 법률에 특별한 규정이 있는 경우를 제외하고는 이 법에서 정하는 바에 따른다.

제4조(국가 및 지방자치단체의 책임) 국가 및 지방자치단체는 이스포츠의 진흥을 위하여 필요한 시책을 수립·시행하여야 한다.

제5조(지방 이스포츠의 진흥) 지방자치단체는 지역 주민의 여가와 친목 도모를 위하여 이스포츠 활동을 활성화할 수 있도록 이스포츠시설 등의 여건 조성, 이스포츠 단체의 설립·운영 및 이스포츠 대회의 개최를 지원할 수 있다.

제6조(기본계획의 수립 등) ① 문화체육관광부장관은 이 법의 목적을 달성하기 위하여 이스포츠 진흥에 관한 기본적이고 종합적인 중기·장기 진흥 기본계획(이하 "기본계획"이라

한다)과 이스포츠의 각 분야별 · 연도별 세부 시행계획(이하 "시행계획"이라 한다)을 수립 · 시행하여야 한다.

② 기본계획에는 다음 각 호의 사항이 포함되어야 한다.

1. 이스포츠 진흥의 기본방향
2. 이스포츠 활성화를 위한 기반 조성
3. 이스포츠 관련 전문인력의 양성 및 권익향상
4. 이스포츠 관련 국제대회 등 행사의 활성화, 국제 협력 및 교류
5. 이스포츠 진흥을 위한 재원(財源) 확보
6. 전문 이스포츠의 육성 · 지원 및 생활 이스포츠의 저변 확대 · 활성화 지원
7. 이스포츠의 학술 진흥 및 기반 조성
8. 이스포츠시설의 구축 및 개선
9. 이스포츠시설의 감염병 등에 대한 안전 · 위생 · 방역 관리에 관한 사항
10. 그 밖에 대통령령으로 정하는 이스포츠 진흥에 필요한 사항

③ 문화체육관광부장관은 기본계획 및 시행계획의 수립과 집행을 위하여 필요하다고 인정하는 경우 관계 행정기관, 지방자치단체, 공공기관, 연구소, 대학, 민간기업 및 개인 등에게 필요한 협조를 요청할 수 있다.

제7조(실태조사) ① 정부는 이스포츠 관련 정책의 수립 · 시행을 위하여 이스포츠에 관한 실태조사를 매년 실시하고 그 결과를 공표하여야 한다.

② 문화체육관광부장관은 제1항에 따른 실태조사를 위하여 필요한 경우에는 이스포츠 관련 공공기관 · 사업자 또는 법인 · 단체에 대하여 자료의 제출이나 의견의 진술 등을 요구할 수 있다. 이 경우 자료의 제출이나 의견의 진술 등을 요구받은 이스포츠 관련 공공기관 · 사업자 또는 법인 · 단체는 특별한 사유가 없는 한 이에 협조하여야 한다.

③ 제1항에 따른 실태조사에 관하여 필요한 사항은 대통령령으로 정한다.

제7조의2(표준계약서의 제정 · 보급) ① 문화체육관광부장관은 전문 이스포츠 용역과 관련된 표준계약서를 마련하여 이스포츠 분야의 사업자 및 이스포츠 단체에 보급하여야 한다.

② 문화체육관광부장관은 제1항에 따른 표준계약서를 제정 또는 개정하고자 할 때 공정거래위원회와 협의하여야 하고, 이해관계자와 전문가의 의견을 들어야 한다.

③ 문화체육관광부장관은 이스포츠 분야의 사업자 및 이스포츠 단체에 제1항에 따른 표준계약서의 사용을 권장할 수 있다.

제8조(자금지원 등) ① 국가와 지방자치단체는 기본계획 및 시행계획을 효과적으로 추진하기 위하여 필요한 자금을 확보하기 위하여 노력하여야 한다.

② 문화체육관광부장관은 기본계획 및 시행계획에 따라 공공기관, 이스포츠 단체, 그 밖에 이스포츠 분야의 사업자가 이스포츠의 경쟁력 강화를 위한 조치를 하려는 경우 예산의 범위에서 필요한 경비의 전부 또는 일부를 보조할 수 있다.

③ 문화체육관광부장관은 이스포츠 진흥을 위하여 필요하다고 인정하는 경우 지방자치단체의 장과 협의하여 이스포츠시설을 구축하거나 기존시설을 개선할 수 있다. 이 경우 예산의 범위에서 필요한 경비의 전부 또는 일부를 지원할 수 있다.

④ 문화체육관광부장관은 이스포츠시설의 확산을 촉진하기 위하여 「게임산업진흥에 관한 법률」 제2조 제7호에 따른 인터넷컴퓨터게임시설제공업의 영업소를 입지조건 및 시설 등을 고려하여 대통령령으로 정하는 기준과 절차 등에 따라 이스포츠시설로 지정할 수 있으며, 이를 활성화하기 위하여 필요한 경비의 전부 또는 일부를 지원할 수 있다.
⑤ 문화체육관광부장관은 제4항에 따라 지정된 이스포츠시설이 다음 각 호의 어느 하나에 해당하는 경우에는 대통령령으로 정하는 바에 따라 그 지정을 취소할 수 있다.
1. 거짓이나 그 밖의 부정한 방법으로 지정을 받은 경우
2. 대통령령으로 정하는 지정기준에 미달한 경우
⑥ 이스포츠시설의 지원 범위 및 방식 등에 필요한 사항은 대통령령으로 정한다.

제9조(이스포츠진흥자문위원회) ① 이스포츠 진흥에 관하여 문화체육관광부장관의 자문에 응하기 위하여 문화체육관광부장관 소속으로 이스포츠진흥자문위원회(이하 “위원회”라 한다)를 둘 수 있다.
② 위원회의 구성 및 운영 등에 필요한 사항은 대통령령으로 정한다.

제10조(이스포츠 관련 전문인력의 양성) ① 문화체육관광부장관은 이스포츠진흥에 필요한 경기 및 방송, 연구 등 이스포츠 관련 전문인력을 양성하기 위하여 노력하여야 한다.
② 문화체육관광부장관은 제1항에 따른 전문인력의 양성을 위하여 대통령령으로 정하는 바에 따라 「고등교육법」에 따른 대학, 그 밖에 필요하다고 인정하는 기관을 이스포츠 전문인력 양성기관으로 지정할 수 있다.
③ 문화체육관광부장관은 제2항에 따라 지정된 이스포츠 전문인력 양성기관에 대하여 대통령령으로 정하는 바에 따라 예산의 범위에서 필요한 경비의 전부 또는 일부를 보조할 수 있다.
④ 그 밖에 이스포츠 전문인력의 양성에 필요한 사항은 대통령령으로 정한다.

제11조(이스포츠대회의 육성 · 지원 등) 문화체육관광부장관은 문화체육관광부령으로 정하는 기준에 따라 이스포츠대회를 육성 · 지원할 수 있다.

제12조(종목 다양화 지원) ① 문화체육관광부장관은 이스포츠의 종목 다양화를 촉진하기 위하여 종목선정 기관을 지정하여 그 종목선정 기관으로 하여금 이스포츠의 종목선정을 실시하게 할 수 있다.
② 문화체육관광부장관은 제1항에 따른 종목선정 기관이 지정요건에 미달하는 때에는 대통령령으로 정하는 바에 따라 그 지정을 취소할 수 있다.
③ 제1항의 종목선정 기관의 지정요건, 지정신청, 운영 등과 종목선정의 절차 및 종목선정 대상, 종목선정 기준, 종목선정 신청의 절차 등에 관하여 필요한 사항은 문화체육관광부령으로 정한다.

제13조(이스포츠산업지원센터의 지정 등) ① 문화체육관광부장관은 이스포츠산업의 발전을 위하여 다음 각 호의 어느 하나에 해당하는 기관을 이스포츠산업지원센터(이하 “지원센터”라 한다)로 지정할 수 있다.
1. 국공립 연구기관

2. 「고등교육법」에 따른 대학 또는 전문대학
3. 그 밖에 문화체육관광부령으로 정하는 기관
② 지원센터는 다음 각 호의 기능을 수행한다.
1. 이스포츠산업의 발전을 위한 지방자치단체와의 협조에 관한 사항
2. 이스포츠산업의 발전을 위한 연구개발 및 상담 등 지원에 관한 사항
③ 문화체육관광부장관은 지원센터가 제2항의 기능을 충실하게 이행하지 아니하는 경우 그 지정을 해제할 수 있다.
④ 그 밖에 지원센터의 지정 및 해제 등에 필요한 사항은 대통령령으로 정한다.

제14조(국제교류 및 해외 홍보 지원) ① 정부는 이스포츠의 국제교류를 활성화하기 위하여 이스포츠와 관련이 있는 다음 각 호의 기관이나 단체에 필요한 지원을 할 수 있다.
1. 국제이스포츠연맹
2. 정부가 자본금의 일부를 출자한 기관이나 단체
3. 그 밖에 이스포츠의 진흥을 목적으로 설립된 기관이나 단체
② 정부는 국내 이스포츠의 경쟁력 강화와 해외시장 진출을 활성화하기 위하여 해외 홍보 등의 사업을 추진할 수 있다.
③ 문화체육관광부장관은 제1항에 따른 사업을 효율적으로 지원하기 위하여 대통령령으로 정하는 관련 기관이나 단체에 대하여 이를 위탁 또는 대행하게 할 수 있으며, 예산의 범위에서 이에 필요한 경비의 전부 또는 일부를 보조할 수 있다.

제15조(전문 이스포츠 및 생활 이스포츠의 육성) 국가는 이스포츠의 발전을 도모하고, 국민의 건전한 여가활동을 촉진하기 위하여 전문 이스포츠 및 생활 이스포츠 육성에 필요한 시책을 강구하여야 한다.

제16조(청문) 문화체육관광부장관은 다음 각 호의 어느 하나에 해당하는 처분을 하려면 청문을 하여야 한다.
1. 제12조 제2항에 따른 종목선정 기관 지정의 취소
2. 제13조 제3항에 따른 지원센터 지정의 해제

제17조(권한의 위임 · 위탁) 문화체육관광부장관은 이 법에 따른 권한의 일부를 대통령령으로 정하는 바에 따라 특별시장 · 광역시장 · 도지사 · 특별자치도지사에게 위임하거나 이스포츠의 진흥을 목적으로 설립된 기관이나 법인 또는 단체에 위탁할 수 있다.

제18조(포상) ① 문화체육관광부장관은 이스포츠의 발전에 기여한 공로가 현저한 개인 · 단체 및 기업 등을 선정하여 포상할 수 있다.
② 그 밖에 제1항에 따른 포상의 선정기준 등에 필요한 사항은 대통령령으로 정한다.

3) 이스포츠법과 스포츠 관련 법의 비교

스포츠산업과 관련된 법은 「국민체육진흥법」, 「스포츠산업 진흥법(스포츠산업법)」, 「이스포츠(전자스포츠) 진흥에 관한 법률('이스포츠법')」이 있다. 국민체육진흥법은 거의 모든 체육을 아우르는 기본법이고, 이스포츠법과 스포츠산업법이 각각의 산업 분야를 진흥시킬 것을 목적으로 한다는 점에서 유사한 점이 많다. 3개의 법률을 비교하면 다음과 같다.

〈표 8-2〉 스포츠관련법 비교

법	국민체육진흥법	스포츠산업 진흥법	이스포츠(전자스포츠) 진흥에 관한 법률
제정연도	1962년	2007년	2012년
제정목적	이 법은 국민체육을 진흥하여 국민의 체력을 증진하고, 체육활동으로 연대감을 높이며, 공정한 스포츠 정신으로 체육인 인권을 보호하고, 국민의 행복과 자긍심을 높여 건강한 공동체의 실현에 이바지함을 목적으로 한다.	이 법은 스포츠산업의 진흥에 필요한 사항을 규정함으로써 스포츠산업의 기반조성 및 경쟁력 강화를 도모하고, 스포츠를 통한 국민의 여가선용 기회의 확대와 국민경제의 건전한 발전에 이바지함을 목적으로 한다.	이 법은 이스포츠의 진흥에 필요한 사항을 규정함으로써 이스포츠의 문화와 산업의 기반조성 및 경쟁력 강화를 도모하고 이스포츠를 통하여 국민의 여가선용 기회 확대와 국민경제의 건전한 발전에 이바지함을 목적으로 한다.
구 성	55개의 조문	23개의 조문	18개의 조문
소 관	문화체육관광부 (체육정책과)	문화체육관광부 (스포츠산업과)	문화체육관광부 (게임콘텐츠산업과)

〈표 8-2〉에서 살펴본 바와 같이 이스포츠법과 스포츠산업법은 해당 산업을 진흥시키기 위하여 만들어진 법률이고 그 구성은 대동소이하다. 그런데 스포츠산업법은 23개의 조문으로 구성되어 있음에 반해 스포츠산업법보다 5년 늦게 만들어진 이스포츠법이 18개의 조문으로 구성되어 있어, e스포츠에 대한 정부의 시책이 스포츠산업법보다 더 적게 규율되어 있다. 스포츠산업법에는 규율되어 있으나 이스포츠법에 없는 법 내용을 보면 다음 표와 같다.

〈표 8-3〉 이스포츠법에 없는 스포스산업법의 규정

스포츠산업법 규정	비 고
제5조(기본계획 수립 등) ① 문화체육관광부장관은 스포츠 산업 진흥에 관한 기본적이고 종합적인 중장기 진흥기본계획(이하 "기본계획"이라 한다)을 5년마다 수립·시행하고, (중략) ② 기본계획에는 다음 각 호의 사항이 포함되어야 한다. 9. 「장애인차별금지 및 권리구제 등에 관한 법률」 제4조 제2항에 따른 정당한 편의 제공에 관한 사항	장애인을 배려하는 내용이 이스포츠법에 없음
제5조의2(연차 보고) 문화체육관광부장관은 매년 스포츠산업 진흥에 관한 시책과 동향에 대한 보고서를 정기국회 개회 전까지 국회에 제출한다.	e스포츠 진흥에 관한 시책과 동향보고서를 국회에 제출하는 의무 규정이 없음
제10조(창업 지원 등) 문화체육관광부장관은 스포츠산업과 관련된 창업을 촉진하고, 일자리를 창출하기 위하여 필요한 시책을 마련하며, 사업추진에 필요한 자금을 예산의 범위에서 지원할 수 있다.	e스포츠 산업의 창업촉진, 일자리 창출 시책 마련이나 사업추진에 필요한 자금을 예산에서 지원한다는 규정이 없음
제11조(스포츠산업진흥시설의 지정 등) ① 문화체육관광부장관은 스포츠산업의 진흥을 위하여 지방자치단체의 장과 협의하여 다음 각 호의 지정요건을 갖춘 해당 지방자치단체 소유의 공공체육시설을 스포츠산업진흥시설로 지정할 수 있다. 이 경우 시설 설치 및 보수 등에 필요한 자금의 전부 또는 일부를 지원할 수 있다. 1. 문화체육관광부령으로 정하는 수 이상의 스포츠산업 사업자가 입주할 것 2. 입주하는 스포츠산업 사업자의 100분의 30 이상이 「중소기업기본법」 제2조에 따른 중소기업자일 것 3. 입주하는 스포츠산업 사업자가 공동으로 이용할 수 있는 공용 회의실 및 공용 장비실 등의 공용이용시설을 설치할 것	e스포츠 산업 진흥을 위하여 지방자치단체의 시설을 e스포츠산업진흥시설로 지정하거나 자금을 지원하는 규정이 없음
제13조(국유·공유 재산의 대부·사용 등) ① 국가 또는 지방자치단체는 제11조 제1항에 따른 스포츠산업진흥시설의 지정 및 운영을 위하여 필요하다고 인정하는 경우에는 「국유재산법」 또는 「공유재산 및 물품 관리법」에도 불구하고 국유·공유 재산을 수의계약으로 대부·사용·수익하게 하거나 매각할 수 있다.	e스포츠산업진흥시설의 지정 및 운영을 위해 국유재산이나 공유재산을 수의계약으로 대부·사용·수익하게 하거나 매각할 수 있는 규정이 없음

제16조(스포츠산업에 대한 출자) 정부는 스포츠산업에 대한 투자 활성화를 위하여 대통령령으로 정하는 바에 따라 예산의 범위에서 다음 각 호의 조합이나 회사에 출자할 수 있다. 〈개정 2020. 2. 11.〉 1. 「벤처투자 촉진에 관한 법률」 제2조 제11호에 따른 벤처투자조합과 같은 법 제70조 제1항에 따른 벤처투자모태조합 2. 삭제 〈2020. 2. 11.〉 3. 그 밖에 스포츠산업체에 투자하거나 스포츠산업에 대한 투자를 목적으로 설립된 조합 또는 회사	2020년도 개정으로 스포츠산업에 정부가 투자할 수 있게 되었으나, 이스포츠산업법에는 정부가 투자할 수 있는 규정이 없음
제18조(선수 및 감독 · 코치 등의 권익 보호 등) ① 문화체육관광부장관은 선수 및 감독·코치 등 대통령령으로 정하는 자의 권한과 권익을 보호하고, 스포츠산업의 건전한 발전을 위하여 공정한 영업질서의 조성 등 필요한 시책을 강구하여야 한다. 〈개정 2020. 12. 22., 2023. 10. 31.〉 ② 문화체육관광부장관은 「대기환경보전법」 제7조의2의 대기오염도 예측결과 및 「재난 및 안전관리 기본법」 제38조의 위기경보 발령 등을 고려하여 프로스포츠 경기의 일정 등을 조정할 수 있는 지침을 마련하여야 한다. 〈신설 2020. 12. 22.〉	스포츠산업법에는 2020년에 선수 및 감독 등의 권익보호 및 산업의 건전한 발전 및 영업질서 조성에 관한 시책 강구의 규정이 신설되었으나 이스포츠법에는 없음[이스포츠법 제6조 제1항 제3호의 규정(이스포츠 관련 전문인력의 양성 및 권익향상 시책마련)만으로는 미흡] 이스포츠법에는 대기오염, 재난 및 안전관리에 관한 규정이 없음
제18조의3(장애인의 스포츠관람권 보장을 위한 특별지원) 문화체육관광부장관은 스포츠산업의 진흥에 필요한 시책을 마련할 때에는 장애인의 스포츠관람권(장애인이 장애인이 아닌 사람과 동등하게 스포츠를 관람할 수 있는 권리를 말한다)을 보장하기 위한 사업이 원활하게 수행될 수 있도록 행정적·재정적으로 특별한 지원을 하기 위하여 노력하여야 한다. [본조신설 2023. 6. 20.]	스포츠산업법은 2023년도에 장애인의 스포츠관람권을 위한 특별지원 규정을 마련하였으나 이스포츠법에는 이에 관한 규정이 없음

이스포츠법 또한 국민의 여가생활임과 동시에 하나의 스포츠로 자리 잡고 있고 e스포츠 산업은 스포츠산업과 유사한 점이 많으므로, 이스포츠법에는 없으나 스포츠산업법에 있는 조문은 이스포츠법에 도입되어야 할 것으로 보인다.

3. 이스포츠법과 조세특례제한법

조세특례제한법은 세법 관련 일반법률인 소득세법, 법인세법에 대한 특별법으로 특정한 사항에서 세금을 가중하게 부과하거나 세금을 감면해 주는 법률이다. 이에 조세특례제한법 제1조(목적)는 "이 법은 조세(租稅)의 감면 또는 중과(重課) 등 조세특례와 이의 제한에 관한 사항을 규정하여 과세(課稅)의 공평을 도모하고 조세정책을 효율적으로 수행함으로써 국민경제의 건전한 발전에 이바지함을 목적으로 한다"고 규정하고 있다.

일반적인 스포츠 구단운영의 경우 구단운영비용의 일부를 법인세에서 공제해 주는 규정이 조세특례제한법에 있으나 e스포츠에는 이러한 규정이 없었다. 이에 e스포츠구단의 구단운용비용의 일부를 공제해 주는 조세특례제한법 개정안이 2021년 10월 26일 발의되었는데, 그 취지는 "현행법은 기업이 특정한 종목의 운동경기부를 설치·운영할 때 그 비용의 10%를 법인세에서 공제해 주고 있음. 그러나 이스포츠 구단은 이 대상에 포함되지 않음. 우리나라는 명실상부 이스포츠 종주국으로서 세계적으로 인정받은 이스포츠 선수들을 가장 많이 보유하고 있음. 반면 프로 게임 시장에 관한 산업적 인프라는 많이 부족한 상황임. 실제로 몇 년 전 많은 국내 선수들이 연봉과 기타 산업적 인프라 부실을 이유로 해외로 이적했던 바 있음. 이에 현행 기업 운동경기부의 설치·운영에 대한 과세특례 대상에 이스포츠 구단을 포함시킴으로써 프로 게임 시장에서의 국가적 경쟁력을 제고하고자 함(안 제104조의22)."이다(정명호, 2021). 이에 조세특례제한법은 2021년 12월 28일 법률 제18634호로 개정되었는데 그 내용은, 첫째, 기업의 e스포츠경기부 설치·운영에 대한 과세특례 신설(제104조의22 제3항 신설)과, 둘째, 기업이 e스포츠경기부를 설치·운영하는 경우에도 현행 법인세 공제 과세특례를 적용받을 수 있도록 하였다. 이렇게 신설된 내용은 실설된 조문이 시행된 이후 e스포츠경기부를 설치·운영하는 경우부터 적용된다(부칙 제20조).

조세특례제한법 제104조의22 제2항의 내용을 보면 다음과 같다. 우선, 내국법인이 e스포츠경기부를 설치하는 경우 설치한 날이 속하는 사업연도와 그 다음 사업연도의 개시일부터 2년 이내에 끝나는 사업연도까지(총 3년) 해당 e스포츠 운영에 필요한 경비의 10%를 법인세에서 공제하도록 하는데, e스포츠 운영에 필요한 경비는 내국법인의 경기부에 소속된 선수, 감독 및 코치와 경기부의 운영 업무를 직접적으로 지원하는 사람에 대한 인건비와, 대외참가비, 훈련장비구입비 등 경기부를 운영하기 위하여 드는 비용으로서 기획재정부령으로 정하는 비용을 말한다. 그리고 조세특례제한법에서 인정되는 e스포츠 경기부는 e스포츠 진흥에 관한 법률에 따른 e스포츠 선수로 구성되어 설치·운영되는 경기부여야 하고, e스포츠 종목별로 경기지도자가 1명 이상 있어야 한다.

해당 조세특례제한법의 규정은 다음 〈표 8-4〉와 같다.

〈표 8-4〉 조세특례제한법

조세특례제한법 〈법률 제18634호, 2021. 12. 28.〉	조세특례제한법 시행령 〈대통령령 제35089호, 2024. 12. 24.〉
제104조의22(기업의 운동경기부 등 설치·운영에 대한 과세특례) ③ 내국법인이 「이스포츠(전자스포츠) 진흥에 관한 법률」에 따른 이스포츠 중 대통령령으로 정하는 종목의 경기부(이하 이 조에서 "이스포츠경기부"라 한다)를 설치하는 경우 설치한 날이 속하는 사업연도와 그 다음 사업연도의 개시일부터 2년 이내에 끝나는 사업연도까지 해당 이스포츠경기부의 운영에 드는 비용 중 대통령령으로 정하는 비용의 100분의 10에 상당하는 금액을 법인세에서 공제한다. 〈신설 2021. 12. 28.〉 ④ 제1항부터 제3항까지의 규정을 적용받으려는 내국법인은 대통령령으로 정하는 바에 따라 신청을 하여야 한다.	제104조의20(기업의 운동경기부 설치·운영에 대한 과세특례) ③ 법 제104조의22 제3항에서 "대통령령으로 정하는 종목의 경기부"란 「이스포츠(전자스포츠) 진흥에 관한 법률」 제12조에 따라 선정된 종목 중 기획재정부령으로 정하는 종목의 이스포츠경기부로서 다음 각 호의 요건을 모두 갖춘 이스포츠경기부를 말한다. 〈신설 2022. 2. 15.〉 1. 「이스포츠(전자스포츠) 진흥에 관한 법률」에 따른 이스포츠 선수로 구성되어 설치(재설치를 포함한다)·운영되는 경기부일 것 2. 이스포츠 종목별로 경기지도자가 1명 이상일 것

⑤ 제1항부터 제3항까지의 규정을 적용받은 내국법인이 운동경기부, 장애인운동경기부 또는 이스포츠경기부를 설치한 날부터 3년(장애인운동경기부의 경우 5년) 이내에 해당 운동경기부, 장애인운동경기부 또는 이스포츠경기부를 해체하거나 대통령령으로 정하는 선수단 구성 등에 관한 요건을 갖추지 못한 경우에는 해당 사업연도의 과세표준신고를 할 때 제1항부터 제3항까지의 규정에 따라 공제받은 세액에 대통령령으로 정하는 바에 따라 계산한 이자상당액을 더한 금액을 법인세로 납부하여야 한다. **부칙 〈법률 제18634호, 2021. 12. 28.〉** **제20조(기업의 이스포츠경기부 설치·운영에 대한 과세특례에 관한 적용례)** 제104조의22의 개정규정은 이 법 시행 이후 이스포츠경기부를 설치·운영하는 경우부터 적용한다.	④ 법 제104조의22 제1항부터 제3항까지의 규정에서 "대통령령으로 정하는 비용"이란 각각 다음 각 호에 해당하는 비용을 말한다. 〈개정 2014. 2. 21., 2022. 2. 15.〉 1. 제1항부터 제3항까지의 규정에 따른 운동경기부 또는 이스포츠경기부(이하 이 항에서 "경기부"라 한다)에 소속된 선수, 감독 및 코치와 경기부의 운영 업무를 직접적으로 지원하는 사람에 대한 인건비 2. 대회참가비, 훈련장비구입비 등 경기부를 운영하기 위하여 드는 비용으로서 기획재정부령으로 정하는 비용

2022년 7월 7일 e스포츠구단 운영을 위한 법인세 공제를, e스포츠경기부 설치 시 3년간 운영비용의 10%를 공제하던 것을 e스포츠경기부 설치 시 5년간 운영비용의 20%를 공제하도록 하는 조세특례제한법 일부개정법률안(의안번호 제16355호)이 발의되었다. 법안의 제인 이유는 "현행법은 이스포츠(전자스포츠) 경기부를 설치·운영하는 기업에 대하여 법인세를 감면하는 조세특례를 두어 이스포츠경기부를 설치한 후 3년간 운영비용의 10%를 법인세에서 공제하도록 하고 있음. 한편 국내 이스포츠는 전 세계적으로 두각을 보이고 있고, 이스포츠와 관련된 게임의 경우 문화·콘텐츠 분야에 있어 신성장·원천기술이 집약된 고부가가치 산업임에도 불구하고 국내 현실은 이스포츠 관련 전문종목의 다양성 부족과 재정적 부담으로 이스포츠 구단이 자주 해체되는 등 이스포츠 산업생태계가 매우 낙후되어 있는 상황임. 이에 현행 특례를 강화하여 운영비용의 20%를 5년간 공제하도록 하고, 이스포츠대회를 운영하는 기업에 대하여는 이스포츠대회의 운영에 소요된 비용의 20%를 5년간 법인세에서 공

제하도록 함으로써 이스포츠산업을 활성화하려는 것임(안 제104조의22 제3항 및 제104조의27 신설 등)"이다. 국회 기획재정위원회의 검토보고서는 위와 같은 개정안에 대한 긍정적인 측면으로는 "첫째, 최근 국내 이스포츠산업 규모가 크게 증가하고 있으나, 그 세부현황을 살펴보면 인터넷·스트리밍 또는 방송 매출보다 이스포츠경기부(게임단) 예산의 증가율이 크며, 이처럼 수익 대비 많은 예산이 소요됨에 따라 이스포츠경기부의 해체가 잦은 실정으로 이스포츠산업 육성을 위한 지원을 강화할 필요성이 있음. 둘째, 우리나라는 세계적으로 인정받는 이스포츠 선수들을 많이 보유한 국가로서 이스포츠 종주국이라고 불리는 것에 비해 이스포츠경기부 예산의 부족으로 선수에 대한 처우와 진로에 대한 지원이 열악한 실정을 고려할 필요가 있음."이라고 하였고 부정적인 측면으로는 "이스포츠경기부 운영의 어려움 및 활성화 필요성을 감안하더라도 이를 현행 비인기종목 운동경기부에 대한 지원 수준을 넘어서서 장애인운동경기부에 대한 지원만큼 강화할 타당성이 있는지 검토할 필요가 있음, 한편 개정안은 이스포츠대회 운영 시 해당 운영비용의 20%를 세액공제하는 특례를 신설하는 방안을 추가하고 있으나 다른 운동 종목과의 형평성 및 이스포츠경기부 운영기업 세액공제가 도입된 시기 등을 감안하여 신중하게 검토할 필요가 있음."이라고 평가하였다(김경호, 2023). 그러나 위 법안은 제21대 국회의 임기가 만료되어 입법화되지 못하였다.

4. e스포츠 발전을 위한 정부의 정책

1) 정부의 e스포츠 육성정책 개관

이스포츠법 제6조에 정부는 기본계획수립을 통한 정부의 이스포츠활성화 방안을 마련하도록 되어 있으며, 「게임산업진흥법」 제3조(게임산업진흥종합계획의 수립 · 시행) 제1항도 "문화체육관광부장관은 관계중앙행정기관의 장과 협의하여 게임산업의 진흥을 위한 종합계획(이하 "종합계획"이라 한다)을 수립 · 시행하여야 한다."고 규정하고 있다. e스포츠 산업은 게임산업의 일부로 보아 5년에 한 번씩 수립되는 정부의 '게임산업 진흥 종합계획'의 내용에 포함되어 발표되어 왔다. 2024년 5월 2024년부터 2028년에 시행될 게임산업진흥을 위한 정책이 게임과 관련된 관계부처 합동으로 「게임산업 제2의 도약을 위한-'24~'28 게임산업 진흥 종합계획-」(이하 '2024년 게임산업종합계획')으로 발표되었는데, e스포츠 산업 진흥을 위한 종합계획 또한 게임산업종합계획에 포함되어 발표되었다.

2) 2024년 게임산업종합계획 중 e스포츠와 관련된 정책(관계부처 합동, 2024 발췌)

2024년 게임산업종합계획의 추진배경은 "게임산업은 최고 매출 · 수출액을 달성하였고, 게임은 창의성과 기술력이 융합된 최적의 성장산업이자 세계적으로 즐기는 대표적인 여가문화가 되었다"는 점이다. 지난 5년간(2019~2023년) 정부의 게임산업정책의 성과는 ① 정부의 게임산업에 대한 단계별(창업 · 제작 · 수출) 지원을 통한 게임산업의 세계적 육성 및 문화예술로서의 게임, ② 공정한 게임의 기반 마련이다. 한편 정책의 한계로는 ① 게임산업 성장 둔화 및 편중된 장르 · 수익모델 일변도, ② 과도한 규제로 업계 부담 가중 및 게임 이용환경 개선 필요, ② e스포츠 지속가능한 생태계 조성 및 건전한 게임문화 확산이 필요하다는 점이다. 또한 지난 5년간의 e스포츠와 관련하여 e스포츠 위기론과 게임에 관한 부정적 인식 상존을 문제 삼았다. e스포츠 위기론은 수익모델 부재 및 특정 종목사 중심의 생태계(2023년 총 18개 종목 중 상위 4개 게임에서 e스포츠팀 80개 중 56%인 45개가 운영되었고, 프로선수 398명 중 62%인 247명이 활동함)로 지속 가능한 성장을 위한 전략적 방안이 부재하였다는 것이다. 부정적 인식 상존의 내용은 "게임에 대한 인식이 개선되고 있으나 WHO의 질병코드 도입논의 등 부정적 시각과 편견이 상존한다"는 것이다. 2019년 5월에 WHO 게임 이용 장애 질병코드가 통과된 이후 민·관 협의체(문체부, 복지부, 의료계, 게임계, 법조계 등으로 구성)를 통해 게임 이용장애 질병코드를 국내에 도입할지 여부를 논의 중에 있다.

2024년 게임산업종합계획의 추진전략으로는 ① 콘솔게임 육성, 창의적 인디게임 지원 등으로 K-게임 재도약 기반 마련, ② 규제 혁신으로 자율적인 토대 위에 공정한 게임의 룰 마련, ③ 게임강국 대한민국 위상에 맞는 게임산업 저변 확대를 설정하였다. ❙그림 8-2❙와 같이 게임산업종합게임의 추진전략은 3개로 나누어지고 그중 게임산업의 저변 확대 전략에 '이스포츠 활성화 추진'이라는 추진과제가 설정되어 있다.

비전	2028년, 게임산업 제2의 도약 원년		
목표	K-게임 매출 (2022년) 22.2조 원 → (2028년) 30조 원 * 연평균 5.0% 성장	K-게임 수출 (2022년) 89.8억 달러 → (2028년) 120억 달러 * 연평균 5.0% 성장	K-게임 일자리 (2022년) 8.4만 명 → (2028년) 9.5만 명 * 연평균 2.0% 성장

전략		추진과제
전략	게임산업 글로벌 경쟁력 강화	1. 콘솔게임 산업 생태계 집중 조성
		2. 다양하고 창의적인 인디게임 지원
		3. 주요 시장별 수출 지원 전략 마련
		4. 게임산업 혁신성장 동력 마련
	규제 혁신 및 공정게임 환경조성	5. 온라인게임 과몰입 예방조치 자율성 확대
		6. 게임물 등급분류 관련 제도 개선
		7. 아케이드 · 게임제공업 영업환경 개선
		8. 공정한 게임의 룰 마련
	게임산업 저변 확대	9. 이스포츠 활성화 추진
		10. 게임 전문인력 양성 및 취업 지원
		11. 모두가 즐기는 건전 게임 문화 조성
		12. 게임 종주국 위상 확립 기반 확충

❙그림 8-2❙ 2024~2028년 게임산업 육성 추진전략

출처 : 관계부처 합동(2024), p. 9.

게임산업 저변 확대라는 추진과제 중 e스포츠 활성화 추진 정책은 크게 ① 지역 연고제, 학생 e스포츠를 통한 e스포츠 저변 확대 추진(e스포츠 저변 확대), ② e스포츠 양성기관, 직업 체험 프로그램을 통한 e스포츠 전문인력 양성(e스포츠 전문인력 양성), ③ e스포츠 산업 범위 명확화 및 관광 등 타 산업 연계 부가가치 확대(e스포츠 산업기반 마련)로 나누어진다.

첫 번째, e스포츠 저변 확대의 경우 ① e스포츠 지역연고제, ② 학생 e스포츠를 새로운 정책과제로 삼고 있다. e스포츠 지역 연고제 실현을 위한 상설 경기장 등 인프라 구축 및 지역 연고 실업팀 창단을 통한 리그 운영을 지원하는 것으로 〈표 8-5〉와 같이 2025년까지 전국 5개소 상설경기장이 구축 완료될 예정이다.

〈표 8-5〉 지역 e스포츠 상설경기장 현황(2025년 기준)

구분	부산 (2020.11월 개관)	광주 (2020.12월 개관)	대전 (2021.9월 개관)	경남(진주) (2024. 5월 개관)	충남(아산) (2025년 개관 예정)
규모	2,739㎡ (주경기장 330석, 보조경기장 144석)	4,290㎡ (주경기장 1,005석, 보조경기장 160석)	4,495.7㎡ (주경기장 500석, 보조경기장 50석)	4,933㎡ (주경기장 700석, 보조경기장 84석)	5,675㎡ (주경기장 500석, 보조경기장 100석)

출처 : 관계부처 합동(2024), p. 28.

실업팀 활동 환경조성 및 전략 종목 경쟁력 강화를 위한 전국 e스포츠 실업리그 창설 및 한국형 e스포츠 리그 시스템 구축은 〈표 8-6〉과 같은 절차로 진행될 예정이다.

〈표 8-6〉 단계별 e스포츠 지역 연고제 활성화 계획

〈1단계〉 2025년 지역 연고 기반 마련	〈2단계〉 2027년 프로-아마추어 연계 추진	〈3단계〉 2030년 e스포츠 지역연고 활성화
지역 연고팀 창단 및 지역실업리그 운영	학교・실업팀・프로 연계 지역 연고 실현	지역 연고 기반 프로리그 출범

출처 : 관계부처 합동(2024), p. 28.

학생 e스포츠의 경우 중·고등학생들이 e스포츠 선수 활동, 콘텐츠 제작, 코치 경험을 체험할 수 있도록 학생 e스포츠 활동을 지원하고 구체적으로는 청소년들이 학교 대표로 출전해 스포츠 정신을 함양하고, 건전한 여가 문화가 정착될 수 있도록 하는 전국 중·고교 리그 신설과, e스포츠 활동을 체험할 수 있도록 학생 동호회를 지원하고 게임 리터러시와 연계해 건전 청소년 e스포츠 문화를 정립하는 것이다.

두 번째, e스포츠 전문인력 양성은 양성기관 지원과 직업체험으로 구성된다. 구체적으로 보면 e스포츠 산업 현장에 맞는 지도자, 기획자, 제작자, 심판 등의 양성을 위한 전문인력 양성기관을 지정·지원하고 2024년도에 전문인력 양성기관을 2개소 지정하기로 하였다.

〈표 8-7〉 인력양성 및 직무역량향상 지원기관 주요 내용

구 분	주요 내용	참여대상
인력양성기관	2~4년제 학제 교육을 통한 분야별 e스포츠 전문인력 양성 지원	고등교육기관(대학교)
직무역량향상 지원기관	e스포츠 지도자, 기획자, 심판 등 현장 인력들의 직무역량 향상 교육 지원	e스포츠 진흥 비영리법인 등

출처 : 관계부처 합동(2024), p. 29.

직업체험으로는 학생들이 직접 기획(PD, 이벤트 기획 등), 운영(코치, 스태프 등), 방송(해설, 리포터 등)에 참여하는 현장 중심 교육을 확대하는 것을 목적으로 하였다. 또한 학생 e스포츠와 연계하여 학생들이 현장 설비 갖춘 상설경기장을 활용하여 중·고교 리그, 대학리그의 경기를 학생들이 직접 제작·송출하는 리그를 제작하는 직업체험을 할 수 있도록 하였다.

세 번째 e스포츠 산업기반 마련은 ① e스포츠의 기반 조성과 ② 부가 산업 육성으로 구성되어 있다. 우선 e스포츠의 기반 조성은 '산업'으로서 e스포츠를 재정의하고, 관련 통계를 구축하여 산업 성장을 위한 기초 발판을 마련하

는 것이다. 문화산업진흥 기본법상 문화산업의 정의에 '게임과 관련된 산업'이 포함되어 있으나 e스포츠가 구체적으로 명시되지 않아 실제 투자자들의 혼란이 유발되어, 정부 모태펀드 투자 활성화를 위해 문화산업진흥 기본법 제2조의 문화산업 정의에 e스포츠를 명시하기로 하였다. 또한 e스포츠 산업의 카테고리가 별도 지정되지 않아, 어디까지를 e스포츠 산업의 범위로 볼 것인지 통계 측정 시마다 재확인하는 문제 발생하여 한국표준산업분류와 연계된 '콘텐츠 산업분류' 내 게임산업과 별도로 구분되는 e스포츠 산업 카테고리를 구축하기로 하였다. 현행 문화산업진흥 기본법에서 인정하는 문화산업은 〈표 8-8〉과 같다.

〈표 8-8〉 문화산업진흥 기본법(약칭 : 문화산업법) [시행 2024. 7. 10.] [법률 제19990호, 2024. 1. 9., 타법개정]

제1조(목적) 이 법은 문화산업의 지원 및 육성에 필요한 사항을 정하여 문화산업 발전의 기반을 조성하고 경쟁력을 강화함으로써 국민의 문화적 삶의 질 향상과 국민경제의 발전에 이바지함을 목적으로 한다.

제2조(정의) 이 법에서 사용하는 용어의 뜻은 다음과 같다.

1. "문화산업"이란 문화상품의 기획·개발·제작·생산·유통·소비 등과 이에 관련된 서비스를 하는 산업을 말하며, 다음 각 목의 어느 하나에 해당하는 것을 포함한다.
   가. 영화·비디오물과 관련된 산업
   나. 음악·게임과 관련된 산업
   다. 출판·인쇄·정기간행물과 관련된 산업
   라. 방송영상물과 관련된 산업
   마. 「국가유산기본법」 제3조에 따른 국가유산과 관련된 산업
   바. 만화·캐릭터·애니메이션·에듀테인먼트·모바일문화콘텐츠·디자인(산업디자인은 제외한다)·광고·공연·미술품·공예품과 관련된 산업
   사. 디지털문화콘텐츠, 사용자제작문화콘텐츠 및 멀티미디어문화콘텐츠의 수집·가공·개발·제작·생산·저장·검색·유통 등과 이에 관련된 서비스를 하는 산업
   아. 대중문화예술산업
   자. 전통적인 소재와 기법을 활용하여 상품의 생산과 유통이 이루어지는 산업으로서 의상, 조형물, 장식용품, 소품 및 생활용품 등과 관련된 산업
   차. 문화상품을 대상으로 하는 전시회·박람회·견본시장 및 축제 등과 관련된 산업. 다만, 「전시산업발전법」 제2조제2호의 전시회·박람회·견본시장과 관련된 산업은 제외한다.
   카. 가목부터 차목까지의 규정에 해당하는 각 문화산업 중 둘 이상이 혼합된 산업

e스포츠 부가 산업 육성에 대하여는 e스포츠 연계 콘텐츠 제작, 관광상품 마련 등 e스포츠를 활용한 국내 산업 부가가치 창출을 유도하기로 하였다. 이에 중국 스마일 게이트가 크로스 파이어 IP를 활용한 드라마 〈천월화선〉을 제작·방영하였으며, 광저우 내 〈천월화선 : 화선전장〉 종합 레저 테마파크를 오픈한 바가 있어, 우리나라에서도 e스포츠를 활용한 우수 콘텐츠를 선정·지원하여 e스포츠 IP를 활용한 부가 콘텐츠 산업 활성화를 유도하기로 하였다. e스포츠 관광과 관련하여는 국내 e스포츠 IP(배틀그라운드 등)와 인프라(PC방, 게임 아카데미), 게임 행사(지스타 등)를 활용한 관광 코스를 마련하기로 하였다.

2024년 게임산업종합계획에서 사례로 들고 있는 e스포츠 연계 관광상품은 〈표 8-9〉와 같다

〈표 8-9〉 (예시) e스포츠 연계 관광상품

• (단기) (1일 차) e스포츠 경기관람 및 팬미팅 진행 → (2일 차) e스포츠 선수 및 코치와 함께하는 원포인트 레슨 진행 및 PC방 문화 체험 → (3일 차) 주요 게임행사 참여 및 K-게임 시연 기회 제공 → (4일 차) e스포츠 관련 굿즈 스토어 방문 • (장기) 구단 운영 게임아카데미 프로그램 연계 장기체류(1개월~1년) 관광상품 개발

3) 정부의 e스포츠(전자스포츠) 종목선정

정부(문화체육관광부)는 이스포츠법 제12조(종목 다양화 지원) 및 같은 법 시행규칙 제6조(종목선정 결과 제출 및 공고)에 근거하여 사단법인 한국e스포츠협회(KeSPA, 이하 'e스포츠협회')가 e스포츠 종목선정기관이 되어 문화체육관광부와 협의하여 e스포츠 종목을 결정하고 선정결과를 문화체육관광부가 공고하고 지원하도록 하고 있다.

〈표 8-10〉 e스포츠 종목선정 관련 규정

이스포츠(전자스포츠) 진흥에 관한 법률	이스포츠(전자스포츠) 진흥에 관한 법률 시행규칙
제12조(종목 다양화 지원) ① 문화체육관광부장관은 이스포츠의 종목 다양화를 촉진하기 위하여 종목선정 기관을 지정하여 그 종목선정 기관으로 하여금 이스포츠의 종목선정을 실시하게 할 수 있다. ② 문화체육관광부장관은 제1항에 따른 종목선정 기관이 지정요건에 미달하는 때에는 대통령령으로 정하는 바에 따라 그 지정을 취소할 수 있다. ③ 제1항의 종목선정 기관의 지정요건, 지정신청, 운영 등과 종목선정의 절차 및 종목선정 대상, 종목선정 기준, 종목선정 신청의 절차 등에 관하여 필요한 사항은 문화체육관광부령으로 정한다.	제5조(종목선정 기준 및 절차) ① 종목선정 기관은 게임물에 관한 다음 각 호의 사항을 종합적으로 고려하여 종목을 선정한다. 1. 게임물의 이용자 수 및 성별 2. 게임물 이용자의 이스포츠 선정에 관한 의견 3. 게임물의 「게임산업진흥에 관한 법률」 제21조에 따른 분류등급 4. 게임물 관련 대회 규칙의 공정성 ② 게임물이 이스포츠 종목으로 선정되도록 하려는 자는 제1항 각 호의 사항에 관한 자료를 갖추어 종목선정 기관에 이스포츠 종목선정을 신청하여야 한다. ③ 제1항 및 제2항에서 규정한 사항 외에 종목선정의 기준 및 절차에 관하여 필요한 세부 사항은 문화체육관광부장관이 종목선정 기관과 협의하여 정한다. 제6조(종목선정 결과 제출 및 공고) ① 종목선정 기관이 제5조제1항에 따라 종목을 선정하였을 때에는 그 사실을 지체 없이 문화체육관광부장관에게 제출하여야 한다. ② 문화체육관광부장관은 제1항에 따라 제출받은 종목선정 결과를 특별시장・광역시장・특별자치시장・도지사・특별자치도지사에게 알리고, 문화체육관광부 인터넷 홈페이지에 공고하여야 한다.

2024년도에는 다음 〈표 8-11〉과 같이 2024년 5월 14일 "문화체육관광부 공고 제2024-0201호"로 리그 오브 레전드, 배틀그라운드를 비롯해 총 14개 종목을 선정하여 공고하였다.

〈표 8-11〉 2024년도 e스포츠 종목선정 결과

종목구분		종목명	종목사	유효/유예기간
정식종목(8)	전문종목(6)	리그 오브 레전드	라이엇게임즈	
		배틀그라운드	㈜크래프톤	
		배틀그라운드 모바일	㈜크래프톤	
		FC 온라인	넥슨코리아	
		카트라이더 : 드리프트	넥슨코리아	
		발로란트	라이엇게임즈	
	일반종목(2)	스타크래프트 2	블리자드 엔터테인먼트	
		이터널리턴	님블뉴런	
전략종목(2)		도타 2	밸브 코퍼레이션	
		스트리트 파이터 6	캡콤	
시범종목(1)		FC모바일	넥슨코리아	~2026년까지 심의
자격취소유예(3)		서든어택	넥슨코리아	~2026년까지 심의
		하스스톤	블리자드 엔터테인먼트	~2026년까지 심의
		크로스파이어	스마일게이트 엔터테인먼트	~2026년까지 심의

출처 : 문화체육관광부 홈페이지.

e스포츠 종목선정기관인 e스포츠협회의 「이스포츠선정 심의규정」에 따라 〈표 8-11〉과 같이 전문종목, 일반종목, 전략종목, 시범종목으로 구분하는데, e스포츠 종목을 분류한 기준의 내용은 「이스포츠종목선정 심의규정」 제6조에서 규율하고 있으며 그 내용은 다음 〈표 8-12〉와 같다. 또한 e스포츠협회에서 선정한 자격이 유효/유예기간 내 자격 갱신 심의에서 일반종목 이상의 평가를 받지 못할 경우 그 자격이 취소된다(이스포츠선정 심의규정 제21조).

〈표 8-12〉 e스포츠 종목 구분(이스포츠종목선정 심의규정)

제6조(종목 등급) ① 이스포츠 종목은 정식종목과 시범종목, 전략종목으로 구분한다.

② "정식종목"이란 종목선정 심의를 통하여 이스포츠 적격성에 문제가 없고, 저변 및 환경이 충분하다고 인정받아 정식 이스포츠 종목으로 선정된 종목이며, 다음 각 호와 같이 전문종목과 일반종목으로 세분한다.

1. "전문종목"이란 종목사의 적극적인 투자를 통해 직업선수가 활동할 수 있는 장기적인 리그 구조를 구축하여 지속 가능한 생태계를 가지고 있다고 인정받은 종목을 말한다.

2. "일반종목"이란 직업선수 활동 저변은 부족하지만, 종목사의 투자계획이 명확하고 지속적인 육성을 통해 발전 가능성이 있다고 인정받은 종목을 말한다.
③ "시범종목"이란 종목선정 심의를 통하여 이스포츠 적격성을 인정받았으나, 향후 정식종목으로 선정되기 위해 유효기간 동안 자격이 부여되는 종목을 말한다.
④ "전략종목"이란 종목사가 종목심의를 신청하지는 않았으나, 국제적으로 활성화되어 있고 우수한 성적을 기대할 수 있어서 전략적으로 지정, 육성을 필요로 하여 위원회에서 별도로 선정한 종목을 말한다.

문화체육관광부(e스포츠협회)에 의한 e스포츠 종목으로 선정되면 그 등급에 따라 대회, 선수에 대한 지원이 지원을 받을 수 있다(이스포츠종목선정 심의규정 제7조). 그 자세한 내용은 〈표 8-13〉과 같다.

〈표 8-13〉 e스포츠 종목 구분에 따른 지원(이스포츠종목선정 심의규정)

제7조(종목 및 대회, 선수에 대한 지원) ① 정식종목과 전략종목은 이스포츠법에서 정식으로 인정하는 이스포츠 종목으로서 종목의 활성화와 저변확대를 위해 국가와 지방자치단체, 이스포츠법에 따라 지정된 이스포츠산업지원센터(이하 '이스포츠 산업지원센터'라 한다)로부터 지원을 받을 수 있다.
② 정식종목과 전략종목, 시범종목은 한국이스포츠협회 또는 국제이스포츠연맹이 주최하거나 인정하는 이스포츠 대회에 종목으로 선정될 수 있다.
③ 정식종목과 전략종목으로 개최되는 이스포츠 대회와 정식종목과 전략종목 등록선수는 이스포츠 산업지원센터의 심사를 거쳐 지원을 받을 수 있다.
④ 동조 제3항에서 정한 이스포츠 대회와 등록선수의 지원에 대한 세부사항은 이스포츠 산업지원센터에서 정한다.
⑤ 시범종목은 동 조 제1항 및 제3항의 지원대상은 아니나, 위원회의 의견에 따라 지원대상으로 추천될 수 있다.

---

4) 이스포츠 표준계약서

문화체육관광부는 2020년 9월 이스포츠 선수의 권익을 보호하고, 선수와 게임단 간 공정한 계약체결을 통해 상호 이익과 발전을 도모할 수 있도록 이스포츠 분야에 특화된 표준계약서를 도입하였다(이하 문화체육관광부 2020. 9. 3. 보도자료).

이스포츠 선수 표준계약서의 주요 내용은 후원금, 상금 등의 분배 비율 사전 합의, 계약 종료 후 지식재산권 등 모든 권리를 선수에게 반환, 이적, 임대 등 권리 양도 시 선수와 사전 협의 의무화, 일방적 계약해지 금지 및 계약 위반 시 시정요구 기간(30일) 설정, 부당한 지시에 대한 선수의 거부 권한 등이다.

과거 일부 사례에서 존재했던 게임단의 일방적 계약 해지, 선수의 계약 위반에 대한 과도한 위약금과 손해배상 의무, 계약 종료 후에도 선수 초상권 등 일체의 지식재산권이 게임단에 귀속되는 문제, 상금 등 수익 분배 기준을 게임단이 자의적으로 결정하는 문제 등 불공정 조항을 개선해 선수와 게임단이 상호 동등한 권리·의무를 갖도록 한 것이다.

육성군 선수 표준계약서에서는 육성군 선수가 안정적 환경에서 훈련하고 기량을 향상해 정식 선수계약으로 전환할 수 있도록 유도하고, 게임단이 선수의 성장 가능성이 낮다는 사유로 계약을 해지하고자 할 경우 성장 가능성에 대한 평가 결과 등 합리적 근거를 제시하도록 했다. 한편 10대 중·후반에 선수활동을 시작하는 이스포츠 선수의 특성을 감안해, 청소년 선수에 대한 보호를 강화할 수 있도록 '청소년 이스포츠 선수 표준 부속합의서'를 별도로 마련했다. 부속합의서에서는 게임단이 청소년의 자유선택권, 학습권, 인격권, 건강권, 수면권·휴식권 등 기본적 권리를 보장하도록 하고, 선수활동 제공시간의 상한(15세 미만은 주당 35시간 이내, 15세 이상은 주당 40시간 이내)을 규정했다. 또한 선수의 부모 등 법정대리인에게 게임단을 상대로 선수 관련 계약 등 정보 제공 요청, 의견 제시, 상금 등 정산내역 요청 등의 권한을 부여하도록 하였다.

5. e스포츠와 예산

1) 이스포츠법과 정책 및 예산의 관계

정부가 정책을 세우기 위해서는 법적 근거가 있어야 한다. e스포츠 산업을 독자적인 산업 분야로 인정하고 e스포츠 정책을 수립하기 위하여 이스포츠법이 제정되었다. 또한 정책을 수행하기 위하여는 예산이 필요하다. 결국 정책을 수행하는 데에는 정책의 근거가 되는 법률과 집행비용을 위한 예산이 필요하다. 이 절에서는 e스포츠 육성정책을 수행하기 위한 예산이 어떻게 구성되어 있는지를 살펴보았다.

헌법 제54조 제2항은 "정부는 회계연도마다 예산을 편성하여 회계연도 개시 90일 전까지 제출하고 국회는 회계연도 개시 30일 전까지 의결하여야 한다."고 규정하고 있다. 즉, 2024년도 예산은 작년 말에 이미 수립되어 있는 것이다. 이에 2023년도 말에 수립된 2024년도 e스포츠 산업과 관련된 예산을 한편 살펴보았다.

2) e스포츠와 관련된 2024년도 예산

정부는 예산이 집행되는 회계연도의 전년도에 편성한 후 그 내용을 설명하기 위하여 당해 회계연도 1월에 예산이 어떻게 사용되는지 사업설명자료를 공개한다. 문화체육관광부는 "2024년도 예산 및 기금운용계획 사업설명자료"를 2권에 걸쳐서 공개하였는데, 게임 관련 예산은 "2024년도 예산 및 기금운용계획 사업설명자료(1권)"(이하 '예산설명자료' 1권)에 그 내용이 있다. 예산설명자료 1권에는 문화산업정책개발 및 평가, 문화콘텐츠 국제협력 및 수출기반 조성, 문화콘텐츠 국제협력 및 수출기반 조성, 문화콘텐츠 투자활성화, 콘텐츠산업 생태계 조성 K-콘텐츠 펀드 출자, 콘텐츠산업 전문인력 양성지원(ODA), 영상콘텐츠산업 육성, 음악산업 및 대중문화산업 육성, 게임산업 육성, 신기술 융합콘텐츠사업 육성 등에 관한 예산세출 내용 등 221개의 사업에 대한 예산을 설명하고 있다. 그중 13번째 게임산업 육성의 관한 예산의 한 부분으로 e스포츠의 예산이 편성되어 있다.

게임산업 육성에 관한 예산 설명은 1. 사업코드번호, 2. 사업 지원 형태 및 지원율, 3. 예산총괄표, 4. 사업목적, 5. 사업근거 및 추진 경위, 6. 주요 내용,

7. 사업집행절차로 구성되어 있다. 예산설명자료(1권) 중 e스포츠와 관련된 (13) 게임산업 육성 예산은 작년 661억 원에서 17억 1천9백만 원이 증가한 679억 원으로 그 내용은 다음 〈표 8-14〉와 같다.

〈표 8-14〉 2024년 게임산업육성 예산설명자료

사 업 명
(13) 게임산업 육성(1232-302)

1. 사업 코드 정보

구분	회계	소관	실국(기관)	계정	분야	부문
코드	일반회계	문화체육관광부	콘텐츠정책국		060	061
명칭					문화및관광	문화예술

구분	프로그램	단위사업	세부사업
코드	1200	1232	302
명칭	콘텐츠산업 육성	문화콘텐츠산업 육성	게임산업 육성

2. 사업 지원 형태 및 지원율

직접	출자	출연	보조	융자	국고보조율(%)	융자율(%)
○			○		100	

3. 예산 총괄표

(단위 : 백만 원, %)

사업명	2022년 결산	2023년		2024년	증감	
		본예산	추경(A)	본예산(B)	(B-A)	(B-A)/A
게임산업 육성	61,095	66,118	66,118	67,915	1,797	2.7

4. 사업목적

○ (인재양성) 게임인재원 운영지원으로 신성장 게임 트렌드에 맞춰 전문인재 배출

○ (게임기업 육성) 게임기획 지원, 게임상용화제작 지원, 게임 유통 지원

- (게임기획지원) 우수한 아이디어와 게임제작 기술을 보유한 게임 스타트업 및 예비창업자(인디)의 성장단계별 체계적인 지원체계 구축을 통해 시장경쟁력 및 성장역량을 갖춘 기업으로 육성

- (게임상용화제작지원) 분야별 게임콘텐츠 제작 지원 및 컨설팅, 홍보마케팅 등 다각 지원을 통한 게임산업 발전 저변 확대
- (게임유통지원) 게임기업 자율선택 지원 및 국외 수출상담회 개최 및 해외 주요 게임마켓 참가 등을 통한 국산 게임의 해외 수출 확대 지원

○ (글로벌게임허브센터 운영) 중소게임기업 및 창업준비팀 대상 게임개발 공간 제공 및 모바일 · VR게임 테스트베드 운영, 분야별 컨설팅 지원 등 글로벌 진출 지원체계 고도화를 통한 한국 게임산업의 지속성장과 글로벌 경쟁력 견인

○ (게임활성화 생태계 조성) 건전한 게임 여가문화 조성 및 게임의 문화적 가치 확산, 이스포츠의 지속 성장 생태계 조성, 게임국가기술자격검정 운영, 대한민국 게임대상 개최 등 게임활성화 생태계 조성

○ (기타 게임정책 지원) 게임백서 발간 등 게임산업 정책 개발 및 저변 확대 지원

5. 사업근거 및 추진경위

○ 법령상 근거

- 게임산업진흥에 관한 법률 제3조(게임산업진흥종합계획의 수립 · 시행), 제4조(창업 등의 활성화), 제5조(전문인력의 양성), 제6조(기술개발의 추진), 제7조(협동개발 및 연구), 제9조(유통질서의 확립), 제10조(국제협력 및 해외진출 지원), 제11조(실태조사), 제12조(게임문화의 기반조성), 제12조의2(게임과몰입의 예방 등), 제12조의4(게임물 이용 교육 지원 등), 제14조(이용자의 권익보호)
- 이스포츠(전자스포츠) 진흥에 관한 법률 제8조(자금지원 등), 제10조(이스포츠 관련 전문인력의 양성), 제11조(이스포츠대회의 육성 · 지원 등), 제13조(이스포츠산업지원센터의 지정 등), 제14조(국제교류 및 해외 홍보 지원), 제15조(전문 이스포츠 및 생활 이스포츠의 육성)

○ 추진경위

- 기능성게임전략보고회('09.5월)
- 글로벌게임허브센터 개소('09.6월)
- 게임산업 지속성장 기반 강화를 위한 게임과몰입 예방 및 해소 대책 발표('10.4월)
- 이스포츠 중장기 발전 계획 발표('10.7월)
- 오픈마켓 게임물 자율등급제도 시행('11.7월)
- 모바일게임센터 개소('11.8월)
- 이스포츠-게임산업 상생협의체 출범('11.12월)
- 게임과몰입 · 중독 예방조치 제도 시행('12.7월)
- 이스포츠(전자스포츠)진흥에 관한 법률 시행('12.8월)
- '콘텐츠산업 발전 전략' 발표('14.4월, 대통령 주재 제3차 문화융성위원회)
- 게임산업 및 이스포츠 진흥 중장기계획(2015~2019) 발표('14.12월)

※ 게임산업 진흥 3대 전략 : 차세대 게임산업 新영역 창출, 게임산업 재도약 기반 마련, 게임인식 제고를 통한 가치의 재발견

※ 이스포츠 진흥 3대 전략 : 이스포츠 산업 기반 조성, 이스포츠 향유 문화 확산, 이스포츠 글로벌 리더십 강화

- '소통과 공감의 게임문화 진흥계획' 발표('16.7.18.)
  ※ 주요 내용 : ▲'모두의 게임문화' 공감대 형성, ▲게임의 활용 가치 발굴 및 확장, ▲게임문화 제도 · 지식 · 생태계 기반 확충, ▲협력형 과몰입 대응 체계 구축
- 게임산업 진흥 종합계획(2020~2024) 발표('20.5월)
  ※ 역점 추진과제 : 적극적인 규제 · 제도 개선으로 혁신 성장 지원, 창업에서 해외시장 진출까지 단계별 지원 강화, 게임의 긍정적 가치 확산 및 e스포츠 산업 육성, 게임산업 재도약 토대 구축

6. 주요 내용

- ㅇ 사업기간 : 단년도 계속('99~)
- ㅇ 사업시행방법 : 직접수행, 민간보조
- ㅇ 사업시행주체 : 한국콘텐츠진흥원, 한국게임산업협회, 한국이스포츠협회, 국제이스포츠연맹
- ㅇ 사업 수혜자 : 국내게임기업, 게임산업 종사자 등 전 국민
- ㅇ 보조, 융자, 출연, 출자 등의 경우 보조 · 융자 등 지원 비율 및 법적 근거

피보조 · 피출연 등 기관명	지원 비율(%)	보조율 법적 근거(해당 조항)
한국콘텐츠진흥원 한국게임산업협회 한국이스포츠협회 국제이스포츠연맹	정액	보조금 관리에 관한 법률 제9조

7. 사업 집행절차

추진절차	시행주체	절차내용
① 게임산업 육성 관련 중장기계획 수립	문화체육관광부	게임산업진흥에 관한 법률 제3조 및 이스포츠 진흥에 관한 법률 제6조에 따른 게임산업 육성 관련 중장기 계획 수립
⇩		
② 연차별 사업계획 수립	문화체육관광부	게임산업 육성을 위한 연차별 기본계획(안) 수립
⇩		
③ 사업별 세부시행 계획 수립 및 교부신청	한국콘텐츠진흥원 이스포츠협회 국제이스포츠연맹 게임산업협회	보조사업별 세부시행계획 수립 및 교부신청
⇩		

④ 사업계획 승인 및 보조사업 교부결정	문화체육관광부	보조사업별 세부시행계획 및 예산집행계획 검토 및 교부결정
⇩		
⑤ 보조사업 추진	한국콘텐츠진흥원 이스포츠협회 국제이스포츠연맹 게임산업협회	보조사업 수행 및 추진상황 수시 보고, 사업 추진방법 등 개선 및 보완
⇩		
⑥ 보조사업 정산 및 실적보고	한국콘텐츠진흥원 이스포츠협회 국제이스포츠연맹 게임산업협회	보조사업 완료 후 이나라도움 등 시스템 통한 예산 집행내역 정산보고 및 보조사업 추진실적 보고
⇩		
⑦ 보조사업 정산검토 및 차기년도 반영	한국콘텐츠진흥원 이스포츠협회 국제이스포츠연맹 게임산업협회	당초 사업계획 및 관계법령을 준수하여 사업추진 및 예산 집행하였는지 검토 및 정산확정, 사업추진결과 차기년도 예산사업계획 수립 시 반영 등

출처 : 문화체육관광부 2024년도 예산 및 기금운용계획 사업설명자료(1권), pp. 35-39.

6. e스포츠와 거버넌스

1) 스포츠 정책을 수립하는 부서들

스포츠산업과 관련된 법은 「국민체육진흥법」, 「스포츠산업 진흥법」(스포츠산업법) 그리고 「이스포츠(전자스포츠) 진흥에 관한 법률(이스포츠법)」이다. 그리고 이 3개의 법을 관장하는 기관은 문화체육관광부로서 스포츠산업의 정책을 주관하여 수립하는 곳은 문화체육관광부이다. 문화체육관광부 중에서 해당 법들을 관장하는 부서를 보면 국민체육진흥법은 체육정책과, 스포츠산업법은 스포츠산업과, 이스포츠법은 게임콘텐츠산업과로서 구체적인 부서가 다르다. 구체적으로 문화체육관광부의 조직도를 보면 **❙그림 8-3❙**과 같다.

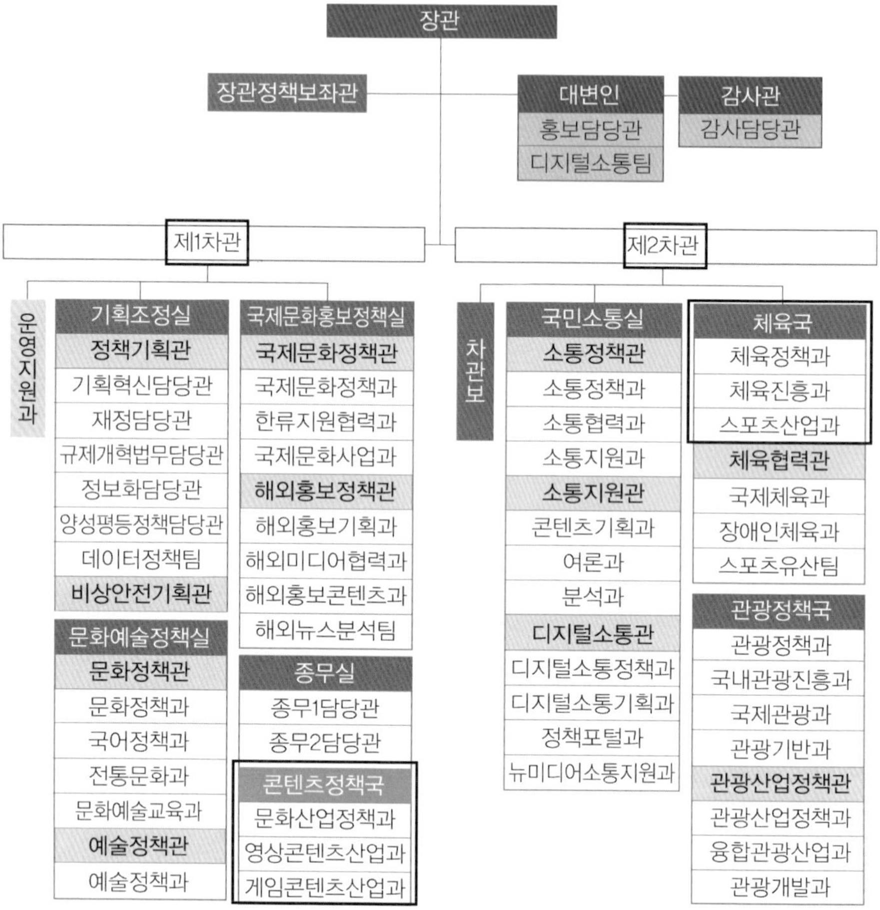

❙그림 8-3❙ 문화체육관광부 조직도

출처 : 문화체육관광부 홈페이지.

스포츠와 관련하여 국민체육(국민체육진흥법)은 체육국 중 체육정책과 그리고 스포츠산업(스포츠산업법)은 체육국 중 스포츠산업과가 관장하고 있으며 모두 제2차관 소관이다. 한편 e스포츠는 제1차관 소속 콘텐츠정책국 중 게임콘텐츠산업과가 그 정책을 입안하고 실행하고 있다. 문화체육관광부 인터넷 홈페이지에 게재된 각 부서의 역할은 〈표 8-15〉와 같다.

〈표 8-15〉 문화체육관광부 내 스포츠 관련 부서의 담당 역할

구분	게임콘텐츠산업과	체육정책과	스포츠산업과
담당차관	제1차관	제2차관	제2차관
소속 국	콘텐츠정책국	체육국	체육국
담당인원	9명	15명	9명
담당 업무	• 게임산업 진흥에 관한 종합계획의 수립 및 시행 • 게임산업의 진흥을 위한 조사·연구 • 게임산업 관련 전문인력 양성에 관한 사항 • 게임산업 분야의 창작·제작 활동 및 관련 단체의 지원 • 게임산업의 유통구조 개선, 정보화 및 투자활성화에 관한 사항 • 게임물 판매 촉진 활동의 지원 • 게임산업의 남북교류·해외진출 및 국제교류에 관한 사항 • 인터넷게임시설제공업 및 게임제공업에 관한 사항 • 게임산업의 건전한 육성 및 게임문화 진흥에 관한 사항 • 게임물의 공정한 등급분류와 유통·이용제공 관련 영업의 건전한 질서 확립에 관한 사항 • 게임 이용자의 권익 보호 및 게임물 분쟁조정에 관한 사항 • 이스포츠(전자스포츠)의 지원 육성 및 그와 관련된 활동의 활성화에 관한 사항 • 게임 이용 교육 및 게임 과몰입 예방 등 역기능 대처	• 체육진흥정책에 관한 장·단기종합계획의 수립 • 체육종합계획의 추진상황 분석 및 평가 • 체육관련 통계자료의 수집·분석 및 체육지표 개발 • 체육정보화에 관한 사항 • 국민체육진흥기금의 조성 및 운용 • 체육유공자의 지정 및 지원 • 서울올림픽기념국민체육진흥공단에 관련된 업무 • 국가대표선수 및 우수 선수의 육성 및 지원에 관한 사항 • 국가대표선수 훈련시설의 확충 및 운영에 관한 사항 • 대한체육회 및 회원종목단체의 일반적 관리에 관한 사항 • 체육과학 연구기관의 육성·지원 • 대한민국체육상 등 우수체육인 포상 • 체육진흥투표권 및 경륜·경정사업에 관한 사항	• 스포츠산업 진흥을 위한 계획의 수립 및 시행 • 스포츠산업 진흥을 위한 조사·연구계획의 수립 및 추진 • 스포츠산업 관련 업체, 단체 및 기구의 육성·지원 • 스포츠산업 진흥 재원의 조성 및 운용 • 스포츠산업 기술 개발, 기술 이전 및 사업화 촉진 지원에 관한 사항 • 스포츠산업 정보망 구축 및 전자상거래 육성에 관한 사항 • 체감형 가상스포츠 등 융·복합형 스포츠산업 육성에 관한 사항 • 스포츠 용품·시설·서비스의 품질 비교 정보 제공에 관한 사항 • 스포츠산업진흥시설의 지정에 관한 사항 • 스포츠산업의 경쟁력 강화에 관한 사항 • 스포츠산업 관련 전문인력 양성 및 일자리 창출에 관한 사항 • 스포츠산업 활성화를 위한 기반 조성에 관한 사항 • 민간체육시설의 설치 및 이용 활성화

	에 관한 사항 • 게임 관련 기술개발 및 표준화에 관한 사항 • 디지털 · 모바일 · 스마트 문화콘텐츠산업 및 에듀테인먼트산업 활성화에 관한 사항 • 게임물관리위원회와 관련된 업무		• 스포츠 관련 용품 · 용구 · 기자재의 생산지원 및 장려 • 스포츠산업 관련 국제교류 · 협력에 관한 사항 • 프로운동경기의 진흥 및 관련 단체의 육성 · 지원에 관한 사항 • 지역 스포츠산업 진흥을 위한 정책 개발 및 지원 • 스포츠시설의 안전에 관한 사항

출처 : 문화체육관광부 홈페이지.

2) e스포츠 정책을 수립하고 수행하는 독자적인 부서의 필요성

국민체육과 스포츠산업은 독자적인 부서인 체육정책과와 스포츠산업과에서 정책을 수립하고 수행하고 있다. 반면 e스포츠는 게임콘텐츠산업과의 다양한 업무 중 "이스포츠(전자스포츠)의 지원 육성 및 그와 관련된 활동의 활성화에 관한 사항"이라고 규정된 게임 관련 업무 중 하나에 불과하다. 또한 e스포츠는 스포츠로서의 기능을 가지고 있음에도 제2차관 소관의 스포츠 관련 부서가 아닌 제1차관 소속의 콘텐츠 관련 부서에 소속되어 있어 e스포츠 정책에 혼동이 일어날 여지가 있다.

또한 문화체육관광부가 2013년도에 발표한 스포츠산업 중장기 발전계획에서는 "체감형 가상스포츠 콘텐츠 시장 확대"를 추진과제로 삼았다. 체감형 가상스포츠 콘텐츠 시장 확대를 위하여 ① 가상스포츠 시장 확대를 위한 핵심 콘텐츠 기술 개발 지원과 ② 스포츠 R&D 기술의 상용화 및 사업화 지원을 세부 과제로 하였다. 특히 가상스포츠 시장 확대를 위한 핵심 콘텐츠 기술 개발 지원을 위하여 체감형 가상스포츠 콘텐츠를 다양화할 수 있는 3D · 4D 가상스포츠 등 기술을 개발, 체감 완성도를 높이기로 하였고(야구, 패러글라이더, 자전거 등 시장 수요가 많은 '10대 유망 종목' 선정, 종목별 핵심 기술 개발지원), 유망 종목의 시뮬레이터(H/W) 개발 지원을 통해 가상스포츠 시장을 확대하기로 하였으며[야구, 축구, 양궁 등 유망 종목 선정(2014), 체감형 가상스포츠 시뮬레이터 기술 개발 및 사업화 시범 지원(2015), 평가 후 종목 확대(2016)], 공공 체육시설 내 체험 아케이드 설치, 연령대별 맞춤형 프로그램 운용을 통해 가상스포츠 시뮬레이터를 보급·확산하기로 하였다(문화체육관광부, 2013). 여기서 언급된 가상스포츠 체험관으로는 스크린 골프 골프존/TaylorMade의 Matt와 러닝 머신에 게임적 요소가 결합된 트레드밀 : R1solution의 Frevola이다. 그리하여 문화체육관광부 스포츠산업과의 업무로 '체감형 가상스포츠 등 융·복합형 스포츠산업 육성에 관한 사항'이 도입되기에 이르렀다.

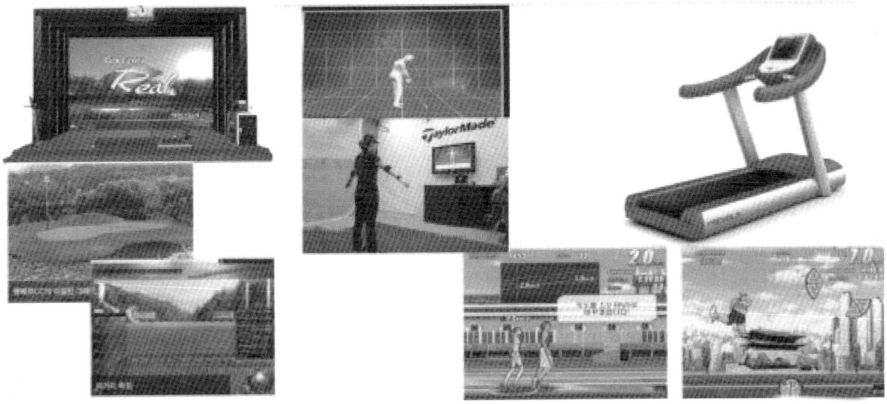

스크린 골프 : 골프존/TaylorMade의 MATT 게임요소가 결합된 트레드밀 : R1solution의 Frevola

▌그림 8-4▐ 가상스포츠 체험관 사례

출처 : 문화체육관광부(2013), p. 14.

스포츠산업과 관련하여 가상스포츠 또한 체육국의 스포츠산업과에서 그 업무를 담당하고 있으며, 향후 가상스포츠와 e스포츠의 경계 또한 허물어질 것으로 보인다. 이러한 상황에서 제1차관 소속의 게임콘텐츠 사업과에서 e스포츠 정책이 수립되고 수행되는 것이 타당한지에 대한 의문이 발생한다. 이러한 질문에 대하여 e스포츠를 정식 스포츠화하여 스포츠로서 육성정책과 지원을 받아야 한다는 견해가 있다. 즉, 문화관광체육부 조직을 보면, e스포츠가 산업(1차관)과 무관한 콘텐츠정책국에 속해있는 현재 상황으로는 체육국(2차관)이 관장하는 대한체육회의 정식 가맹종목이 되기 어려워, e스포츠를 제1차관 소속 콘텐츠정책국에서 제2차관 내 체육국으로 이전하여 업무를 담당하는 것이 적합하다는 것이다(윤아름, 2020). 또한 국민체육진흥공단(문화체육관광부 산하)이 "체육진흥에 필요한 시설 비용, 체육인의 복지 향상, 체육·문화예술 전문인력 양성, 스포츠산업 진흥 등"을 위해 매년 1조 원 이상의 예산을 책정하는데(국민체육진흥법 제19조, 제22조 참조), e스포츠가 체육국 산하 스포츠로 인정되면 e스포츠가 국민체육진흥법상의 예산에서 지원받을 수 있게 되어, e스포츠의 인프라 구축 및 대회 운영에 많은 도움이 될 수 있다는 것이다(윤아름, 2020).

한편 e스포츠를 체육국 산하의 스포츠로 보기 위해서는 e스포츠가 기존의 스포츠와 같이 오랜 기간에 걸쳐 사람들에게 향유되어야 함이 전제되어야 한다. 대한민국을 e스포츠의 종주국으로 만든 스타크래프트 1은 e스포츠로서 20년의 수명을 넘지 못하였다. 스타크래프트를 대체한 리그 오브 레전드(LoL : Legue Of Legend) 또한 10년 후 e스포츠로서의 입지를 계속 유지할지는 미지수이다. 스타크래프트와 리그 오브 레전드는 모두 미국의 게임으로 한국산 e스포츠 게임이 개발되어야 한다는 점에서 게임콘텐츠산업과의 역할도 필요하다고 할 것이다.

e스포츠는 스포츠라는 측면과 게임이라는 이중적 지위를 가지고 있다. 디지털 기술의 발전에 따라 게임은 지속해서 발전하고 있다. e스포츠의 기본이 되는 게임을 발전하기 위해서는 콘텐츠정책국의 지속적인 게임개발에 대한 지원이 필요하다. 또한 e스포츠는 게임을 이용한다는 점을 제외하면 기존의 스포츠와 크게 다르지 않다. 이에 문화체육관광부의 체육국 스포츠산업과에서는 '체감형 가상스포츠 등 융·복합형 스포츠산업 육성에 관한 사항'을 관장하고 있다. e스포츠가 「국제경기 지원법」의 공식 스포츠 종목이 되고, 올림픽이나 아시안게임에서 공식 스포츠로 지정되기 위해서는 체육국의 지원이 필

요하다. 이렇듯 게임을 활용한 스포츠라는 e스포츠의 특징을 고려하여 문화체육관광부에서는 e스포츠 산업의 정책을 수립하고 시행하는 새로운 조직체계를 마련해야 할 필요가 있어 보인다.

7. 최근(22대 국회)에 발의된 e스포츠법 개정안

2024년 4월 10일의 국회의원 총선거를 통해 22대 국회가 개원하였다(임기 2024. 5. 30.~2028. 5. 29). 2024년 8월 기준 22대 국회에서 발의된 e스포츠법 개정안은 2개이고 현재 소관상임위에 접수되어 국회를 통과하지 못한 채 계류 중이며 그 내용은 〈표 8-16〉과 같다.

〈표 8-16〉 22대 국회 이스포츠(전자스포츠) 진흥에 관한 법률 일부개정법률안 발의 현황

제안일자 및 의안번호	제안 이유 및 주요 내용
제안일자 : 2024. 5. 30. 의안번호 : 2200036	불안정한 지위로 인해 인력들이 불합리한 대우를 받지 않게 보호하자는 취지로 만들어진 표준계약서는 법적 구속성이 없어 분야별 표준계약서가 만들어져 있음에도 불구하고 사용률이 저조한 상황임. 2021년 콘텐츠산업 10대 불공정행위 실태조사에 따르면 문화체육관광부에서 고시하고 있는 표준계약서를 활용하거나 사안별로 활용하고 있는 비율은 42.6%이고, 구두계약만 진행하는 경우도 18.5%인 것으로 나타남. 이에 현장에서의 표준계약서 사용률 제고를 위해 표준계약서를 사용하는 이스포츠 분야의 사업자 또는 이스포츠 단체에 대하여 재정지원을 할 수 있도록 해 산업 내 전문인력들의 고용안전망을 강화하고 표준계약서의 실효성을 높이려는 것임(안 제7조의2 등).
제안일자 : 2024. 6. 27. 의안번호 : 2201068	현행법은 이스포츠의 진흥에 필요한 사항을 규정함으로써 이스포츠의 문화와 산업의 기반조성 및 경쟁력 강화를 도모하고 이스포츠를 통하여 국민의 여가선용 기회 확대 등에 이바지함을 목적으로 하고 있음. 또한, 지방자치단체가 지방 이스포츠 진흥을 위하여 시설 조성, 단체 설립·운영 및 이스포츠 대회의 개최 등을 지원할 수 있도록 규정하고 있음. 게임 산업의 발전 및 이스포츠 진흥 정책 등에 따라 이스포츠 산업이 확장되며

	이스포츠 선수 등 이스포츠인 또한 증가하고 있으나 이스포츠인 분야의 인권에 관한 규정이 미비한 상황으로, 현행법에 이스포츠 분야의 인권을 보호하기 위한 내용을 규정할 근거를 마련할 필요가 있다는 의견이 있음. 최근에는 중국 항저우 아시안게임에서 이스포츠가 정식 종목으로 채택되는 등 점차 스포츠로서의 가능성을 인정받고 있으며 더 나아가 각종 국제경기대회에서 정식종목으로 채택될 수 있도록 하기 위해서는 국가적 차원의 이스포츠 육성・지원이 필요함. 또한 「스포츠산업 진흥법」에서는 지역에 연고를 둔 프로스포츠를 육성하기 위하여 지방자치단체나 공공기관이 프로스포츠단 창단에 출자・출연 또는 사업 경비를 지원할 수 있도록 규정하고 있는데, 이를 통하여 지역 기반의 프로스포츠가 활성화되고 있음. 이를 참조하여 이스포츠의 경우에도 지역 연고 기반의 전문 이스포츠 활성화가 필요하다는 의견이 제기됨. 이에 현행법의 목적에 이스포츠 분야의 인권보호에 관한 사항을 명시하여 이스포츠 문화와 산업의 건전한 성장 및 활성화를 도모, 이스포츠가 국제경기대회의 정식종목으로 채택될 수 있도록 기반 조성, 지방자치단체나 지역 내 공공기관이 지역 기반 이스포츠 활성화를 위하여 프로이스포츠단 창단에 출자・출연하거나 사업 경비를 지원할 수 있도록 하려는 것임(안 제1조 및 안 제5조 제2항 신설 등).

출처 : 국회 홈페이지.

e스포츠법 일부개정법률안들의 신구조문 대조표는 다음과 같다.

〈표 8-17〉 국회 이스포츠(전자스포츠) 진흥에 관한 법률 일부개정법률안(의안번호 : 2200036) 신구조문 대조표

현 행	개정안
제7조의2(표준계약서의 제정・보급) ①・② (생략) ③ 문화체육관광부장관은 이스포츠 분야의 사업자 및 이스포츠 단체에 제1항에 따른 표준계약서의 사용을 권장할 수 있다.	제7조의2(표준계약서의 사용 및 확산) ①・② (현행과 같음) ③ 문화체육관광부장관은 제1항에 따른 표준계약서를 사용하는 이스포츠 분야의 사업자 및 이스포츠 단체에 대하여 이스포츠 산업에 관한 재정지원(「문화산업진흥 기본법」 제8조 및 제9조에 따라 같은 법상의 지원을 받은 투자조합의 문화산업에 관한 투자를 포함한다)을 하는 경우 우대할 수 있다.

〈표 8-18〉 국회 이스포츠(전자스포츠) 진흥에 관한 법률 일부개정법률안(의안번호 : 2201068) 신구조문 대조표

현 행	개정안
제1조(목적) 이 법은 이스포츠의 진흥에 필요한 사항을 규정함으로써 이스포츠의 문화와 산업의 기반조성 및 경쟁력 강화를 도모하고 이스포츠를 통하여 국민의 여가선용 기회 확대와 국민경제의 건전한 발전에 이바지함을 목적으로 한다.	제1조(목적) --도모하고, 이스포츠 분야의 인권을 보호하며, ---.
제5조(지방 이스포츠의 진흥) (생략) 〈신설〉	제5조(지방 이스포츠의 진흥) ① (현행 제목 외의 부분과 같음) ② 지방자치단체 또는 「공공기관의 운영에 관한 법률」 제4조에 따른 공공기관은 지역 기반의 전문 이스포츠 진흥을 위하여 대통령령으로 정하는 바에 따라 지역 연고 프로이스포츠단 창단에 출자 또는 출연할 수 있으며, 필요한 경우 지역 연고 프로이스포츠단 사업 추진에 필요한 경비를 지원할 수 있다.
제11조(이스포츠대회의 육성 · 지원 등) 문화체육관광부장관은 문화체육관광부령으로 정하는 기준에 따라 이스포츠대회를 육성 · 지원할 수 있다.	제11조(이스포츠대회의 육성 · 지원 등)---국 · 내외 이스포츠대회를-------.
제14조(국제교류 및 해외 홍보 지원) ① · ② (생략) 〈신설〉 ③ (생략)	제14조(국제교류 및 해외 홍보 지원 등) ① · ② (현행과 같음) ③ 정부는 이스포츠가 「국제경기대회 지원법」 제2조제1호가목부터 다목까지의 규정에 따른 국제경기대회의 정식종목으로 채택될 수 있도록 노력하여야 한다. ④ (현행 제3항과 같음)

위와 같이 e스포츠 관련자에 대한 표준계약서를 상용하거나 e스포츠 산업에 투자하는 자를 우대할 수 있도록 하거나 지방자치단체가 지역연고 구단에 경비를 지원할 수 있다고 하는 것은 고무적이라고 할 것인데, e스포츠법 제7조의2 개정3항에서 “우대를 할 수 있다”는 내용이 불명확하여 우대의 내용을 명확히 하여야 할 필요가 있다. 또한 「국제경기 지원법」의 정식종목으로 채택

될 수 있도록 노력하여야 한다고 e스포츠법 제14조 제3항 개정안이 발의되었는데, 정부는 e스포츠가 국제경기지원법의 국제경기대회로 채택되기 위하여 노력함과 동시에 e스포츠가 정식 스포츠로 인정될 수 있도록 노력을 하여야 할 것으로 보인다.

참고로 국제경기대회 지원법상의 국제경기는 〈표 8-19〉와 같다.

〈표 8-19〉 현행 국제경기대회 지원법상 인정되는 국제경기대회

국제경기대회 지원법	국제경기대회 지원법 시행령
제2조(정의) 이 법에서 사용하는 용어의 뜻은 다음과 같다. 1. "국제경기대회"란 다음 각 목의 대회를 말한다. 가. 국제올림픽위원회, 국제장애인올림픽위원회가 주관하는 올림픽대회 나. 아시아올림픽평의회, 아시아장애인올림픽위원회가 주관하는 아시아경기대회 다. 국제대학스포츠연맹이 주관하는 유니버시아드대회 라. 국제축구연맹이 주관하는 월드컵축구대회 마. 국제육상경기연맹이 주관하는 세계육상선수권대회 바. 국제수영연맹이 주관하는 세계수영선수권대회 사. 그 밖에 중앙정부의 지원이 필요한 대회로서 대통령령으로 정하는 대회	**제1조의2(국제경기대회)** 「국제경기대회 지원법」(이하 "법"이라 한다) 제2조제1호사목에서 "대통령령으로 정하는 대회"란 다음 각 호의 대회를 말한다. 1. 국제사격연맹이 주관하는 세계사격선수권대회 2. 국제시각장애인스포츠연맹이 주관하는 세계시각장애인경기대회 3. 세계태권도연맹이 주관하는 세계태권도선수권대회 4. 국제마스터스대회협회가 주관하는 아시아태평양마스터스대회

생각해 보기

1. 스포츠산업법의 조문 중 이스포츠법에 없는 조문을 설명해 보시오.

2. 체육진흥법, 스포츠산업법, 이스포츠법은 각각 어떠한 문화체육부차관, 어떠한 국, 어떠한 과의 소관인지 설명해 보시오.

3. 2024년도 문화체육관광부가 선정하여 공포한 e스포츠는 무엇인지 종목구분별로 나열하시오. 선정된 e스포츠 종목에 대한 종목구분별 산업지원센터에서의 지원을 설명하시오.

4. e스포츠는 문화체육관광부의 게임콘텐츠산업과, 체육정책과 또는 스포츠산업과 중 어느 부서가 담당하는 것이 옳을지 토의해 보시오.

CHAPTER

09 e스포츠 산업의 미래

1. e스포츠와 산업구조

e스포츠는 단순히 경쟁적 요소의 대회일 뿐만 아니라 엔터테인먼트 산업으로서의 가치를 가지고 있으며, 이와 관련된 가치로 경기를 방송하고 시청하는 다양한 요소가 결합된 복합 문화콘텐츠 산업이기도 하다. 최근 e스포츠는 단순히 경쟁적인 게임을 넘어서는 새로운 문화현상으로 '문화스포츠'라는 용어로도 설명되고 있다.

일반적으로 e스포츠 종목이 되기 위한 조건은, 첫 번째 "체력이나 기술을 필요로 하는가"와 두 번째 "승부를 가릴 수 있는가"로 규정할 수 있다. 또한 두 번째 조건으로 승부를 가릴 때는 "규칙 등 경쟁 조건이 공정한가의 여부"와 "확률이나 운이 과도하게 작용하지 않는가" 그리고 "한정된(또는 제한된) 시간 내에 승패를 결정지을 수 있는가" 등이 중요한 요소이다. e스포츠의 최소 조건은 "기술이나 체력을 필요로 하면서 기록이나 승부를 통해 우열을 가릴 수 있어야 한다"로 정의할 수 있다.

또 다른 관점에서 e스포츠가 되기 위한 조건으로 대중성(popularity)[1]도 중요한 요소이다. e스포츠는 공급자와 수요자가 존재한다. e스포츠의 공급자로는 대표적으로 게임 제작회사, 게임 대회나 리그 개최를 위한 후원사 또는 기업, 그리고 게임 중계 방송과 관련된 서비스 제공자 들이 이에 해당한다. 수요자

1) 일반대중이 친숙하게 느끼며 동감할 수 있는 성질로 전국적이고 전 연령적인 관심에 따른 소비 성향

는 e스포츠 문화를 상징하는 장소인 PC방에서 게임을 하는 사람들, e스포츠 경기장을 찾은 팬(중계를 통해 경기를 관람하는 팬을 포함) 그리고 경기 내용과 결과 등을 다양한 커뮤니티 등을 통해 2차 콘텐츠로 생산하는 익명의 사람들로 구성된다. 수요자가 증가하고 대중성이 확보될 때 게임은 e스포츠로 자리를 굳힐 수 있다. 한국e스포츠협회(KeSPA)에서는 매년 e스포츠 종목을 전문종목과 일반종목, 시범종목을 채택하여 발표하는데, 대중성을 확보하고 있는가의 여부도 주요 분류 기준에 포함되어 있음을 볼 때 대중성은 e스포츠 종목으로 평가될 수 있는 게임을 분류하는 중요 기준이다. 한국e스포츠협회의 e스포츠 종목 선정에도 대중화 여부는 e스포츠 종목 분류에 적용된다.

산업구조를 통해 게임산업과 e스포츠 산업의 차이점을 이해해 보자. 게임산업과 e스포츠 산업 구조 개념을 ▌그림 9-1▐과 같이 설명할 수 있다. 게임산업 생태계를 구성하는 주요 요소는 개발사와 퍼블리셔, 플랫폼, 고객으로 설명되는 산업이다. 개발사는 게임 개발을 하는 회사로 온라인 PC 게임을 포함하여 모바일 게임뿐만 아니라 콘솔게임도 포함한다. 개발된 게임은 퍼블리셔를 통해 사용자에게 배포된다. 퍼블리셔는 게임 서비스 독점권을 갖고 판매계약과 마케팅 및 서비스 전략을 수립한다. 개발사는 자사의 게임을 홍보하고 서비스할 퍼블리셔가 필요하고, 퍼블리셔는 매출을 극대화할 수 있는 좋은 게임콘텐츠를 개발한 개발사가 필요하기 때문에 서로 상생 협력하는 관계가 구축된다. 퍼블리싱은 개발사 자체가 직접 진행하거나 전문 퍼블리셔를 통해 진행되기도 하고 두 방법을 병행하기도 한다. 예를 들어, '펄어비스'가 개발한 게임 '검은사막'은 자체 퍼블리싱을 통해 서비스를 진행하였고, 카카오게임즈를 통해 사용자를 만나는 사례에서 퍼블리싱 사례를 찾아볼 수 있다.

퍼블리셔에 의해 시장에 출시된 게임은 e스포츠 종목으로 적합한가에 따라 e스포츠 산업구조에서 진행되는 생태계로 연결될 수 있다. 게임 종목은 e스포츠 대회와 관련된 사업이 전개되고 미디어를 통해 다양한 콘텐츠로 생산·소비된다. 또한 e스포츠 산업에서 중요한 요소인 선수와 구단과 관련된 비즈니스를 진행하기도 하고 팬과의 관계에서 생성되는 다양한 사업이 함께 진행된다. e스포츠 산업을 구성하는 주요 요소를 간략하게 대회를 주최하고 운영하는 '오거나이저', 경기에 참여하는 '팀 또는 선수', 그리고 '미디어'와 '팬'으로 정리할 수 있다(그림 9-1).

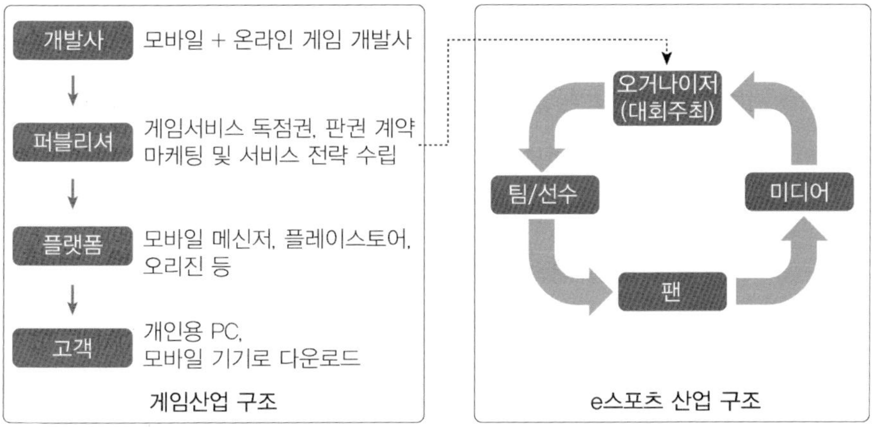

▌그림 9-1▐ 게임산업과 e스포츠 산업 구조

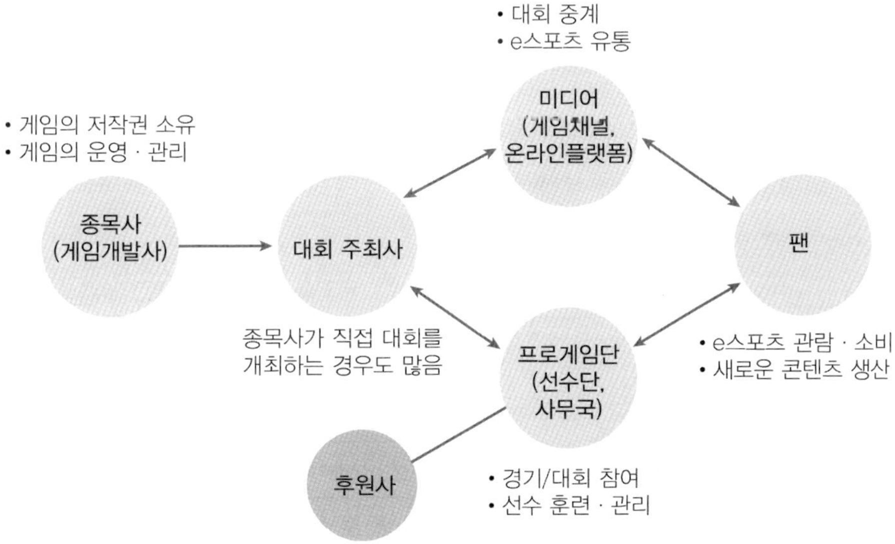

▌그림 9-2▐ e스포츠 산업 생태계 구조

e스포츠 산업 구조를 관련 조직의 연관 구조를 통해 살펴보면 ❙그림 9-2❙와 같이 e스포츠 생태계 가치사슬(value chain)로 표현할 수 있다.

e스포츠 경기의 핵심인 '게임콘텐츠'와 게임을 사용하여 개최되는 대회에 참여하여 경기를 만들어 가는 '프로・아마추어 선수(프로스포츠의 구단을 포함)', e스포츠 대회로 '리그(League) 또는 이벤트 경기'와 e스포츠의 성장을 견인한 핵심 요소인 '방송 미디어(플랫폼을 포함)'와 마지막으로 '브랜드(스폰서)'를 주요 핵심 관련 조직으로 정리할 수 있다. 이러한 핵심 관계자에 따라 세분하면 다양한 e스포츠의 직업군에 대해 분류할 수 있다.

2000년대 초반 e스포츠 대회 주최는 주로 방송사나 퍼블리셔가 중심으로 진행되었지만 최근에는 게임물 저작권을 소유하고 있는 게임개발사인 종목사가 직접 대회를 운영하는 경우가 많아졌다. 대표적으로 라이엇게임즈(Riot Games)는 게임 종목사이면서 동시에 'LoL' 리그를 운영하고 있다. e스포츠 산업의 핵심인 선수는 프로선수와 아마추어 선수로 구분한다. e스포츠 산업에서 언급하는 선수는 프로선수를 중심으로 이야기되므로 본 서에서는 프로와 아마추어를 구분하지 않고 선수로 통칭한다. 프로선수는 프로스포츠(professional sports)에서 해당 종목의 운동 경기를 하여 경제적 수익을 갖는 선수를 이야기한다. e스포츠가 인기 프로스포츠로 성장한 배경에는 유명 프로 선수들의 역할도 크다고 할 수 있다. 실제 알파세대의 장래희망으로 프로게이머가 상위 10위 안에 포함된 것으로 미루어 보아 e스포츠의 인기와 프로선수의 인기가 관계가 있다고 예상할 수 있다. 한국콘텐츠진흥원의 2023 e스포츠 실태조사에 따르면 국내 프로선수는 398명이며 육성군(아마추어) 선수 200명, e스포츠 코칭스태프는 202명으로 이는 공식 등록된 선수에 대한 데이터이다. 해외에 진출한 선수는 403명으로 글로벌 시장에서 'K-e스포츠'의 위상을 떨치고 있다.

e스포츠 산업의 매출에서 가장 큰 비율을 차지하는 것은 기업후원이다. 글로벌 e스포츠 시장 조사업체 뉴주(Newzoo)의 발표에 따르면 e스포츠의 수익은

기업후원(sponsorship)이 가장 크고, 중계권(media rights), 게임 퍼블리싱 수수료(game publisher fees) 등의 순서로, 기업후원이 e스포츠의 중요 수익이라는 점을 알 수 있다. 후원사가 참여하는 방법으로 대회 메인 스폰서 타이틀 형태로 후원하거나 대회에서 사용되는 게임 용품을 제공하는 방식으로 참여하기도 하며, 특정 구단 또는 선수의 후원사로 참여하기도 한다.

e스포츠를 '하는 게임(Playing)'에서 '보는 게임(Watching)'으로 영역을 넓히고 시장을 확장하는 데 가장 큰 역할을 담당하는 관계자는 미디어(media)이다. 글로벌 e스포츠 시청자 수는 2020년 약 4억 3,570만 명에서 2025년 약 6억 4,800만 명으로 연평균 8.1% 성장할 것으로 예측된다.[2] 미디어는 다양한 스트리밍 플랫폼을 통해 현장 경기를 중계하거나 다양한 형태의 콘텐츠를 제공하는 역할을 담당한다. 2023 e스포츠실태조사 자료에 의하면 e스포츠 시청 시 이용하는 플랫폼 상위 3개는 아프리카 TV(25%), 유튜브(22.9%), 트위치(22.3%)로 나타났다. 또한 e스포츠 시청빈도는 주 1~2회이고 e스포츠를 시청하는 이유는 "게임 자체가 재미있어서"라는 대답이 가장 높은 비중으로 나타났다. 또한 e스포츠 대회 현장관람에 대한 의향 조사에서는 직관을 희망하는 의향이 전체의 58%로 조사되었다.

후원사(스폰서십)의 형태는 기업이 게임단을 직접 운영하진 않지만, e스포츠에 간접투자 방식으로 참여하는 두 가지 형식으로 구분할 수 있는데, 팀(구단) 이름에 회사명이나 제품명을 넣는 '네이밍 스폰서십'과 각 팀에 유니폼, 피시(PC), 의자, 차량 등을 팀 활동 및 경기에서 사용하는 용품을 지원하는 '메인 스폰서십'으로 분류할 수 있다. 〈표 9-1〉은 스폰서십 참여형태와 사례를 정리하였다.

2) 뉴주(Newzoo)의 2023년 e스포츠 실태조사자료 참고

〈표 9-1〉 스폰서십 형식과 사례

형 식	참여형태	사 례
네이밍 스폰서십	팀명과 선수 유니폼 등에 브랜드를 홍보	기아(담원기아), 광동제약(광동 프릭스), 케이비(KB)국민은행(리브샌드박스)
메인 스폰서십	게이밍모니터를 제공하는 스폰서로 자사 제품을 알리는 방식	삼성전자와 엘지(LG)전자는 각각 LCK 팀인 티원(T1)과 젠지(Gen.G) 후원
기 타	LCK팀 또는 리그 후원에 참여	베엠베(BMW), 비비큐(BBQ), 우리은행 등

e스포츠를 이벤트(event) 관점으로 접근하여 역동적인 e스포츠의 특징과 가치로 이해해 보자. 만약 e스포츠 플레이어가 없다고 한다면 당연히 관객도 없고 e스포츠 산업도 형성될 수 없다. 반대로 관객이 없고 e스포츠 플레이어만 존재한다면 역시 산업이 형성될 수 없다. 디지털 기술을 이용하여 가상 세계에서 경쟁과 규칙 속에 승부를 내는 경기인 e스포츠는 실제로 다양한 e스포츠 구성원이 참여하여 만들어 가는 하나의 사건의 관점에서 해석할 수 있다. 즉, 디지털 환경과 관객, 선수, 방송이 어우러지고 스포츠 속성이 만나 발생하는 하나의 이벤트이다. 참여하는 인간의 활동과 그 속에서 누적되는 경험과 그것을 가능하게 하는 디지털 플랫폼이 융합하여 경제적 가치와 사회 문화적 차원의 의미를 만들어 내는 것이 e스포츠이다.

2. e스포츠의 미래

e스포츠의 미래 확장성과 지속성에 대해 논의할 때 국가의 e스포츠 관련 추진 정책에 대해 살펴보고, 대내외 환경적 변화로 인해 e스포츠의 변화요인을 찾아보는 것은 e스포츠의 미래 방향성을 예측할 수 있다.

1) 국내 e스포츠 정책 방향성

한국e스포츠협회(이하 KeSPA)는 2000년 2월 설립된 단체로 e스포츠 건전 여가 문화 조성, 국내 저변 및 국제교류 활성화, 그리고 e스포츠 선수와 팀의 권익 증진을 목적으로 설립되었다. KeSPA는 대통령배 아마추어 대회를 비롯하여 한・중・일 e스포츠 대회 등 대회 주최와 e스포츠 저변 확대를 위한 심판 운영, 지도자 자격 과정 운영 등의 다양한 업무를 수행하고 있으며, 대한체육회 준회원으로 산하 시도지회를 구성・운영하고 있다. 대한체육회는 2021년 12월, 한국e스포츠협회를 준회원으로 승인하고, 2022년 2월에는 대한장애인체육회가 대한장애인e스포츠연맹을 준가맹단체로 승인하여, 이로써 e스포츠 다양성을 추진할 수 있는 환경이 구축되었다고 할 수 있다. e스포츠를 둘러싼 사회적 인식 변화와 매체 기술의 발전, 산업 기반 구축 등 긍정적인 영향력에 따라 지속가능한 모멘텀을 형성하기 위한 전략 구축이 필요한 시기와도 연계성을 가지고 있다.

한국 정부의 e스포츠 산업 육성 정책은 2020년 5월에 발표된 게임산업 진흥 종합계획에서 주요 키워드로 '생활 e스포츠 기반 조성'과 '공정한 e스포츠 생태계 조성'을 제시하고, 생활 e스포츠 기반 마련과 지역 중심의 산업 기반 조성 및 산업지원 강화를 정책으로 추진하였다. 첫 번째 키워드인 e스포츠 기반 조성을 위해 지역 e스포츠 경기장 건립을 지원하여 공모를 통해 선정된 부산, 대전, 광주에 이어 진주시에 e스포츠 경기장을 개소하였다.

〈표 9-2〉 지역 e스포츠 경기장 현황

지 역	규 모	개관시기
부 산	2,739㎡ (주경기장 330석, 보조경기장 144석)	2020년 11월 개관
광 주	4,290㎡ (주경기장 1,005석, 보조경기장 164석)	2020년 12월 개관
대 전	4,595.7㎡ (주경기장 500석, 보조경기장 50석)	2021년 9월 개관
경남(진주)	4,933㎡ (주경기장 700석, 보조경기장 84석)	2024년 개관
충남(아산)	5,675㎡ (주경기장 500석, 보조경기장 100석)	2025년 개관(예정)

부산e스포츠경기장 대전e스포츠경기장 광주e스포츠경기장

▎그림 9-3▐ 지역 e스포츠 경기장

그러나 e스포츠 진흥을 위한 지역 e스포츠 경기장 인프라 구축에도 여전히 e스포츠의 지역기반 활동은 정착하지 못하고 있다. 또한 여전히 특정 종목 위주의 성장에 따른 불균형 심화로 문화적 저변 확산에 제한적이고, 상대적으로 생활 스포츠로 정착하는 데 한계도 드러내고 있다. 또한 대부분의 경기가 무료 관람으로 이루어지는 경우가 많아 수익성 문제로 인해 향후 경기장 운영의 지속성 여부에 대한 과제도 남겨져 있다.

두 번째 키워드인 저변 확대를 위해 새로운 디지털 환경(모바일과 VR/AR/MR)에 따라 e스포츠가 갖는 디지털 문화를 체험하고 세대 및 사회적 향유를 통한 통합을 가능하게 하는 대표적인 문화 코드로의 기능과 역할 수행을 중요 과제로 포함하였다. 또한 e스포츠는 누구나 참여가 가능하다는 개방성과 참여성을 토대로 생활 문화형 놀이로 패러다임을 확산하여 문화적 가치를 고양하고 지속 성장이 가능한 환경을 조성할 수 있도록 하였다.

게임산업 진흥 종합계획(2024~2028)에는 게임산업 제2의 도약을 위한 e스포츠 지원 심화와 전문인력 양성이라는 목표가 포함되어 있다. 세부 과제로 "지역 연고제 및 학생 e스포츠 강화"를 통해 e스포츠 선도국이자 강국으로의 지위를 공고히 하기 위한 방안을 제시하였다. e스포츠 저변을 확대하고 프로팀 외에 지역 연고 실업팀을 창단해 한국형 e스포츠 리그 시스템을 구축하고 중·고등학생들을 위한 e스포츠 동호회 활동 강화를 통해 e스포츠를 활용한 청소년의 다양한 활동에 대한 사항을 포함하고 있다. 또한 명확히 정의되지 않은 e스포츠 산업 범위 규정을 위해 분류 체계를 새롭게 구축하고 영화, 드라마 등 다른 콘텐츠 분야뿐만 아니라 관광 등 타 산업과 연계해 e스포츠의 부가가치를 확대하고 이를 통해 e스포츠 산업의 자생력을 확보한다는 내용을 포함하고 있다.

종합계획에 포함된 지역 연고제는 지속적인 의제로 e스포츠 관련 단체 및 기관에서의 논의되고 있다. 지역 연고제 실행 방안으로 지역 연고제와 같은 실업팀 창단 등 방안도 함께 제시되고 있으며, 리그 운영을 위한 경기장 인프라로 지역 상설경기장을 활용할 수 있다. 무엇보다 실업팀 창단의 필요성은, 현재와 같은 특정 프로리그 중심의 운영에 참여할 수 있는 선수는 제한된 인원으로, e스포츠 선수들의 활동 무대를 확대하여 e스포츠의 확장성을 담보할 수 있도록 하여야 한다는 점이다. 그러나 e스포츠 경기장을 찾거나 또는 방송을 통해 참여하는 관객은 유명 프로팀이나 선수에 의존하는 경향이 높기 때문에 지역 연고 프로팀도 고려해 볼 사항이다. 프로팀이 참여하는 리그 운영은 자생력이 부족한 지역 e스포츠의 구심점이 될 가능성이 높다.

또한 청소년을 위한 학생 e스포츠에 대한 의제도 논의 중이다. 중・고등학교 학생들을 위한 교육과정 또는 창체활동을 위한 e스포츠 도입은 아직 답보 상태이다. e스포츠를 단순한 게이밍 학습 성도로 평가절하하는 상황에서 알파세대로 표현되는 청소년의 주류 문화인 e스포츠에 대한 인식 변화와 함께 문화스포츠로의 가치와 역할에 대한 접근이 필요하다. 종합계획에 발표된 중・고등학생의 e스포츠 선수 활동과 콘텐츠 제작, 코치 경험을 체험할 수 있는 학생 e스포츠 활동을 위해 e스포츠 관련 인프라 시설(PC와 인터넷 등)을 점검하고 활동 무대를 제공해 주어야 한다. 이를 위해 중・고교 리그 신설을 통해 학교 대표로 출전해 스포츠 정신을 함양하고 건전한 여가문화로 정착될 수 있도록 체계를 만들어야 한다. 지역 e스포츠경기장의 공공성을 활용하여 지역단위의 청소년 대상 예선 리그를 운영하고, 매년 2회 또는 연말 왕중왕 결승과 같은 "전국 중・고 리그"를 운영할 수 있다. 또한 자생적 청소년 e스포츠 문화

활동을 지원하기 위해 동아리(e스포츠 클럽)를 지원하여 e스포츠 활동 체험과 이를 통해 자생적인 지역 학교 대항 이벤트 대회와 함께 e스포츠 문화 활동을 결합하여 지역 경기장에서 주관하는 e스포츠 전시회 개최를 통해 참여와 공유의 청소년 e스포츠 문화 코드를 정착시킬 수 있도록 하여야 한다.

게임산업 진흥 종합계획(2024~2028)에서 눈여겨볼 부분은 모두가 즐기는 건전 게임 문화 조성과 관련하여 취약계층을 위한 게임 이용 활성화 지원이다. 한국은 초고령 사회로 진입하였고 이에 따라 발생하는 사회적 문제에 대한 적극적 대응이 필요한 시점이다. 시니어 e스포츠는 초고령 사회에 맞춰 시니어 계층의 게임 이용 활성화를 위한 사회적 참여형 문화 환경 조성과 관련성이 높다. 커뮤니티 기반의 시니어 게임 동호회 지원과 함께 시니어 e스포츠 대회를 추진하여 e스포츠가 젊은 층의 전용 문화라는 인식의 전환도 함께 추진해야 한다. 실질적인 시니어 e스포츠 추진을 위해서 시니어 계층의 디지털 기기 사용에 대한 부담감을 해소하고 e스포츠에 대한 접근성을 높이기 위해 시니어 전용 e스포츠 종목의 개발과 친화적 UI/UX[3]의 개발이 함께 진행되어야 한다.

시니어 e스포츠 팀 창설 및 대회 운영 사례는 스웨덴과 일본의 사례에서 볼 수 있다. 2017년 스웨덴에서 창설된 세계 최초의 시니어 e스포츠 팀 '실버스나이퍼즈(Silver Snipers)'는 은퇴자들로 구성된 팀으로 평균 나이 71세, 남녀 혼성으로 구성되었다. 이 팀은 동호회 성격이 아닌 기타 프로스포츠팀처럼 기업의 후원을 받는 정식 프로팀이라는 점에서 이목을 끌었다.[4] 2021년 일본에서도 시니어 e스포츠팀을 창설했다. 평균 나이 69세 e스포츠 팀은 팀명으로 '마타기스나이퍼즈'로 명명하고 스웨덴의 '실버스나이퍼즈'를 롤 모델로 하고 있다.[5]

---

3) UI(User Interface)는 사용자와 시스템의 의사소통 매체, UX(User Experience)는 UI를 통해 플레이어가 느끼는 경험을 의미한다.

4) 블로그 https://blog.naver.com/rebom_jr/221303630643

5) 이코리아 2021년 6월 21일 기사 https://www.ekoreanews.co.kr/news/articleView.html?idxno=51461

2) e스포츠는 융합산업과 함께 성장 중

1990년대 후반 e스포츠의 확산과 성장에 기여한 'PC방'과 '초고속 인터넷 보급 확산'이라는 정부의 디지털 산업 육성 정책은 e스포츠 성장의 밑거름이 되었다. 국내 e스포츠의 전성기를 열게 된 스타크래프트(Starcraft)는 2000년대에 이르러 방송 콘텐츠와 결합하면서 선수를 포함한 게이머들뿐만 아니라 게임을 좋아하는 일반인들을 끌어들여 e스포츠의 성장동력이 되었고, 이는 한국의 e스포츠는 현재의 "K-e스포츠" 종주국이라는 명성을 갖게 하는 발판이 되었다. 당시 애니메이션 전문 채널이었던 케이블 방송 투니버스(Tooniverse)[6]는 스타크래프트 대회인 PKO(Progamer Korea Open)를 방송 중계하여 화제성을 입증하였고, PKO의 성공으로 또 다른 게임 전문 채널인 온게임넷의 개국으로도 연결되었다. 스타크래프트의 성공으로 온게임넷 외에도 'MBC 게임' 채널과 '게임TV'와 같은 케이블 채널이 연이어 등장했으며, 이후 전문 채널인 'SPOTV GAMES', '나이스 게임TV', '인벤 방송국' 등이 e스포츠 전문 채널로 발전하였으며, '보는 게임' 시대의 개막을 열었다고 할 수 있다.

e스포츠 산업은 게임과 미디어가 융합하여 만들어 내는 미디어 엔터테인먼트 산업이면서 동시에 프로스포츠와 같은 관람(직관이라는 표현이 더 적합할 수 있음) 문화라는 문화적 특성에 따른 대중과의 공감대 형성으로 단순한 게임의 이미지를 벗어날 수 있었다. 한국에서 e스포츠 프로게이머 등록제도는 2000년 8월 한국e스포츠협회(KeSPA)가 정부로부터 프로게이머 등록제도를 승인받아 시행되었고, 이를 계기로 본격적인 e스포츠의 프로화 시대를 맞게 되었다. 또한 2000년대 초기에는 국내 대기업이 e스포츠팀을 직접 운영하거나 대회 후원 등 스폰서십(sponsorship)[7] 참여를 통해 본격적인 e스포츠 산업에 뛰어들기도 하였다. 그리고 유명 프로게이머를 중심으로 그들의 플레이에 열광하는 팬

6) 1995년에 개국한 애니메이션 전문 채널

7) 기업이 상업적 이익을 목적으로 스포츠, 이벤트, 문화행사 등에 자금지원 또는 서비스를 제공하는 마케팅 방법이다.

층이 형성되면서 팬덤 문화가 만들어졌으며, 기업에서도 e스포츠에 대한 상업적 가치 평가가 이루어지기 시작하였다. 2004년부터 2010년까지 부산 광안리 해수욕장 백사장에서 매년 개최된 '스타크래프트' 프로리그 결승전은 '광안리 대첩'이라는 고유명사를 만들어 내면서 e스포츠의 역사적 이벤트로 기록되기도 했다.

스타크래프트를 중심으로 진행되었던 시기를 1세대 e스포츠라고 한다면 2012년 국내 출시된 리그 오브 레전드(이하 LoL)는 잠시 침체되어 있던 국내 e스포츠 산업에 활력을 불어넣으며 e스포츠의 성숙기로 발전하는 모멘텀(momentum)을 제공하였다. 스타크래프트의 일대일 대전 방식에서 LoL의 5:5 팀 게임은 대전 방식은 게이머들에게 여러 측면에서 게임의 몰입도를 높였으며, 프로게이머 경기에서 보여준 수많은 전략과 전술은 보는 사람들에게 참여형 커뮤니티 활동을 통한 참여형 게임 문화를 만들어 다양한 시너지 효과를 발생시켰다. LoL과 관련하여 한국의 e스포츠를 상징적으로 나타내는 인물인 '페이커(Faker)'는 미국 경제지 포브스(Forbes)가 '2019년 아시아에서 가장 영향력 있는 30세 이하 리더 30인'에 선정할 만큼 한국의 e스포츠의 영향력이 커졌음을 보여주었고, 국제적인 명성과 유명세는 'K-e스포츠'라는 상징적인 용어로 발전하였다고 할 수 있다.

e스포츠는 매년 성장하고 있지만 상대적으로 e스포츠 수익 구조와 특정 종목사에 치우친 경기 종목 편중 등과 같은 문제점이 제기되면서 엇갈린 전망이 나오고 있기도 하다. e스포츠의 미래를 어떻게 예측할 것인가에 대한 대답은 쉽지 않지만 e스포츠의 미래 전망을 가능성과 확장성 측면으로 접근하여 설명해 보면 다음과 같다. e스포츠 산업은 IT(Information Technology) 기술 발전과 밀접한 연관성을 갖는다. 또한 e스포츠는 네트워크 인프라를 기반으로 성장하고 있다고 할 수 있다. 4차 산업사회로의 급속한 전환은 인공지능(Artificial Intelligence, 이하 AI) 기술의 발전과 함께 5G 통신 기술을 대체할 6세대 이동통신(6G) 기술 보급 전망에 따른 사회 산업 전반에 걸친 혁신과 일상의 변화를

가져다줄 것으로 기대되고 있다. 6G 초고속 통신으로 가상현실(VR)과 증강현실(AR) 및 혼합현실(MR) 등 인터넷 속도가 중요한 콘텐츠로 새로운 차원의 서비스가 가능해질 것이라고 예측한다. 네트워크 속도는 e스포츠에서 중요한 인프라 요소 중의 하나이다. 따라서 이러한 기술적·사회적 변화에 따라 e스포츠에서 현재의 PC 기반의 콘텐츠에서 AR(증강현실)·VR(가상현실)·MR(혼합현실)과 같은 네트워크 속도에 의존적인 분야의 게임 콘텐츠도 대중화의 가능성이 높아지고 있으며, 이를 e스포츠 종목화하여 새로운 콘텐츠로 활용할 수 있을 것이다.

e스포츠의 미래 전망을 예측할 때 기술적 요소에 따른 전망과 스포츠 이벤트 확대에 따른 요소로 구분하여 생각할 수 있다. 4차 산업혁명 기술과 인공지능을 결합한 새로운 융합 엔터테인먼트 산업으로의 변화는 이미 시작되고 있다. 미국 월마트의 VR 게임을 활용한 고객 응대 교육 사례와 미군(美軍)에서 VR 기술을 적용한 훈련소 사례는 사회에서 기술적 변화를 어떻게 적용, 활용하고 있는지를 보여준다. 또 다른 측면으로 e스포츠 데이터 분석에 AI 기술을 활용하여 다양한 e스포츠 서비스 제공으로 게이밍 자체와는 다른 분야에서 e스포츠로 성공한 스타트업(startup) 기업의 사례도 눈여겨볼 만하다. e스포츠 데이터 분석과 관련하여 국책연구기관인 한국전자통신연구원(ETRI)에서는 LoL 플레이 화면 분석을 통해 실시간으로 게임 상황을 인식하여 서비스하는 〈AI 기반 e스포츠 분석 플랫폼〉을 개발하였다. 분석 시스템을 통해 하이라이트 자동생성이 가능하고 실시간으로 승률을 예측하는 서비스가 포함되어 있어[8] 새로운 e스포츠 비즈니스 영역이 열렸다고 할 수 있다.

e스포츠는 온라인 PC 게임에서 가상현실까지 확장하고 있다. 앞에서 언급한 바와 같이 e스포츠의 'e'는 일렉트로닉(electronic)의 약어로서 기술과의 관계는 필연적이다. e스포츠의 태동기인 1990년대 말 e스포츠 게임은 온라인 PC게임으로 통용되었다. 게임은 그래픽·사운드·동영상 출력, 피직스(physics)

8) ETRI 홈페이지 및 ETRI 블로그(https://blog.naver.com/etripr) 참고

프로그램, 스크립트 등 기반 기술이 병행되어야 하고 문화적 역량이 포함된 종합예술의 형태를 갖는 융합기술이다. 최신 e스포츠와 관련된 기술 트렌드로 e스포츠 실감형 중계를 위한 AR・VR 스트리밍 기술의 개발과 함께 게임 엔진, 하드웨어, 플랫폼 기술 등 이른바 미래 기술은 새로운 게임 콘텐츠의 출현과 함께 e스포츠 산업에도 변화를 촉발할 수 있는 가능성을 가지고 있다. 특히 최근 몇 년간은 가상현실 및 메타버스에서 즐기는 e스포츠와 인공지능을 활용한 프로그래밍에 산업계의 관심이 높아지고 있는 상황이기도 하다.

3) 메가 이벤트로 성장한 e스포츠

e스포츠의 확장성은 글로벌 메가 스포츠 이벤트에서의 e스포츠의 종목 채택에서 확인할 수 있다. e스포츠는 2018년 아시안게임에서 최초로 시범종목으로 채택되었으며, 2022년과 2026년 아시안게임에서 공식 종목으로 채택되어 명실상부한 메가 이벤트의 주인공이 되었다. 또한 보수적으로 e스포츠를 바라보던 국제올림픽위원회 IOC에서 '올림픽 e스포츠 시리즈' 운영을 공식화하면서 e스포츠 확장에 대한 기대는 커졌다. '올림픽 e스포츠 시리즈'는 IOC가 국제연맹(IF)과 게임 퍼블리셔가 협력하여 개최하는 대회로 2023년 싱가포르에서 개최된 올림픽 e스포츠 시리즈에서는 10개 종목으로 개최되었고, 사이클 종목인 즈위프트로 시작하여 eFIBA의 NBA 2K23 시범 경기로 진행되었다.[9)]

(1) 아시안게임의 정식종목 채택에 따른 지속성 담보

2018년 자카르타-팔렘방 아시안게임에서 e스포츠는 시범종목으로 채택되면서 글로벌 메가 스포츠 이벤트의 참가자로서의 역할을 부여받았다. 2018년 대회에서 시범 종목으로 채택된 종목은 '리그 오브 레전드', '스타크래프트 2',

9) https://olympics.com/ko/news/

'PES 2018', '클래시 로얄', '펜타스톰', '하스스톤' 등 총 8개 종목이다. 시범 종목으로 참여했기 때문에 메달이나 공식 순위 통계에는 반영되지 않았다. 총 18개국이 참여한 경기는 종목별 출전권 배정을 위한 예선을 '동아시아', '동남아시아', '남아시아', '중앙아시아', '서아시아' 5개 지역에서 진행하여 상위팀에게 출전권을 부여하였다. 2018년 대회에서 한국은 스타크래프트 2에서 금메달 1개에 그치는 아쉬운 성적을 거두었다.

2022년 항저우 아시안게임(실제 대회는 2023년에 개최)에서 채택된 e스포츠 종목은 정식종목으로 채택되면서 e스포츠의 글로벌 스포츠 이벤트에서 위상을 제고하는 계기가 되었다. 실제 종목은 마인드 스포츠의 세부 종목으로 참여하였는데, 바둑과 e스포츠를 비롯해 브리지(카드 게임), 샹치(象棋 · 중국식 장기), 체스 등 5개 종목이 진행되었다. e스포츠는 LoL, 스트리트 파이터 V 등의 세부종목으로 진행되었으며, 마인드 스포츠에 걸려 있던 금메달은 총 20개로 대회 40개 경기 가운데 5번째로 많았다. e스포츠 세부 종목은 리그 오브 레전드를 비롯하여 도타 2, 피파온라인 4, 배틀그라운드 모바일, 스트리트 파이터 V, 왕자영요, 몽삼국 2가 선정되었다. 한국 팀은 7종목 중 롤(LoL), 배틀그라운드 모바일, 피파온라인 4, 스트리트 파이터 V 등 4개 종목에 출전하여 롤과 스트리트 파이터 V에서 금메달을 획득했으나, 스트리트 파이터 종목에서 금메달을 획득한 김관우 선수는 인터뷰에서 "오락실에서 동전 100원으로 즐길 때 금메달을 상상했느냐"는 질문에 "아 100원부터 게임을 하셨어요? 전 50원이었는데, (중략) 제 인생의 가장 큰 위기가 50원에서 100원으로 올랐을 때"[10]라는 재치 있는 대답으로 많은 관심을 받기도 하였다.

마인드 스포츠는 신체적 능력보다는 치열한 두뇌 싸움으로 진행되는 종목으로 아시안게임에서 다른 종목에 비해 나이가 많은 참가자도 눈에 띄었다. 마인드 스포츠의 특징은 제한요소가 적다는 것이다. 나이와 성별의 제한이 적

10) 스포츠경향 https://sports.khan.co.kr/news/sk_index.html?art_id=202309291021003&sec_id=530601

으며 다른 스포츠와 달리 신체적 활동보다 치열한 두뇌 싸움으로 '평등 스포츠'로 평가할 수 있다. 이 때문에 아시안게임에 참여한 선수가 대부분 50대 이상이었다는 점은 이색적이다. 또한 언제 어디서든, 많은 도구와 장비 필요 없이 단지 최소의 도구(바둑은 바둑판과 바둑알, 체스는 체스판 등)로만 진행할 수 있는 높은 접근성으로 쉽게 진행할 수 있다. 건강한 놀이 문화 정착의 가능성이 높은 종목으로 평가받는다.

e스포츠는 젊은 층의 관심과 인기 속에 2026년에 개최될 아이치-나고야 하계 아시안게임에서도 정식 종목으로 채택되어 그 입지가 견고해졌다. e스포츠 종목의 아시안게임 정식 메달 종목으로의 채택은 아시아 시장에서의 가능성과 지속성을 제공할 수 있는 여건에 기반한 것이다. 또한 관련 산업의 성장과 함께 주류 문화에서의 e스포츠를 수용하였다는 의미를 갖는다. 이는 새로운 형태의 엔터테인먼트와 경쟁을 수용하려는 아시아 지역의 의지를 반영한 것이라 할 수 있으며, e스포츠에 대한 지속적인 지원으로 e스포츠 산업의 성장을 촉진하고 관련 산업과 분야에 투자자의 지속적인 유입과 함께 기업에게는 더 매력적인 시장으로의 확장을 의미한다.

(2) IOC의 e스포츠 수용에 따른 확장성 확보

e스포츠는 전 세계적으로 성장하고 있는 산업 분야이다. 여러 국가가 e스포츠 시장의 성장에 따른 경제적 창출 효과에 관심을 가지고 있다. e스포츠의 인지도가 상승하면서 주요 대회가 개최되는 장소를 방문하는 관람객이 늘어나고 이를 통해 해당 지역의 관광 산업에도 영향을 미치고 있다. 2023년 11월 서울 고척스카이돔에서 개최된 리그 오브 레전드 월드 챔피언십(일명 롤드컵)의 직간접 경제효과는 2,000억 원으로 추산되었다. 또한 결승전 동시 접속 시청자 수는 전 세계적으로 1억 명 이상으로 추정되어 화제성이 입증되었다(GGIT 2024+1/2, No 63).

e스포츠가 아시안게임에서 정식종목으로 채택됨에 따라 올림픽에서 종목

채택에 대한 기대도 높아졌지만 2024 파리올림픽에서도 e스포츠 종목은 채택되지 못했다. 반면 2024 올림픽에 새로운 종목으로 '브레이킹', '서핑', '스케이트보드', '스포츠클라이밍' 등이 채택되었지만, e스포츠 올림픽 종목이 채택되지 못한 것은 여전히 e스포츠에 대한 부정적 인식에 대한 전환이 이루어지지 못했기 때문이라고 평가할 수 있다. 그나마 가능성을 열어두었다고 볼 수 있는 것은 국제올림픽위원회(IOC)가 코로나 팬데믹으로 발생한 세계 스포츠 시장의 타격과 젊은 층에서의 스포츠 인기 감소에 대한 대응 방안의 하나로 2021년 '올림픽 어젠다 2020+5'를 발표하고 e스포츠를 올림픽 스포츠에 포함하는 권고안을 제시하였다는 것이다. 올림픽 어젠다 2020+5는 IOC 집행위원회가 제시한 전략적 로드맵으로 IOC의 디지털화, e스포츠 수용, 선수들의 권리 및 책임 강화, 깨끗한 스포츠 활성화, 올림픽의 지속성 및 고유성 강화 등을 포함한 15개 권고안으로 구성되어 있다. 이 중 9번째 권고안에서 "가상스포츠의 개발을 권장하고 더 나아가 비디오 게임 커뮤니티와 협력 추진"에 관한 사항으로 e스포츠에 대해 언급하였다.

IOC의 올림픽 어젠다 2020과 2020+5(Olympic 2020+5 Agenda)에서 제안된 내용을 기반으로 국제 스포츠 이벤트 추진 전략으로 '올림픽버추얼시리즈 e스포츠'가 개최되었다. '올림픽버추얼시리스 e스포츠'는 IOC가 국제경기연맹(IFs)과 게임 제작・배급사와 함께 만든 글로벌 버추얼(가상) 및 시뮬레이션 스포츠 대회로, 어젠다 전략이 반영되어 2021년부터 올림픽버추얼시리즈(OVS : Olympic Virtual Series) 글로벌 대회가 탄생하였다. 첫 번째 대회는 코로나19로 인해 2021년으로 미루어진 2020 도쿄올림픽을 앞두고 열렸다. 주요 종목으로 요트, 사이클, 조정, 모터스포츠, 야구로 구성되었으며, 당시 대회에는 100여 개국 25만여 명이 참가했다. 또한 2023년 싱가포르에서 개최된 대회에 선정된 경기종목은 태권도를 비롯해 양궁, 야구, 체스, 사이클, 댄스, 요트, 모터스포츠, 테니스 등이 포함되었다.[11] 2023년 3월 1일 개막하여 전 세계 프로선

11) https://olympics.com/ko/esports/olympic-esports-series/

수 및 아마추어 선수들을 초대하여 예선을 진행하고 싱가포르에서 6월 22일부터 25일까지 진행된 올림픽 e스포츠 위크는 결승전을 현장 실황으로 중계하기도 하였다.

┃그림 9-4┃ 올림픽 e스포츠 시리즈 2023 싱가포르 대회 버추얼 스포츠 종목

출처 : https://olympics.com/ko/esports/olympic-esports-series/.

IOC는 제1회 e스포츠올림픽을 2025년 사우디아라비아에서 개최한다고 발표했다. 이는 IOC와 사우디아라비아 올림픽 위원회가 12년간 협약을 통해 정기적으로 올림픽 e스포츠 게임을 개최한다는 내용이다. 글로벌 e스포츠 이벤트와는 별도로 추진해 온 결과로 볼 수 있으며, 사우디아라비아는 국제 e스포츠 관련 대회를 개최하면서 꾸준히 운영 노하우를 쌓아왔다. 사우디아라비아는 2023년 12월에 15만 평 규모의 게이밍, e스포츠 특화도시 계획을 발표하고 '키디아 시티'에 e스포츠 경기장 건설 계획도 발표하며 빠르게 움직이고 있다. 이와 관련하여 2024년 7월 4일부터 사우디아라비아에서 e스포츠 월드컵이 개최되었다. 수도 리야드에서 개최되는 대회는 세계적인 게임 팀과 선수를 초청하여 진행되는 경기로, 종목은 리그 오브 레전드를 포함하여 배틀그라운드, 오버워치 2, 배틀그라운드 모바일 등 총 19개 종목에 대해서 대회가 개최된다.

4) 새로운 e스포츠의 관계자의 등장

프로스포츠에서 팬은 문화를 주도한다. 소비자로서 역할뿐만 아니라 팀 또는 구단, 나아가 산업 전반에 큰 영향력을 끼친다. 팬은 단순한 경기 관람자에서 자신이 좋아하는 선수를 포함하여 팀의 응원 문화도 함께 만들어 가는 역할을 한다. e스포츠에서도 팬의 역할은 산업의 한 축을 구성한다고 할 수 있다. 패노크라시(Fanocracy)는 '고객'을 넘어 '팬'으로 라는 개념으로, 흔들리지 않는 강력한 브랜드를 만들기 위해서는 고객을 '팬'으로 만드는 것이 핵심이라고 할 수 있다. 최근에는 팬들이 모인 집단을 뜻하는 팬덤(fandom)이라는 용어를 사용한다. 원래 팬덤은 광신도를 뜻하는 fanatic의 'fan'과 영토나 지위, 집단을 뜻하는 '-dom'이 합성된 단어로, 특정 인물이나 분야 등 동일한 관심사를 정열적으로 좋아하는 사람들을 의미한다. 팬덤은 "공통의 관심사를 공유하는 사람들과 함께 공감과 우정의 감정을 특징으로 하는 팬들로 구성된 하위문화이다"라고 정의된다.[12] 주로 스타와 팬의 관계처럼 엔터테인먼트 업계에서 아이돌 문화에 주로 사용하던 용어였지만, 소셜미디어의 발달로 새롭게 형성된 하나의 문화 현상으로 정착하였다.

e스포츠 시장의 성장을 견인한 동력이 팬덤이라는 시각도 있다. e스포츠 굿즈(상품)를 판매하는 오프라인 매장을 직접 방문하여 자신이 응원하는 선수의 유니폼을 구매하거나, 팀과 관련된 이벤트에 참여하는 등 적극적으로 활동에 참여하고 있다. 디지털 마케팅 활성화와 참여와 경험을 중요시하는 MZ세대의 소비 패턴의 변화로 인해 광고가 효과적인 마케팅 방법이 될 수 없는 상황에서 브랜드 제품을 효과적으로 대중에게 알릴 수 있는 방법으로, 팬덤은 기업에게는 효과적인 마케팅 대상이 될 수 있다. 또한 소셜미디어를 통한 개인의 영향력이 점점 커지고, 고객이 마케터가 되는 시대에 기업이나 팀 또는 선수의 브랜드가 자체적인 팬덤 문화를 갖게 된다면 막강한 힘을 발휘할 수 있게 된다.

12) 위키백과 https://ko.wikipedia.org/wiki/팬덤

이와 같은 팬덤 현상은 특정 브랜드와 게임과의 협업 작업을 바탕으로 본격적으로 진행되고 있다. 자신이 좋아하는 게임에서 노출되는 브랜드에 대한 브랜드 충성도[13)]로 연결하고자 하는 전략이다.

〈표 9-3〉 브랜드와 e스포츠의 협력

게 임	브랜드	협력 형식
리그 오브 레전드	루이비통	판매하는 제품을 캐릭터가 착용(관련제품 오프라인 판매)
카트라이더	포르쉐	첫 전기차를 모델로 카트를 제작
포트나이트	발렌시아가	게임 내 캐릭터가 이용할 수 있는 패션 아이템으로 판매
NBA 2K20	티쏘	농구공 가죽 소재로 시계 스트랩 출시 게임 내내 경기 세트장에 광고 패널을 이용하여 광고
테니스 클래시	구찌	게임 속 아이템을 웹사이트에서 실제 구매 가능하도록 함
포켓몬 고	구찌×노스페이스	게임 캐릭터가 이용 가능한 아이템을 실제 의류로도 판매
배틀그라운드 모바일	줄리앙푸르니에, 테슬라, 맥라렌	게임 내에서 캐릭터가 이용할 수 있는 패션 아이템으로 판매

출처 : Jae Hun Kim(2023).

e스포츠 산업에 새로운 이해관계자가 등장하고 있다는 점에 주목해야 한다. 앞에서 살펴본 올림픽 시리즈 종목인 NBA 2K23 종목은 NBA(National Basketball Association, 전미 농구협회) 농구 게임 시리즈인데, 이처럼 전통 스포츠 종목을 e스포츠 종목으로 운영하는 사례가 많아지고 있다. 이는 전통 스포츠의 젊은 층의 팬을 유입하기 위해 기존의 경기 대회 운영과 병행하여 e스포츠 종목으로 운영하기 시작하면서 나타난 현상이다. 이는 e스포츠 산업이 디지털 네이티브(Digital Native)로 대표되는 MZ 세대의 대표적인 일상의 문화로 온·오프라인으로 경기를 관전하고 활발한 커뮤니티 활동을 통해 선수과 팬과 유

13) 경쟁업체가 비슷한 상품 또는 서비스를 제공함에도 불구하고 고객이 동일한 브랜드를 계속 구매하는 현상이다.

대감을 형성하여 팬덤으로 성장하는 특성이 반영된 것이라 할 수 있다.

국내에서도 한국프로축구연맹과 한국e스포츠협회가 공동으로 주최한 FC 온라인 대회인 ‘eK리그’ 사례에서 유사점을 찾아볼 수 있다. 이 대회는 국제축구연맹(FIFA)에서 인증받은 대회로 2020년부터 매년 개최되고 있다. 또 다른 사례로 오토매닉스가 주최한 ‘AMX e스포츠 챔피언십’ 대회는 레이싱 시뮬레이싱 게임인 ‘iRacing’으로 진행되는 e스포츠 리그로 대한자동차경주협회(KARA)의 시리즈 공인을 받기도 하였다.

Opening Title/2024 FC ONLINE eK챔피언십

출처 : https://www.youtube.com/watch?v=2JIpVAF8BQ

AMX e스포츠레이싱 대회

출처 : https://amxesports.com/photos/갤러리

| 그림 9-5 | eK리그와 AMX e스포츠레이싱 대회

이와 같은 새로운 e스포츠의 관계자들의 참여로 e스포츠의 확장성과 지속가능성을 담보할 수 있는 계기가 마련되었다고 할 수 있다. 또한 e스포츠는 리그(league)와 함께 글로벌 e스포츠 대회, 메가 스포츠 이벤트 종목 채택 등에서 가치와 미래 지향적 산업으로 견고한 이미지를 갖게 되었다.

e스포츠의 성장이 기대되는 이유는 기술적 요소 등으로 어렵게 설명하지 않아도 e스포츠를 즐기는 연령층의 지속적인 확대만으로도 설명될 수 있다. 어렸을 때부터 게임을 일상으로 접하였고, 이후 e스포츠의 팬이 되고, 시간이 지나 경제활동의 주축이 되면 자연스럽게 e스포츠와 관련된 소비자의 역할로

참여하게 된다. MZ세대와 알파세대로 불리는 10대에서 30대가 주 고객으로 새로운 팬들이 지속적으로 유입되고 연령층의 확장으로 이어지고 있기 때문이다. 또한 유튜브와 트위치와 같은 스트리밍 플랫폼 시청자 수는 급격하게 증가하고 있으며, 유무선 네트워크 인프라 보급이 확대되면서 인터넷만 연결되면 시간과 공간의 제약 없이 즐길 거리를 제공하는 e스포츠는 미디어 측면에서도 매력적이라 할 수 있다.

기업의 마케팅 전략으로 e스포츠를 적극 활용하는 사례도 증가하고 있다. 국내 대표적인 리그인 LCK(League of Legends Champions Korea)에 참여하고 있는 농심은 프랜차이즈 도입과 함께 e스포츠 시장에 뛰어든 대표적 기업이다. 2020년 기존 LCK 팀 가운데 하나인 팀 다이나믹스를 인수해 농심 레드포스(Nongshim RedForce)를 창단하고 리그에 참여하고 있다. LCK 참여를 통해 농심은 e스포츠를 통한 마케팅 활동의 시너지 효과를 기대하고 있다. MZ세대가 열광하는 e스포츠를 통해 라면과 스낵 등 식품 마케팅을 펼쳐 젊은 브랜드 이미지를 형성할 수 있으며, 글로벌 리그 오브 레전드 리그의 인기를 활용해 중국과 북미, 유럽 등 글로벌 마케팅 효과를 기대하고 적극적인 참여와 활동을 전개하고 있다.

기업의 참여는 LCK에서 프랜차이즈 모델의 도입으로 기업의 참여를 높일 수 있는 요인이 되었다고 할 수 있다. 2020년까지 운영되었던 승강제는 팀의 성적에 따라 상부 리그인 LCK와 하부리그인 챌린저스로 분류되었다. 챌린저스 리그로 강등되었을 때 상대적으로 인기도와 흥행성이 떨어지는 문제로 인해 프로팀을 직접 운영하거나 후원하는 기업의 입장에서는 리그에 참여하면서 얻는 홍보 효과 등이 감소하거나 또는 사라지는 위험을 감수해야 했다. 그러나 2021년부터 운영 수익을 공유하는 프랜차이즈 제도[14]를 도입하면서 LoL 강등제는 폐지되었고 기업은 강등 위험 없이 e스포츠 사업에 장기적이고 안정적인 투자가 가능하게 되어 안정적인 리그 운영을 할 수 있게 되었다.

14) 리그에 투자금을 내고 리그와 관련된 의사결정에 참여하고 수익을 나누어 갖는 방식이다.

직접적으로 구단을 운영하는 사례와 다른 참여 형태로 스폰서십 형태의 참여도 눈여겨볼 만하다. 대표적으로 금융권의 참여가 많아지고 있는데, 이는 MZ세대와 같은 젊은 층을 고객으로 당장 수익을 늘린다는 목적보다는 후원을 통해 기업 브랜딩에 활용하고 미래 고객 기반을 확보하려는 차원에서 e스포츠 사업에 진출·유치하기 위한 마케팅 전략이라 할 수 있다. 신한은행은 DRX와 메인 스폰서십을 체결하고 MZ세대 트렌드를 반영한 사업모델 개발과 제휴마케팅 이벤트를 추진하였다. DRX e스포츠는 리그 오브 레전드(LoL), 발로란트(VALORANT), 철권(TEKKEN), 워크래프트(WARCRAFT) 등 다양한 e스포츠 종목에 참가하는 팀으로 협약을 통해 금융과 e스포츠를 연계한 상품과 이벤트는 물론 게임 대회, DRX 리그오브레전드아카데미를 개최하는 등 스폰서십 마케팅을 함께 진행하기도 하였다. 우리금융그룹은 2022년 아시안게임 e스포츠협회 국가대표팀을 공식 후원하여 브랜드전략 측면에서 시너지 효과를 기대했다. 2020년 e스포츠 프로구단 샌드박스 게이밍의 LoL팀과 네이밍 스폰서십을 체결하고 이후 카트라이더팀, 피파 온라인팀 등 전 팀으로 확대하여 네이밍 스폰서십을 통해 샌드박스 게이밍이 보유한 e스포츠팀 전체가 국민은행의 모바일 플랫폼인 '리브(Liiv)'와 결합한 '리브샌드박스(LiivSANDBOX)'라는 팀명으로 활동하였다. 하나은행은 SK텔레콤 T1과 파트너십을 체결하고 LoL 아마추어 대회를 개최하였고, e스포츠 리그 선수의 친필 사인이 담긴 T1 체크카드를 출시하는 등 e스포츠 마케팅을 적극적으로 활용하였다.

식품업계의 참여사례로 롯데제과는 히트 상품인 '월드콘'을 e스포츠 마케팅과 연계하였다. 페이커(본명 이상혁)를 월드콘 광고 모델로 발탁하여 제품 디자인에 해당 이미지를 적용한 한정판 제품을 선보였는데, 이는 페이커의 높은 인지도와 MZ세대에게 큰 영향력을 미치는 유명 프로게이머를 모델로 하여 자사의 제품의 시장 점유율을 제고하겠다는 마케팅 사례이다. 그 밖에 동아오츠카는 2020년 7월 '오로나민C 하스스톤 히어로즈 챔피언십' 대회를 개최하고 자사 제품에 대한 홍보 마케팅을 진행하였다.

생각해 보기

1. 한국 정부가 지역 e스포츠 경기장 건립을 지원한 이유와 그 배경을 설명해 보시오.

2. 새로운 디지털 환경(모바일과 VR/AR/MR)에 따라 e스포츠가 갖는 디지털 문화의 체험과 세대 및 사회적 통합에 미치는 영향을 설명해 보시오.

3. e스포츠의 개방성과 참여성을 바탕으로 생활 문화형 놀이로서의 패러다임 확산이 문화적 가치 고양과 지속 성장에 어떻게 기여하는지 논해 보시오.

참고문헌

관계부처합동(2024). 게임산업 제2의 도약을 위한 -'24~'28 게임산업 진흥 종합계획.

글로벌 게임산업 트렌드(2024). 경제효과와 문화영향력, 두 마리 토끼 잡는 이스포츠 대회. GGIT 2024+1/2, 63, 50-58.

김경호(2023). 조세특례제한법 일부개정법률안(의안번호 제16355호) 검토보고. 국회 기획재정위원회.

김남순 외(2016). 2015 메르스백서 : 메르스로부터 교훈을 얻다!. 보건복지부.

김상규(2018). 한, 중, 일 3국의 위기와 협력에 관한 연구 : 비전통 안보 영역의 이슈를 중심으로. 한국동북아논총, 23(4), 29-47.

남 수 · 이유찬 · 최은경(2018). 이스포츠 교육학(Pedagogy)의 필요성과 가능성에 관한 연구. 한국방송학회 학술대회 논문집.

문화체육관광부(2013). 스포츠산업 중장기 발전 계획.

____________(2020. 9. 3). 이스포츠 표준계약서 도입으로 선수 보호 나선다-문체부, 이스포츠 선수 대상별 표준계약서 3종 고시 제정 및 시행-보도자료.

____________(2024). 2024년도 예산 및 기금운용계획 사업설명자료(1권).

____________(2024. 5). '24~'28 게임산업진흥 종합계획.

박명규(2020). 코로나19의 충격과 한국 사회 변화. KPI Issue Brief, 제2호.

삼성경제연구소(2005). e-스포츠 산업의 현황과 발전방안.

송석록(2006). e-Sports는 뉴 패러다임. Sport Business, 63, 4 14.

______(2008). 우리나라 e스포츠의 대중화 방안. e스포츠 발전을 위한 정책토론회. 국회의원 진성호.

______(2022). e스포츠의 스포츠화(체육종목화)에 따른 주요 담론. 스포츠 현안과 진단. 한국스포츠정책과학원 대한민국 정책브리핑.

안치영(2020). 黨 초기대응 실패가 중국 정치에 미치는 영향은 극히 제한적 [② 중국], 여시재, 4월 5일.

윤아름(2020). 한국 e스포츠 산업 현황 및 발전방안 연구. 광운대학교 대학원 석사학위 논문.

윤정현(2019). 신흥안보 거버넌스 - 아세안의 초국가적 위험이슈에 대한 싱가포르의 전략. 서울대학교 대학원 박사학위논문.

이상호 · 황옥철(2018). e스포츠의 철학적 이해. 한국체육학회지, 57(5), 29-47.

이재열(2010). 이론적 배경 : 위험사회와 위험의 사회적 구성. 정진성 외. 위험사회, 위험

정치. 서울 : 서울대학교출판부.

정명호(2021). 조세특례제한법 일부개정법률안(의안번호 제2112965호) 검토보고. 국회 기획재정위원회.

채희상 · 강선규(2011). e스포츠의 스포츠화 범주화에 대한 탐색적 연구. **한국게임학회 논문지**, 11(3), 85-95.

최민수(2009). 이스포츠 진흥에 관한 법률안 검토보고. 국회 문화체육관광방송통신위원회.

한국콘텐츠진흥원(2023). 2023 대한민국 게임백서.

______________(2023). 2023 이스포츠실태조사.

Bekmuratov, A., & Karimov, N.(2021). Esports development in Uzbekistan : The rise of gaming hubs and youth participation. *Journal of Central Asian Digital Studies, 7*(2), 112-130.

Bekov, K., & Sharshenaliev, A.(2021). The development of esports in Kyrgyzstan : Community growth and infrastructure challenges. *Journal of Central Asian Esports Development, 7*(3), 110-126.

Cavaliere, F.(2018). Legal hurdles for esports in Japan : The influence of gambling laws on prize pools and tournaments. *Asia Esports Law Review, 4*(1), 98-115.

Chee, F.(2016). From LAN cafes to international stages : The evolution of esports in Southeast Asia. *Journal of Southeast Asian Digital Culture, 8*(2), 121-138.

Edwards, A., & Johnson, D.(2021). The rise of Canadian esports : Luminosity Gaming, Toronto Defiant, and the influence of corporate investments. *Canadian Journal of Esports Studies, 9*(2), 65-82.

Fortune Business Insights(2024). Esports Market Size, Share & COVID-19 Impact Analysis, By Revenue Source (Media Rights, Game Publisher Fee, Sponsorship, and Others), By Application (Online and Offline), By Streaming Type (Live and On-demand), Regional Forecasts, 2024-2032.

Gao, Y., & Lin, H.(2021). Esports, social media, and global sports sponsorship : An exploration of Tencent's dominance in Asia. *Journal of Global Sport Management.*

Hamari, J., & Sjöblom, M.(2017). What is eSports and why do people watch it?. *Internet Research, 27*(2), 211-232.

Harris, J., & Thompson, M.(2021). The impact of esports on the Australian economy : An analysis of market trends and future prospects. *Journal of Australian Sports Economics, 9*(3), 67-84.

Harris, J., & Thompson, M.(2022). The growth of esports in New Zealand : Economic impact and future prospects. *New Zealand Journal of Digital Economy, 7*(2), 55-73.

Heere, B.(2020). The role of esports in Canadian university culture : From club formation to league creation. *Journal of Canadian Sport Studies, 8*(1), 65-82.

Herz, J. C.(1997). *Joystick Nation : How Videogames Gobbled Our Money, Won Our Hearts, and Rewired Our Minds.* Little, Brown and Company.

Holden, J. T., & Rodenberg, R. M.(2017). The future of esports in Japan : Governance and development challenges. *Gaming Law Review, 21*(6), 543-554.

Huang, K. C.(2021). Taiwan's esports industry and the role of major tournaments : A case study of Taiwan Excellence Gaming Cup. *Esports Research Journal, 3*(1), 89-102.

Ibrahim, S.(2022). The Saudi Esports Federation and its role in structuring the esports industry in Saudi Arabia. *International Journal of Esports Studies, 8*(3), 155-171.

Jae Hun Kim(2023). A Study on Consumer Response to Luxury Brand and eSports Collaboration : From the perspective of O4O(Online for Offline) of eSports Collaboration Products. *The e-Business Studies, 24*(1), Feb, 81-100.

Jin, D. Y.(2021). *China's Soft Power and Digital Game Industry : Cultural Impact through Esports and Global Gaming.* MIT Press.

Jin, D. Y., & Chee, F.(2020). *China's Digital Gaming Industry and Global Impact : E-sports, Live Streaming, and Interactive Media.* MIT Press.

Johnson, M. R., & Woodcock, J.(2019). The impacts of live streaming and Twitch.tv on the video game industry. *Media, Culture & Society, 41*(5), 670-688.

Kabbani, N.(2021). The role of esports in Saudi Arabia's Vision 2030 : Building a future digital economy. *Journal of Digital Economy, 5*(2), 34-50.

Karanja, D., & Mwangi, G.(2021). The potential for esports growth in Africa : Challenges and opportunities. *Journal of African Business and Esports, 7*(1), 55-72.

Kent, S. L.(2001). *The Ultimate History of Video Games : From Pong to Pokémon and Beyond.* Three Rivers Press.

Kirman, B., & Lawson, S.(2009). Hardcore hobbit and leetspeak : Designing and managing community at a large LAN event. In Proceedings of the 3rd International Conference on Fun and Games, 175-178.

Kotler, P., & Amstrong, G.(1991). *Principles of marketing*(5th ed.). Englewood Cliffs, NJ : Prentice-Hall.

Kotra(2023). 항저우 아시안게임 맞이 알아보는 중국 e-스포츠 산업의 현주소, 무역투자24(dream.kotra.or.kr), 2023.8.16.

Li, Y.(2016). The rise of esports in China : Economic and cultural implications. *Asian Journal of Communication, 26*(5), 500-516.

Martínez, R., & Torres, M.(2019). How regional leagues have fostered competitive esports in Latin America : A focus on LLA and ESL. *International Journal of Esports Management, 4*(4), 92-110.

Moyo, S.(2020). The rise of formal esports competitions in South Africa : A case study of VS Gaming. *African Journal of Digital Culture, 9*(2), 112-129.

Scholz, T. M.(2019). *Esports is Business : Management in the World of Competitive Gaming.* Palgrave Macmillan.

Smith, A.(2021). Building esports infrastructure in Oceania : Education programs and talent development. *Journal of Esports and Technology, 6*(3), 89-106.

Sultangali, A., & Tulegenov, B.(2021). The rise of esports teams in Kazakhstan : AVANGAR and K23. *Esports Studies Review, 6*(2), 89-105.

Tang, W., & Foss, K.(2023). Esports and the Olympic Games : A symbiotic relationship in the making?. *Sport, Ethics and Philosophy.*

Taylor, T. L.(2012). *Raising the Stakes : E-sports and the Professionalization of Computer Gaming.* MIT Press.

Thompson, M.(2019). From LAN parties to professional leagues : The evolution of esports in Oceania. *Australian Journal of Gaming Studies, 7*(3), 45-62.

Wu, Y.(2016). The influence of Taipei Assassins' victory on Taiwan's esports industry. *Journal of Global Esports Studies, 3*(2), 145-159.

Zolides, A.(2021). The global reach of eSports: Cultural, political, and economic considerations. In T. K. Brown(Ed.), *The Esports Ecosystem : From Regional Roots to Global Reach*(pp. 23-45).

저/자/약/력

■ 송석록

소속 : 경동대학교 교수
최종 학력 : 독일 루르대학교 보훔, 스포츠학 박사

〈주요 경력〉
한국e스포츠산업학회 회장
한국체육학회 e스포츠산업위원회 위원장
한국게임정책학회 e스포츠분과위원장
전, 대한올림피언협회 사무총장
2018평창동계올림픽조직위원회 자문 및 교육교수
중국e스포츠표준화위원회 위원
이메일 : disportare@hanmail.net

■ 박주희

소속 : 서울과학기술대학교 교육혁신원 초빙교수
최종 학력 : 고려대학교 대학원 교육학박사

〈주요 경력〉
한국e스포츠산업학회 기획이사
이메일 : ever3210@daum.net

■ 여형일

소속 : 우석대학교 생활체육학과 학과장
최종 학력 : 군산대학교 대학원 체육학과 박사졸업

〈주요 경력〉
한국e스포츠산업학회 총무이사
우석대학교 e스포츠융합전공 주임교수
국제e스포츠연수원 원장
한국체육학회 e스포츠산업위원회 위원
국제장애인e스포츠연맹 사무총장
대한장애인e스포츠연맹 전문체육위원장
이메일 : woo-suk@naver.com

■ 허건식

소속 : 서일대학교 겸임교수
최종 학력 : 용인대학교 대학원 체육학박사

〈주요 경력〉
한국e스포츠산업학회 윤리위원장
World Martial-Calligraphy Director
WMC(UNESCO NGO) B.M.
WoMAU(UNESCO NGO) B.M.
World Youth Sports 수석부회장
민스페이스 기업부설연구소 소장
이메일 : batodo@naver.com

■ 김세윤

소속 : 단국대학교 대학원 e스포츠학과 주임교수
최종 학력 : 단국대학교 대학원 체육학과 이학박사(스포츠마케팅)
〈주요 경력〉
한국e스포츠산업학회 편집위원장
대한장애인e스포츠연맹 이사
한국체육학회 e스포츠산업위원회 위원
한국스포츠산업경영학회 이사
국가평생교육진흥원 평가위원
충남체육회 생활체육위원회 위원
이메일 : seyunkim@dankook.ac.kr

■ 반형걸

소속 : 법무법인 강남 변호사
최종 학력 : 경희대학교 문화관광콘텐츠학과 박사
〈주요 경력〉
서울대학교 법학과 학사/사법연수원
경희대학교 문화관광콘텐츠학과 겸임교수
한국e스포츠산업학회 감사
한국게임산업학회 법제도이사
한국방송학회 대외협력이사
대한변호사협회 세무변호사회 부회장
이메일 : twoupdown@naver.com

■ 정연철

소속 : 호남대학교 e스포츠산업학과 교수
최종 학력 : 전남대학교 대학원 이학박사
〈주요 경력〉
광주이스포츠교육원 원장
한국e스포츠산업학회 부회장
한국체육학회 e스포츠산업위원회 부위원장
한국도서(섬)학회 부회장
전, 아시아문화중심도시 포럼 문화산업분과 위원
2024 호남권 발달장애인기능경기대회 기술위원장
이메일 : inamuzeus@naver.com

e스포츠개론

- e스포츠의 이해와 산업 -

|저자| 한국e스포츠산업학회
|집필진| 송석록 · 박주희 · 여형일 · 허건식 · 김세윤 · 반형실 · 징연칠

|1판 1쇄| 발행 2024년 12월 31일

|발행인| 김동훈
|발행처| 공동체

|주소| 경기도 고양시 일산동구 호수로 358-39, 동문타워 1차 905호(백석동)
|전화| 031)814-3000(대표)
|팩스| 031)814-3100
|홈페이지| http://www.compub.co.kr
|전자우편| compub@naver.com
|출판등록| 2005년 10월 6일
|등록번호| 제396-2005-36호

|ISBN| 979-11-6725-833-5
정가 18,000원